Clara Schumann

Salvat Grandes Mujeres

Clara Schumann

La vida a cuatro manos

Catherine Lépront

SALVAT

Título original: *Clara Schumann, la vie à quatre mains*
Traducción: Teresa Clavel
Traducción cedida por Noguer y Caralt Editores, S.A.

Diseño de cubierta: Ferran Cartes / Montse Plass

ISBN: 84-345-9181-2 (Obra completa)
ISBN: 84-345-9188-X (Volumen 7)
Depósito Legal: B-17551-1995
Publicado por Salvat Editores, S.A., Barcelona

Impreso por CAYFOSA. Abril 1995
Printed in Spain - Impreso en España

Primera parte

El período Wieck o el escenario romántico

(1819-1840)

«Esta música se hace con aquello mismo
que deshace al músico.»
CHRISTIAN DAVID

1

Clara y su padre
(1819-1825)

Una mujer cerró tras de sí la puerta de la casa con el blasón de la flor de lis. Allí la música sonaba durante todo el día, sobre todo de piano, pero también de otros instrumentos, interpretada por profesionales o aficionados de paso que acudían para tocar sonatas, tríos o cuartetos, o para configurar, por puro placer, una pequeña formación orquestal.

Esto sucedía en la plaza del Mercado Nuevo, en Leipzig. A la ciudad, pese a su austeridad y a la frialdad de su apariencia, apenas perturbada por esporádicas revueltas estudiantiles, se la conocía con el nombre de «Pequeño París» a consecuencia de la brillante actividad artística que reinaba en ella. La iglesia de Santo Tomás, donde Johann Sebastian Bach había sido cantor durante veintisiete años, mantenía viva la tradición del maestro. Las florecientes sociedades musicales eran un hervidero de vitalidad. Los conciertos sucedían a los conciertos, en el Museum, en el Euterpe, en la Sociedad de Cuartetos de Walther, pero sobre todo en el Gewandhaus, el antiguo mercado textil transformado en un auditorio de fama internacional. También había una gran ciudad universitaria, en la cual Goethe había realizado sus estudios de derecho, y Fichte, Jean-Paul Richter y Schelling impartido sus enseñanzas. En los cafés y salones se celebraban constantes tertulias literarias. El romanticismo había nacido.

Habían transcurrido casi diez años desde la «batalla de las naciones» en octubre de 1813, que había marcado el fin de la dominación napoleónica en Alemania. Tras el desmembramiento del Santo Imperio y el Congreso de Viena de 1815, Sajonia se había convertido en uno de los seis reinos que integraban los treinta y nueve Estados soberanos de la recién estrenada Confederación germánica. Había un rey, dueño absoluto del territorio y sus habitantes, una corte, un régimen todavía feudal y unas universidades que Metternich —cumplidos ya los cincuenta y siendo ministro del débil Francisco de Austria— sometía a una estrecha vigilancia por ser la cuna de la agitación liberal, «una herencia de Francia —como él decía—, esa gran fábrica de revoluciones, esa caverna de donde procede el viento que siembra la muerte en el cuerpo social». Sin duda alguna, las fronteras y los sistemas político-económicos de la Europa de entonces se tambaleaban; su seguridad, su sabiduría y su estilo experimentaban una violenta agitación. Sin embargo, desde hacía unos años, una vez muertos los soldados y enterradas y lloradas las víctimas del tifus, en la Leipzig burguesa de la década de 1820 la vida había reanudado su monótona normalidad. Superada la borrasca de la historia, allí sólo soplaba la brisa de los dramas domésticos, como el que desencadenó aquella mujer al cerrar tras de sí la puerta de la casa con el blasón de la flor de lis.

Después, la mujer se subió a una silla de posta y desapareció en dirección a Plauen para no regresar jamás, según sus propias palabras. Con ella viajaban su equipaje y sus dos hijas menores, las cuales todavía no habían aprendido a caminar.

Marianne Trommlitz abandonó, así, a su marido, Friedrich Wieck, el mejor profesor de piano de Leipzig. Delgado y de estatura imponente, un rostro categórico, con penetrantes ojos azules desprovistos de dulzura, patillas rizadas y una boca seca y amarga. Una sola mirada bastaba para comprender que nada podría inspirarle sentimientos de ternura y que sus palabras no admitirían réplica. Era un gran pedagogo. Dedicaba su tiempo a dos actividades tan dispares como el negocio de empeños y alquiler de pianos que poseía, y la docencia. La casa de la plaza del Mercado Nuevo era todo eso a la vez: tienda, domicilio particular y pensión para alumnos. Friedrich Wieck era el dueño y señor de ese mundo. En ninguna parte y bajo ninguna circunstancia abandonaba su actitud de maestro. Pero su esposa Marianne, una mujer hermosa, joven, rebelde y caprichosa, de unos inmensos ojos claros, no estaba dispuesta a ser su eterna alumna, por lo que le abandonó. Así también a sus dos hijos varones, Alwin y Gustav, y a la mayor de sus hijas, cuyo nombre había sido elegido por Friedrich Wieck porque «quedaría bien en los carteles»: Clara.

CLARA WIECK

Nació en Leipzig el 13 de septiembre de 1819. El mismo rostro oval con amplia frente, y los mismos ojos azules que Marianne. El porte de la cabeza, debido a la finura y delicadeza del cuello, recordaba también el de su madre. Pero ya no tenía madre. Las tareas domésticas habían quedado a cargo de un ama de llaves que apenas emitía una palabra, por lo que Clara hablaba poco y mal. Wieck tuvo que desempeñar los papeles de padre, madre y maestro. Nacido en el seno de una familia demasiado modesta para ofrecerle estudios musicales, se vio obligado a trabajar como preceptor de familias burguesas. Había sufrido todas las humillaciones que implicaba esa situación, y no debía sino a su obstinación y a su férrea voluntad el haberse convertido en lo que era entonces: un profesor admirado en Leipzig, cuyas clases de piano se disputaba la gente. Abandonado ahora por su mujer, debía tomarse una doble revancha.

Cuando Clara cumplió cinco años, la colocó ante el piano con un chiroplasto adaptado al teclado para que mantuviera el busto y los brazos en la posición correcta. Los dedos no tenían más que tocar, liberarse y volver a tocar los fragmentos que Friedrich Wieck componía para su hija. Los ejecutaba y se los hacía repetir de memoria, durante una hora, cada mañana. Después, dos horas de clase de música: lectura, escritura de notas y armonía. Luego, un paseo de dos o tres horas por Leipzig. Con ello, su padre pretendía que aprendiera a «dominar los nervios». Durante ese tiempo, descuidaba la tienda, a los otros alumnos, a Alwin y a Gustav. Clara, en principio, dedicaba el resto del día al aprendizaje escolar, pero de manera espontánea volvía al piano. Muy pronto, su «pequeña mano gruesa y maciza» se reveló ágil, y su memoria musical asombrosa. Aprendió a leer y escribir música antes que alemán, el cual, además, tenía dificultades en entender. Le costaba hablarlo correctamente, e incluso encontrarle alguna utilidad. Su idioma era la música, el único medio de comunicarse con aquél que se había convertido, tras la partida de su madre, en el ser más importante de su vida: el austero Friedrich Wieck, su profesor, pero ante todo su padre.

En octubre de 1825, un año después de haber iniciado los estudios, se produjo su debut. Interpretó su primer concierto con Emilie Reichold, que tenía fama de ser la mejor pianista de Leipzig. El programa constaba de una polonesa de Field —mediocre compositor, pero gran pianista—, una pieza de Cramer —mediocre compositor, pero excelente pedagogo—, *El espíritu de la montaña* de Spohr

—compositor de moda—, y una obra de Czerny. Éste, antiguo alumno de Beethoven, quien continuaba viviendo en Viena, había sido profesor de Franz Liszt cuando éste tenía catorce años y llevaba dos viviendo en París, donde Cherubini, director del Conservatorio, le había impedido cursar sus estudios musicales por ser extranjero. El programa también incluía dos sonatas de Mozart y la *Invitación al vals*, de Carl Maria von Weber, director de la nueva Ópera alemana de Dresde, a la que había convertido en el mejor teatro de toda la Confederación germánica. Cuatro años antes, la música romántica obtenía su primer éxito con la representación de su ópera a *Der Freischütz* en la inauguración del nuevo teatro de Berlín. Este acontecimiento contribuía a alentar la idea, cada vez más extendida, de una «nación» alemana inexistente en la realidad geográfica y política, pero que comenzaba a plasmarse en el arte —literatura, música y pintura— y la filosofía alemanas.

Un programa muy denso para una niña de seis años. Sin embargo, obtuvo un gran éxito ante público tan restringido. La época apreciaba a los niños prodigio. Beethoven tenía entonces cincuenta y cinco años, Mendelssohn dieciséis, y Chopin quince. Como Liszt, todos habían aparecido por primera vez en público a los nueve años. Pero Friedrich Wieck aplicó a Clara los mismos métodos que Leopold Mozart a su hijo Wolfgang, haciéndole debutar a los seis años. Sin duda alguna, alimentaba las mismas ambiciones.

Habitualmente, estos conciertos se celebraban en los salones de la alta sociedad, burguesa o aristocrática, en la corte de los príncipes y reyes de los estados alemanes o en las salas de concierto, y los programas eran interminables. Sin embargo, el público no se sentía obligado a permanecer inmóvil durante horas. Se intercambiaban miradas, se abanicaban, murmuraban y aplaudían a la mitad de un fragmento si aquel pasaje había conseguido emocionarles, o si el virtuosismo del intérprete les había deslumbrado. Entraban y salían. Algunos hablaban. A veces, la suerte hacía que algún «personaje importante» estuviera presente en la sala, como sucedió con el joven Goethe, seducido por el pequeño Mozart en Frankfurt, o con Beethoven, conquistado en Viena, en 1823, por Liszt, que entonces tenía doce años. Éste era el ambiente en el que Clara Wieck hizo su primera aparición en público. Le preocupaba más la reverencia que tenía que hacer, que el repertorio y su ejecución. En cuanto a los aplausos, fue más bien Friedrich Wieck quien se los llevó, pues aquel día, Clara demostró que sus métodos pedagógicos eran excelentes.

Por otra parte, Clara demostró también que sus métodos educativos estaban a la misma altura y, al mes siguiente, Friedrich pudo «prestársela» a Marianne Trommlitz, que se había vuelto a casar en Berlín con el músico Bargiel. La niña llegó acompañada de órdenes perentorias e incluso amenazadoras. Le escribió:

«Señora, os envío lo más querido que me queda en este mundo, pero con la condición de que guardéis el más estricto silencio... No le deis muchos dulces ni le consintáis ningún capricho, como quizá sucedió en Plauen. Cuando toque el piano, no dejéis que acelere el ritmo.

»Espero que mis deseos sean rigurosamente cumplidos. De lo contrario, me sentiría agraviado.»

Quienes le habían felicitado a raíz de la primera aparición en público de Clara, pertenecían a la clase social a la que en otros tiempos había servido, y el camino que la niña debía seguir en el futuro era el mismo que él no había podido continuar a pesar de sus deseos. Por consiguiente, en ese otoño de 1825, Friedrich Wieck pudo albergar la esperanza de ver sus deseos cumplidos y, al mismo tiempo, de ser vengado. Pero para ello, la niña, lo más apreciado por él en el mundo, debía trabajar, trabajar en seguida y sin descanso.

Cuando volvió de casa de su madre, Clara se colocó de nuevo ante el piano, con el chiroplasto adaptado al teclado para tocar sin apoyar los codos. Una hora, dos horas de teoría de la música, paseo y aprendizaje escolar... Por la noche, al regresar junto a sus hermanos con la fiel Nanny, siempre tan poco locuaz, se acostaba temprano, sin haber intercambiado más palabras que las estrictamente necesarias y relacionadas con la música. Durante todo el día, en la casa de la Reichstrasse había sonado la música —de Wieck, de Clara, de los alumnos y visitantes, principalmente compositores en boga. Al día siguiente, todo volvía a empezar.

Clara Wieck inició aquí su carrera. Su breve infancia acabó a la edad de siete años.

2

El salón de los Carus
(1826-1828)

Carl Gustav Carus fue nombrado profesor de la universidad de Leipzig y médico de la Corte. Venía de Dresde, ciudad donde se había instalado tras la guerra de 1813 y cuyo patrimonio artístico estaba a su cargo. En 1798, Novalis iba hasta allí a caballo, desde Freiberg, para reunirse con sus amigos, entre ellos Friedrich Schlegel —su alma gemela y, como él, poeta, que decía: «La poesía romántica es la poesía de la poesía, la poesía universal progresiva y también la bufonada trascendental, la paradoja y la ironía»— y Wilhelm Schlegel —su hermano mayor, filósofo, crítico literario, traductor de griego, latín, español y portugués, y traductor de Shakespeare—. El filósofo Schelling les visitaba. También Jean-Paul Richter, llamado «Jean-Paul», quien introdujo la novela en la literatura alemana y la novela poética en la literatura europea. Todos ellos estaban en Dresde de paso, pero la fugaz efervescencia intelectual que habían creado en la ciudad no había caído en el olvido. Los espíritus en los que habían despertado la curiosidad no se habían ni adormecido ni estancado: cuando en 1806, el berlinés Adam Müller fue nombrado profesor en Dresde y pronunció sus conferencias sobre la ciencia y la literatura alemanas, sobre el genio alemán, sus ideas fueron calurosamente acogidas por la ciudad sajona, que de este modo mostraba su hostilidad hacia la Francia napoleónica —de la que, sin embargo, era la aliada oficial— y su deseo de ver rehabilitadas una verdadera historia de Alemania y, sobre todo, esa lengua alemana a la que el gran Federico II de Prusia había definido como «la más apropiada para los caballos». Asimismo, en los salones se recibía al curioso Heinrich von Kleist, un dramaturgo que a sus treinta años, vagabundo, atormentado y taciturno, no soportaba demasiado bien —como el novelista E.T.A. Hoffmann— que sus sueños quedaran deformados por la realidad.

Kleist había llegado acompañado de Caspar David Friedrich, el pintor de los paisajes atormentados más bellos del mundo, un hombre también solitario, encerrado en sí mismo y brumoso como su Pomerania natal. Obra suya fue el altar de Tetschen —una pequeña ciudad cercana, situada a orillas del Elba—, que introducía por primera vez un tema religioso en la pintura romántica. Dresde atraía a los pintores de todo el mundo, y su galería pictórica incluía obras de Corrège y Rafael.

Más tarde, Adam Müller y Kleist también se fueron. Quedaban el joven pintor Otto Runge y C.D. Friedrich, del que Carl Gustav Carus había sido alumno desde 1818. Carus, que era psicólogo y llegó a Leipzig para dedicarse a la anatomía y la ginecología, sentía interés por todo: la pintura, la filosofía —la de Wilhelm Schlegel y, sobre todo, la de Schelling—, la filosofía naturalista de G.H. Schubert —que tanto había influido en Kleist y en E.T.A. Hoffmann, director de la Ópera de Dresde en 1818— y la literatura, que le apasionaba. Viviendo todavía en Dresde había conocido, además de Hoffmann, al consejero áulico y director adjunto del teatro lírico de la ciudad, Ludwig Tieck, amigo de Novalis y de Otto Runge, colaborador en las traducciones de Shakespeare y prolijo poeta y novelista, el único espíritu verdaderamente enciclopedista de los románticos.

Cuando Carus se instaló en Leipzig, conservó el hábito de organizar veladas, como lo hacía en Dresde, en su casa de Colditz o en Zwickau, en casa del tío de Agnès, su mujer. Ésta compartía con él su amor por la literatura, pero lo que sentía por la música era una auténtica pasión, y además, cantaba.

Fue allí, en aquel salón brillante y cálido donde el arte era un objeto común de amor, donde Clara Wieck interpretó el *Trío*, op. 95, de Hummel, cometiendo menos errores —según pretendió su vanidoso profesor— que los «señores que la acompañaban». Era el 31 de marzo de 1828. Había pasado más de un año desde su primera aparición en público, y Friedrich Wieck podía enorgullecerse de los progresos realizados.

Estaban Julius Knorr, pianista, Thomas Täglichsbeck, compositor y director de orquesta del príncipe de Hohenzollern-Hechingen, músicos de la ciudad, amigos y un estudiante de derecho de dieciocho años, Robert Schumman. Éste último venía de Zwickau, donde había conocido a los Carus. Agnès le dio a conocer las romanzas de Schubert, que entonces tenía treinta y un años y había realizado ya la fusión entre la literatura y la música. Antes de instalarse en Leipzig, Robert Schumann había hecho una larga excursión, la mayor parte a pie, por la vieja Alemania, soñando con los poetas vagabundos que esperaban descubrir, en el desarraigo y los viajes, su propio yo. Como Heinrich von Kleist, que se había suicidado en 1811, el *Wilhelm Meister* de Goethe, el maestro de Weimar, o el *Franz Sternbald* de Ludwig Tieck. La primera etapa había sido Bayreuth, donde Robert visitó la morada de Richter, su querido «Jean-Paul», muerto seis años antes, pero inmortalizado por una obra maestra: les *Flägeljahre*, sus *Mariposas* alucinadas. Después, había proseguido su recorrido por Augsburgo y Nuremberg hasta Munich, para encontrarse allí con Heinrich Heine. Judío de Düsseldorf convertido al protestantismo, educado en el instituto francés hasta la batalla de Waterloo, aristócrata demasiado afrancesado y liberal para ser feliz en la Alemania dominada por la Austria de Metternich, Heine miraba ya hacia Francia, «tierra santa de libertad», volvía la espalda a Goethe y el clasicismo, y desconfiaba de los románticos, que le parecían demasiado alejados de la realidad. Arrastró a Robert Schumann hasta la bella Galería Leuchtenberg de Munich, desplegando ante aquel muchacho de trece años un caudal de seducción, toda su inspiración, su chispeante causticidad y, aunque eso carecía de importancia, también su cinismo. Era un poeta, un gran poeta, como acababa de revelar su *Libro de canciones* al que Schubert, el «Schubert único» de Robert Schumann y Agnès Carus, le había puesto música, lo mismo que a Goethe, Friedrich Schlegel, Novalis, Shakespeare, Schiller...

Allí estaba, pues, Robert Schumann, estudiante de derecho en Leipzig, pero también pianista, autor de algunas composiciones y poeta. Era evidente que la deslumbrante conversación de Heine, su aspecto brillante y su agitación, le habían impresionado. Él era todo lo contrario: un joven taciturno, de facciones duras, perdido en sus ensoñaciones, triste, que hablaba en voz baja, apenas audible, o se encerraba en un hosco mutismo. Ahíto de literatura alemana, de Byron y Shakespeare, de latín y griego, aquella noche le pidió tímidamente a Friedrich Wieck que le diera clases de piano.

Clara, con nueve años, tocaba mucho mejor que el nuevo alumno de su padre. Robert tuvo que volver a empezar, someterse a los ejercicios que Wieck inventaba para fortalecer las muñecas y conseguir una bella ejecución, aquel movimiento fluido, enlazado, incomparable, por el que Clara ya destacaba. Mientras tanto, Robert estudiaba derecho. «Definitivamente, he elegido la jurisprudencia como medio de sustento, y voy a trabajar en ello con aplicación aunque los inicios sean áridos y glaciales», escribió a su tutor. Sin embargo, en la misma época, le escribía a su amigo Rosen: «Leipzig es un nido infame que jamás podrá ofrecer ninguna satisfacción... Aquí, lo único que hago es trabajar plácidamente, es decir, tocar el piano, escribir algunas cartas y «jean-pauliadas»... Salgo poco y, a veces, la mezquindad de este mundo egoísta me entristece. !Ah! ¿Qué sería el mundo sin humanidad? Un cementerio infinito, un sueño de muerto sin sueños, una naturaleza sin flores ni primavera, un teatro de marionetas muerto, sin personajes. Y sin embargo, ¿qué es el mundo con su humanidad? Un cementerio inmenso de sueños destrozados, un jardín de cipreses y sauces llorones, un guiñol mudo de personajes bañados en lágrimas.» Cuando sus estudios, las cartas tranquilizadoras a su tutor, exaltadas a sus amigos o afectuosas a su madre, la música o las «jean-paulidas» le permitían alguna libertad, acompañaba a Freiedrich Wieck y a la pequeña Clara en sus paseos; después, se reunía con los tres niños Wieck para narrarles cuentos. Eran cuentos de fantasmas, de sosias y dobles, tomados de Heinrich Heine, de E.T.A. Hoffmann, y del poeta Vin Chamisso, el autor del *Peter Schlemil*, el hombre que vendió su sombra. Y si Clara se había mostrado casi insensible a los nombres escuchados en casa de los Carus a finales del invierno anterior, a los poemas recitados o cantados, a la programación del teatro de Leipzig donde aquella temporada se había representado el *Fausto* de Goethe, el *Guillermo Tell* de Schiller, *Macbeth* y *Hamlet* de Shakespeare, si también había permanecido indiferente a las fuentes en las que bebía Robert Schumann para narrarle cuentos, no mostraba, por el contrario, la misma actitud ante sus relatos ni ante el mundo desconocido que le presentaba: se estremecía de placer o terror, pedía más, y así, sin saberlo, se reconciliaba, por medio de la literatura «oral» de Robert, con la lengua alemana.

Durante el verano de 1828, mientras Robert estudiaba en casa de Wieck el *Concierto en la menor* de Hummel,

Clara, por su parte, se esforzaba en trazar letras, en descifrar palabras, en aprender alemán, o al menos en intentarlo. Y si Friedrich Wieck, tras haber esgrimido sus amenazas contra Robert, al que consideraba «demasiado fantasioso», reaccionaba violentamente contra su hija («¡Al infierno tu virtuosismo si no eres capaz de aprender a escribir!», clamaba), Clara se refugiaba en Schumann, como si sólo pudiera encontrar ayuda en él, o comprensión, o quizá otras actitudes inesperadas. Pues este narrador impenitente era, además, tan callado como la fiel ama de llaves, Nanny. Incapaz de participar en una conversación en la que se abordaran problemas cotidianos, llegaba incluso a no contestar a las preguntas que se le hacían, o bien se expresaba con una voz tan débil, sin timbre, que quienes le escuchaban tenían la sensación de que estaba hablando consigo mismo. Así pues, sólo se animaba a contar aquellas narraciones de dobles que hacían las delicias de Clara, Alwin y Gustav, y que, al mismo tiempo, les atemorizaban. Después se marchaba con paso lento, perezoso y tan leve que, decían, su cuerpo parecía no tener esqueleto. El hombre que así andaba y callaba, sombrío o soñador, parecía totalmente diferente del narrador. Otro. Su sosias, su sombra, su fantasma... En la niña que vio cómo el músico se alejaba de la casa para dirigirse a su habitación de estudiante, quedaron grabadas, de aquellos tiempos, la imagen de un hombre paradójico, con dos facetas, como los héroes de sus relatos, y la imagen de un mundo también con dos facetas: la fantástica y la cotidiana. En el universo de los sueños, Schumann era inagotable; en la realidad, permanecía en silencio. Curioso aprendizaje de su lengua materna el que, aquel verano, realizó esta niña de nueve años separada de su madre.

En el terreno del arte, Robert tenía también una doble faceta, un doble carácter. Sin ninguna duda, estaba presente en sus improvisaciones, en sus cuentos, en aquellas sinfonías de Beethoven que Clara, por aquellos días, descubrió en el Gewandhaus de Leipzig. Era arte, pero intangible, inefable, una presencia. Además, estaban los ejercicios de piano, los estudios, la práctica, la técnica: «todo un arte», decía Wieck, pero real, concreto, como encarnado en el riguroso profesor cuya tendencia a la ensoñación era nula y que desconfiaba de la fantasía sobre la cual, su autoridad, no podía ejercer ninguna influencia.

En julio de 1828, Friedrich Wieck se casó con la esposa ideal, maleable, paciente, pasiva, la sumisa Clémentine Fechner, a la que Clara convirtió muy pronto en su víctima. Por primera vez, Wieck notó en su hija «un espíritu de contradicción que parecía ser hereditario...». ¿La huella de Marianne Trommlitz? ¿O la influencia de las perspectivas apuntadas por Robert Schumann sobre *otro* universo? ¿O el ejemplo de otra actitud ante el maestro, al que Robert Schumann se había opuesto con violencia aquel verano? Clara había asistido a sus «inauditas peleas», a las «penosas luchas» que entablaba Friedrich Wieck para persuadir a Schumann de que «la propia esencia del arte del piano» consistía en adquirir «un dominio del mecanismo, constante, frío y meditado», y de que, sobre todo, «la precisión, la igualdad, el ritmo, la pureza» eran imprescindibles «para lograr una ejecución elegante...». Y estaba en lo cierto, pero siempre añadía: «...*a pesar* de vuestra desbordante fantasía.» ¿Desterrar la fantasía, los sueños, la esencia misma del arte romántico? Imposible para Schumann... «No hablo de los sueños que nos invaden cuando nos refugiamos bajo el suave cobijo del sueño —escribía E.T.A. Hoffmann, al que Schumann leía con asiduidad—. No, hablo de esos sueños que tenemos durante toda la vida, esos sueños que con frecuencia llevan sobre sus alas el fardo doloroso de las cosas terrenales, y ante los cuales se extingue el sufrimiento, la amargura, la lamentación y toda suerte de esperanza frustrada, pues esos sueños, como un destello de cielo que se ilumina en nuestro pecho, son la promesa de realización de lo infinito de nuestros deseos.»

¿Quién podía oponerse al maestro con esta prueba que aportaba Robert Schumann? Para Clara, además, era una prueba tanto más sorprendente cuanto que no impedía ni la estima del maestro hacia el alumno cargado de talento, ni, sobre todo, la deferencia y el afecto del joven hacia su profesor: Robert había perdido a su padre en 1826.

Pero Clara no hizo más que vislumbrar el mundo fantástico cuya existencia evocaba Robert con sus relatos... y para ella continuó siendo incomprensible. Lo mismo sucedía con el otro modelo de conducta que proponía con su sola presencia: ya hablaba de marcharse. Friederich Wieck, demasiado ocupado, no podía seguir dándole clases, y Robert detestaba Leipzig cada vez más. Mientras en Zwickau, la naturaleza que los románticos habían elevado al rango de divinidad se encontraba en el corazón de cada camino, de cada alameda, en Leipzig no había nada: «¿Dónde podría encontrar aquí la naturaleza? —decía—. Ni un valle, ni una montaña, ni un bosque donde poder seguir el curso de mis pensamientos. Únicamente estoy solo cuando cierro la puerta de mi habitación, lo que no me impide escuchar el estrépito incesante que llega de la calle.»

Y a finales del invierno siguiente, Schumann se fue. Destino: Heidelberg. El pretexto que dio a su madre y a su tutor fue que en esa ciudad los profesores eran brillantes jurisconsultos.

3

Heidelberg, «capital sagrada del romanticismo» *(1829)*

Una de las razones por las que Robert Schumann había elegido Heidelberg era que su amigo Rosen vivía allí. La otra, que la ciudad estaba situada en el corazón de la «divina naturaleza». Rodeada de colinas pobladas de árboles o cubiertas de viñedos que descendían hacia el Neckar, con la imponente presencia de su viejo castillo, sus «encantadoras callejuelas» y sus «fragantes jardines», como la describió Hölderlin, era la «más campestre y bella de las ciudades» de la Alemania occidental. Y tras su anexión a Baden, en 1803, su universidad, dominada por los liberales, había recibido un nuevo impulso. Sin embargo, lo que atraía a Schumann por encima de todo era su fama de «ciudad sagrada del romanticismo».

En el umbral del siglo XIX, Hölderlin se había vuelto loco, Novalis había muerto, Friedrich Schlegel se había ido a Francia, Ludwig Tieck —antes de establecerse en Dresde— vivía en Frankfurt del Oder, Wilhelm Schlegel —acompañado de Madame de Staël— había iniciado un viaje para difundir sus conocimientos sobre poesía medieval germana, y ganaba adeptos a la doctrina romántica en una Alemania entonces vencida militarmente, ocupada por las tropas francesas y —aun cuando sin desempeñar ningún papel en el terreno político— ansiosa por mostrar a Europa el rostro de un «país», afirmando su existencia espiritual, intelectual y artística. La segunda generación de románticos empezaba a surgir. En 1804, Clemens Brentano llegaba a Heidelberg con su mujer, Sophie Mereau, que había tratado con asiduidad a los hermanos Schlegel. Tenía veintiséis años. Espíritu intuitivo y muy sensible, vivía al borde del desequilibrio. De sí mismo y de los demás poetas, decía: «Sólo hemos alimentado la imaginación y, en respuesta, ella nos ha devorado.» Con su amigo Joachim von Arnim —que conocía a Goethe, Ludwig Tieck y Friedrich Schlegel, y acababa de pasar tres años por todo el norte de Europa, Francia e Inglaterra—, había concebido y escrito el primer volumen de *El cuerno maravilloso*, la más célebre recopilación de cuentos populares alemanes.

En torno a ellos se encontraban el profesor Creuzer, un especialista en mitología alemana que había conocido a Novalis y Schiller, y el profesor Görres, católico renano que se había convertido en adversario encarnizado de Napoleón, tras haber sido un defensor no menos encarnizado de la Revolución francesa. Görres había sido el primero en reconocer el talento de Hölderlin, y su escritor preferido era Jean-Paul, el «dios literario» de Robert Schumann. También estaban el jurista Savigny, casado con una de las hermanas Brentano, y dos de sus alumnos, Jacob y Wilhelm Grimm, que visitaban Heidelberg con frecuencia. En aquella época, también vivían allí su hermano menor Ludwig, pintor y dibujante, y Joseph von Eichendorff, entonces estudiante de derecho, que asistía a los cursos de estética de Görres y se alimentaba de literatura inglesa, novelas de aventuras, de Jean-Paul y lecturas bíblicas.

Estaban en Heidelberg de paso, como los Schlegel, Novalis y Adam Müller habían estado de paso en Dresde. En 1812, el año de la publicación de los *Cuentos* de Grimm, ya se habían marchado prácticamente todos, no sin que antes se hubieran publicado los dos volúmenes restantes de *El cuerno maravilloso*, concluidos en colaboración con los hermanos Grimm, *Las afinidades electivas*, de Goethe, y la trilogía *Los héroes del Norte*, en la que Friedrich de La Motte-Fouqué había adaptado los *Nibelungos* y que un asistente a las conferencias de Wilhelm Schlegel se había encargado de reeditar. La estela de la ciudad que ellos habían abandonado, Heidelberg, había traído a ricos coleccionistas de cuadros antiguos, como los hermanos Boisserée, amigos de los Schlegel. Ludwig Tieck había ido a admirar sus tesoros, después, Goethe, más tarde, Wilhelm Grimm e incluso, en 1817, el «querido Jean-Paul» de Robert Schumann.

El grupo de Heidelberg había hecho que los cuentos populares, la pintura, las canciones y la poesía antigua, el capital mitológico, en resumen, el arte germánico y su memoria, destacaran para siempre. Más aún, había dado un impulso irreversible a las investigaciones que restituían su pasado a un pueblo sin identidad, lo unificaban en torno a una memoria colectiva y alimentaban así el nacionalismo entonces naciente.

Heidelberg, «capital sagrada del romanticismo»... El eco llegó muy pronto a Leipzig, a casa de los Wieck. Entre los brillantes jurisconsultos que habían servido de honorable pretexto a la marcha de Schumann, se encontraba Anton Friedrich Thibaut. No sólo tendía un puente hacia el período en el que Heidelberg estaba en su apogeo —había sido profesor al mismo tiempo que Görres, y entre sus alumnos se encontraba Eichendorff—, sino que era un músico frustrado. Autor, en 1825, de una obra sobre *La pureza del arte musical,* y enamorado de la música sacra, había fundado en su casa una sociedad de ediciones corales. «No podríais creer —escribió Robert Schumann a Friedrich Wieck— qué bellas, nobles y puras horas he pasado en su casa, y cuán dolorosas me resultan la estrechez de miras y la pedantería musical de este espíritu vivificante, inflamado, fulminante, pues para Thibaut, si prescindimos de los antiguos, no existe nada.» Sin embargo, aquel Thibaut cuya vocación se había visto contrariada por la carrera jurídica, supo revelar a Schumann la amargura de una existencia no elegida. Le decía: «Mirad a E.T.A. Hoffmann, condenado por la jurisprudencia a no escribir hasta el final de su vida, cuando estaba enfermo y borracho.» Y concluía: «No tenéis madera de funcionario.»

Robert Schumann no hablaba más que de música en la carta que dirigió a Friedrich Wieck el 6 de noviembre de 1829, de regreso de un viaje a Italia: «Hay momentos en los que me siento totalmente poseído por la música y en los que en mi interior sólo hay sonidos, aunque me resulta imposible transcribirlos. ... ¡Ah, si supiérais cómo me inflama el ímpetu! ¡Y pensar que mis sinfonías habrían podido llegar ya al número 100 de opus...! ... !Ah! ¿Por qué dejé aquel Leipzig donde se había abierto para mí el soberbio olimpo de la música del que vos erais su sacerdote?» Y conmovido por Rossini, se declaraba fiel a su único Schubert, «que tiene todo en común con mi único Jean-Paul», y recordaba a su «muy venerado maestro» de qué modo sus clases, aunque conflictivas, habían dado sus frutos: «Sin vanagloriarme en lo más mínimo, modestamente tengo perfecta conciencia de mi superioridad sobre todos los pianistas de Leipzig.»

El año 1829 llegó a su fin.

Carl Maria von Weber —a quien Robert Schumann, cuando todavía estudiaba en el instituto de Zwickau, solicitara en vano que le diera clases de piano— había partido hacia Londres tres años antes para presentar su *Oberon* en el Covent Garden... y para morir allí de tuberculosis. Beethoven había muerto en Viena el 25 de marzo de 1827, después de llevar años aislado a causa de su sordera; Schubert y Czerny estaban entre quienes llevaban lo cirios en su cortejo fúnebre. Y, tras el concierto en homenaje a Beethoven ofrecido unos meses más tarde en el Gewandhaus de Leipzig, un turbado estudiante de quince años había abierto la puerta de la casa con el blasón de la flor de lis para alquilarle a Wieck el *Método de bajo cifrado* de Logier: era Richard Wagner. Schubert había muerto pocos meses después de la velada en casa de los Carus, en la que Clara había debutado ofreciendo un concierto en trío. En Berlín, un joven director de veinte años, Mendelssohn, había dirigido *La Pasión según San Mateo* de Bach, que no se interpretaba desde hacía un siglo. La obra de Bach, excepto en la pequeña iglesia de Santo Tomás de Leipzig, era en aquella época muy poco conocida en Alemania. En Heidelberg, un estudiante de derecho empezaba a dar la espalda a la jurisprudencia para consagrarse a la música. En Leipzig, por último, Clara Wieck se iniciaba en el violín, y tocaba, y estudiaba, preparando infatigablemente su carrera de concertista, mientras su padre hablaba ya de las futuras giras. Además, acababa de componer cuatro polonesas. Tenía diez años.

4

Clara toca ante Goethe
(1830-1831)

«Leipzig, 9 de agosto de 1830

»Querida señora Schumann.

»Éste es mi proyecto: vuestro hijo deja Heildeberg, que no favorece su caprichoso entusiasmo, y regresa de nuevo a Leipzig, ciudad fría y uniforme que, por las razones que os expondré, le resultará beneficiosa...

»Tomo a mi cargo la responsabilidad de vuestro hijo, el cual, a la vista de su talento y su fantasía, se convertirá, en el plazo de tres años, en uno de los mejores pianistas vivos de nuestra época, más espiritual y ardiente que Moscheles y con una técnica más extraordinaria que la de Hummel.

»La prueba de lo que puedo hacer la confirma mi hija de once años, a la que empiezo a presentar en público...

»Cuando Robert dejó Leipzig sabía ya lo que un buen pianista necesita saber y, en cuanto a lo demás, mi Clara se encargará de persuadirle.

»Mi hija improvisa, pese a que la induzco a seguir la senda del profesorado, y éste es un privilegio único que no disfruta ninguna otra pianista...

»¿Querrá Robert dar algunas lecciones a mi Clara para hacerla trabajar, por ejemplo, en una composición a dos o tres voces, sin utilizar esa facilidad de improvisación hacia la que se siente excesivamente inclinada? ¿Querrá trabajar la fría y árida teoría?

»Porque, si Robert no hace todo lo que le propongo en esta carta, ¿qué hará? ¿Adónde le conducirá su fantasía?

»En París, Viena, San Petersburgo y Berlín, se pagan de 2 a 4 táleros por clase. En Londres de 6 a 8 táleros...

»Tengo que resolver un asunto en Dresde. Después de Navidad me trasladaré a Berlín para ocuparme de otro asunto del mismo tipo y, durante un año, me llevaré a mi hija para que haga una gira artística por Viena, Berlín y, tal vez, París...

»Friedrich Wieck.»

Así, en octubre de 1830, Robert Schumann volvió a instalarse en casa de los Wieck, con la firme intención de «recuperar el tiempo perdido con la jurisprudencia», puesto que debía demostrar a su madre y a su tutor, hacia quienes mostraba un sentimiento de culpabilidad, que no se había equivocado al elegir finalmente la música, al consagrarse a ella por completo, al oponerse a sus proyectos. Si FriedrichWieck formaba virtuosos, él sería un virtuoso. Se concentró en la realización de los ejercicios más engorrosos, para lo cual se encerraba durante horas con su piano y se plegaba a la disciplina tiránica del maestro, esperando quizá que ésta encauzara su «desbordante fantasía» y su extrema emotividad. Por las tardes, era él quien acompañaba a Clara a dar largos paseos de dos o tres horas. No era más que una «chiquilla» para él, «un tanto susceptible, con unos enormes ojos y esencialmente preocupada por las... cerezas». Una chiquilla que correteaba a su alrededor, jugaba, saltaba y, de repente, decía las cosas más serias, más graves. «Porte gracioso, tez de flor, pequeñas manos suaves y blancas, cabellos negros, exuberantes, mirada traviesa y ardiente», dijo de ella Henri Dorn, entonces director de orquesta de la ópera de Leipzig y profesor de teoría.

Esta «maravillosa adolescente» ofreció a Robert un ejemplar de sus cuatro primeras polonesas, publicadas por Hofmeister. En la cubierta, puso esta dedicatoria: «Al señor Robert Schumann, que vive con nosotros desde el día de San Miguel y que estudia música.» Por la noche, ella y sus hermanos se reunían con Robert en las dos habitaciones que éste ocupaba en su casa, para escuchar de nuevo las fantásticas y pavorosas historias de dobles, y jugar a las charadas y los acertijos. Breves momentos de descanso, pues Friedrich Wieck proyectaba, en efecto, sacar provecho de su enseñanza y llevar a su hija de gira. Hasta París, ciudad de la que esperaba recibir el «visto bueno» —más que de otras ciudades de Alemania, Austria y Prusia—, ya que era el primer centro musical, mucho menos «italianizado» que Alemania: tras la muerte de Beethoven, el Conservatorio de París había ofrecido todas sus sinfonías, apenas interpretadas fuera de Viena, donde había vivido desde 1792 y donde estaba enterrado.

París era también la ciudad odiada por Metternich, la ciudad donde se producían «todos los desórdenes»: el 9 de agosto de 1830, el mismo día en que Friedrich Wieck, mediante su carta a la madre de Robert Schumann, permitía a éste abandonar el derecho y dedicarse al arte, en París, tras la abdicación de Carlos X, su primo Luis Felipe, duque de Orleans, entraba en el ayuntamiento y Lafayette, que tenía setenta y tres años, le restituía la bandera tricolor. Los motines acaecidos el 27, 28 y 29 de julio de 1830 —los «Tres Gloriosos»— y la victoria de los Insurrectos daban paso a la monarquía de Julio.

Y las ondas revolucionarias se propagaban con gran rapidez por Europa. Un grupo de escritores, indignados por la censura del régimen de Metternich, fundaban el movimiento «Joven Alemania»; sus dirigentes eran dos judíos que se vieron obligados a refugiarse en Francia:

Ludwig Boerne y el deslumbrante Heinrich Heine, quien había seducido y sorprendido a la vez a Schumann dos años antes. Los alzamientos se producían en toda Sajonia, que vivía bajo vigilancia policial, y que padecía las consecuencias de una mala gestión a cargo de un gabinete despilfarrador, de una administración que acudía a las tabernas para olvidar los duros años de sumisión a Napoleón. En Leipzig, los estudiantes se declararon en huelga. Se erigieron en «dioses tutelares» de la ciudad y se unieron a los obreros de las fábricas textiles, que constituían una fuente importante de la economía sajona. Levantaron barricadas, formaron milicias, tomaron por asalto los cuerpos de guardia... Entre ellos, y no de los menos activos, se encontraba Richard Wagner, que entonces tenía diecisiete años. El rey de Sajonia nombró a su sobrino Federico Augusto regente de todos sus estados. Éste promulgó una constitución, y muy pronto fue imitado por los soberanos de Hannover y Brunswick. La calma se restableció sin que esta fiebre revolucionaria hubiera provocado profundos cambios en la distribución de los bienes y poderes: Federico Guillermo III de Prusia se había aliado a la política de represión de Metternich, apoyado por los partidos tradicionalistas, y a pesar de su deseo de alejar a los estados alemanes de la influencia austríaca y de hacer de Prusia el núcleo en torno al cual se unificaría Alemania. El mismo viejo sueño de siempre, acariciado bajo la dominación francesa y cantado por los poetas, algunos de los cuales se habían comprometido en las guerras de liberación, como Kleist y Eichendorff. Un viejo sueño teorizado por filósofos como Fichte, Wilhelm Schlegel o Hegel, que en 1806 había visto a Napoleón entrar en Berlín.

Pero en los espíritus, algo había cambiado. Dos principios habían entrado en conflicto: el principio de autoridad y el principio nacional de libertad, es decir, el derecho monárquico contra el derecho democrático. Y comenzaban a aparecer unas clases sociales nuevas, al mismo tiempo que una división casi radical: por un lado, los soberanos y sus «aparatos» militar y administrativo, así como la aristocracia y la iglesia, apegadas al absolutismo; por el otro, la burguesía ascendente —comerciantes e industriales—, la juventud, algunos hombres de negocios, algunos militares descontentos, y los obreros más evolucionados. Aparte de una masa campesina sometida hasta una época muy reciente al servilismo, analfabeta y que proporcionaba, al emigrar a las ciudades, la inmensa mayoría de la mano de obra mal pagada de las fábricas, o que permanecía en los campos, unas veces amorfa y otras presa de esporádicos arrebatos de cólera ciega, desesperada, suicida: los famosos levantamientos de campesinos sangrientos inútiles.

El cuerpo social se metamorfoseaba y el público cambiaba, volviéndose «amplio», intangible. Tenía menos formación, era menos melómano y resultaba más difícil de contentar a priori, a menos que no se trastocaran sus hábitos: la tiranía de la «moda» comenzaba a ejercerse. Desde luego, quedaba una élite aristocrática y de la alta burguesía, que se apartaba de este embrión de «gran público» para destacar, y que imponía la tiranía de su demanda: piezas para piano, melodías, música de cámara. Pero la profesión de músico también cambiaba. El compositor ya no estaba sometido al régimen de encargos de los príncipes, ni sufría su influencia sobre sus obras. Como contrapartida a esta libertad de crear y hacer escuchar sus composiciones dónde y cuándo quería, debía hacerse cargo de su situación material, organizando él mismo conciertos y festivales, y ocupándose de la publicación de sus obras: a finales del siglo XVIII comenzaban a promulgarse por doquier las leyes sobre la propiedad literaria y artística. Sin la fortuna personal de un Mendelssohn o un Paganini, cuya fama gozaba de amplio eco en toda Europa, el compositor debía ejercer una actividad paralela: *kapellmeister*, profesor, director musical, director de orquesta.

Y lo mismo sucedía con los intérpretes. Los «asuntos»

que Friedrich Wieck mencionaba en su carta del 9 de agosto de 1830 a la señora Schumann, eran de esta índole: organizar la gira de conciertos de Clara, mientras la niña permanecía en Leipzig preparándose a fondo, al mismo tiempo que se iniciaba en el francés para conquistar, también con su conversación, al público parisino. Partirían en el verano de 1831 y la primera etapa sería Berlín.

Mientras tanto, con la presencia de Robert Schumann en casa de los Wieck, la existencia de Clara comenzó, si no a cambiar en su regularidad y su desarrollo repetitivo, en cualquier caso a ofrecerle alguna sorpresa de vez en cuando. Empezó a escuchar a Haydn, Mozart y Beethoven en su casa. Y, sobre todo, a Bach, del que Robert interpretaba cotidianamente *El clavecin bien temperado* y que abría, en el estrecho universo musical de ella, unas perspectivas análogas a las que los escritores románticos, siempre por mediación de Robert, habían introducido en su universo mental. Friedrich Wieck también llevaba a su hija, por las noches, a El Árbol del Café, en Leipzig, donde se reunían Schumann y sus amigos, los pianistas Wenzel, Julius Knorr —con quien habían coincidido en casa de los Carus—, Louis Schunke y otros músicos. Era en este café donde hablaban, indignados, de la suerte que Alemania reservaba a Bach, Beethoven, Weber y Schubert, y del crédito que, por otra parte, concedía a compositores en boga como Czerny o Herz... ¡al que Friedrich Wieck incluía en el programa de su hija! Otras veces acudían todos a la casa con el emblema de la flor de lis. Hecho curioso, pues Wieck no compartía los puntos de vista de aquellos jóvenes artistas enardecidos y demasiado fantasiosos. Sin embargo, muchos de ellos eran alumnos suyos y, sin duda, prefería tenerlos cerca, bajo su autoridad, aun a riesgo de escuchar cómo le contradecían y le criticaban más o menos abiertamente. Cualquier cosa antes que verles entrar en la esfera de influencia de otro maestro... Estaba celoso. Cuando Robert Schumann le había anunciado, antes de regresar a Leipzig, que iba a pasar por Weimar para pedir consejo a Hummel, le había invadido una violenta cólera. ¿Acaso había necesidad de ello, cuando él, según sus propias palabras, era «el mejor profesor del mundo»? Wieck solamente permitió a Robert que Henri Dorn le diera clases de teoría.

En Leipzig, la revista de crítica musical *Allgemeine Musikalische Zeitung* había caído en manos de Fink, un anciano pastor apasionado por mediocres compositores de ópera italianos, que dudaba del genio de Bach, ignoraba la obra de Weber y Schubert, y adulaba a los virtuosos que florecían en gran número y confundían la acrobacia con el arte. Tras la muerte de Beethoven, los únicos que practicaban la gran forma instrumental eran Hummel, Spohr y Moscheles. Contra esta tendencia era contra la que se revelaban Schumann y sus amigos. Y, en presencia de la pequeña Clara Wieck, germinó la idea de fundar una revista que compitiera con la de Fink. Por extraño que esto pueda parecer, era Robert quien impulsaba estas conversaciones, estos proyectos. Ahora bien, sus intervenciones eran escasas. Se mantenía en un rincón, bebía y fumaba un puro tras otro. «Tenía la costumbre de sentarse a la mesa un poco de lado para poder apoyar la cabeza en el brazo y, apartando hacia atrás el mechón de cabello que le caía sobre la frente, permanecer soñadoramente replegado en sí mismo, con los ojos entornados. Pero si asistía a un intercambio de ideas interesantes, se animaba hasta demostrar una auténtica locuacidad y vivacidad; en aquellos momentos, parecía, en cierto modo, despertar y abandonar su meditación, es decir, reintegrarse al mundo exterior, y su mirada, habitualmente dirigida hacia su interior, se posaba en aquel mundo exterior cargada de una agudeza penetrante y una magnífica fantasía», explicó uno de sus condiscípulos de Leipzig, el doctor Brendel.

Su eterna fantasía... Sólo era magnífica para sus amigos y para Clara, cuando le escuchaba improvisar al piano y contar sus historias, pero nunca para Wieck, sobre todo cuando llegaba la hora de las clases. Las disputas se reanudaron, y a ellas se añadieron las discusiones acerca del virtuosismo, que no interesaba a Schumann, mientras que para el «Viejo», como llamaba al padre de Clara, era indisociable del arte pianístico. En cierta ocasión escribió a Hummel: «Wieck no lleva su enseñanza hasta las últimas consecuencias. Todo debe ser interpretado "a lo Paganini"». Y luego se extendía en serias reservas sobre la calidad de enseñanza de Wieck.

El cólera causaba estragos en Berlín y, al final, Clara se quedó en Leipzig. Durante el verano de 1831 escuchó, de las manos de Julius Knorr, las *Variaciones, op. 2, sobre «La ci darem la mano» del Don Juan* de Mozart, de un joven polaco de veintiún años: Frédéric Chopin.

«¡Descúbranse, señores: he aquí a un genio!...», escribió Robert Schumann en su primer artículo crítico, que envió junto con una carta, el 27 de septiembre, a la *Allgemeine Musikalische Zeitung*, ¡la revista del pastor Fink que tanto odiaba! Artículo singular, personal, original y muy literario, en el cual hablaba de Jean-Paul y de Goethe, interpelaba al lector e introducía a tres personajes: Eusebius («Tu rostro pálido muestra una sonrisa irónica.»), Florestán («Uno de esos escasos músicos que parecen presentir con antelación el futuro, lo nuevo, lo extroardinario.»), y Maestro Raro (el árbitro). Tres personajes de ficción, pero sobre todo tres facetas de sí mismo.

Al día siguiente, Clara se marchó con su padre. Primera etapa: Weimar, donde fueron acogidos con frialdad. Sin embargo, un alto cargo gubernamental pudo prepararles una entrevista con Su Excelencia el Consejero Von Goethe, la piedra angular de la literatura alemana. Tenía ochenta años. Había sido el líder del movimiento *Sturm und Drang*, que privilegiaba la pasión sobre la razón y que había nacido como reacción contra el racionalismo. Era el autor de *Werther,* novela aparecida en 1776 e inspirada en sus amores desgraciados con Charlotte Buff y en el desdichado matrimonio del padre de Clemens Brentano con la jovencísima Maximiliane Laroche, a la que Goethe había amado. A continuación, había sido, con Schiller, el líder del clasicismo, corriente cuya capital seguía siendo Weimar, que, como Leipzig, era también una capital musical. Por último, aunque Goethe se había codeado con los románticos —que habían ido a visitarle en la época de la aparición de *El cuerno maravilloso* y de la reedición de *Los Nibelungos*—, aunque se interesaba por el realismo naciente de Heinrich Heine y de los poetas de la «Joven Alemania». A quien Clara Wieck conoció fue al «sabio de Weimar», un anciano solitario y unánimemente respetado. Fue para el autor de *Fausto* para quien interpretó, el 1 de octubre a mediodía, primero la *Violetta* y después las *Bravour-Variationen* de Heinrich Herz, aquel compositor vienés de moda cuya mediocridad había oído alabar tanto Friedrich Wieck, en su casa o en El Árbol del Café. «Tiene la fuerza de cinco o seis muchachos», declaró Goethe. Pero, por otra parte, hacía esta observación: «La interpretación de Clara hace olvidar la composición.» Unos meses antes, la joven cantante Wilhelmine Schroeder-Devrient le había descubierto a Schubert cantándole sus romanzas...

El día 7, quinientos ciudadanos de Weimar, imitando a Goethe, aplaudieron a Clara Wieck. Al día siguiente, la invitaron a la Corte. «Hemos escuchado a la pequeña Wieck de Leipzig —escribió el preceptor del gran duque Carlos Alejandro de Weimar—. Es una verdadera maravilla. Por primera vez en mi vida, me he sorprendido admirando con entusiasmo su talento precoz. Ejecución perfecta, tempo irreprochable, fuerza, claridad, dificultades de todo tipo superadas con acierto, en suma, un conjunto de cualidades poco frecuentes a cualquier edad, pero que ahora en ocasiones, por fin encontramos. Si la pequeña Clara no hubiera ofrecido nada más, habría dicho de ella que era una notable máquina de interpretar música y habría permanecido frío como el mármol. Pero es un músico auténtico, siente lo que toca y sabe expresarlo. Bajo sus dedos, el piano cobra color y vida. Uno siente interés por ella sin querer... Si no sucumbe a alguna enfermedad antes de tiempo, no necesitará demasiado de la belleza para convertirse en una peligrosa sirena. ¡Pobre niña! Tiene un aire de desdicha y sufrimiento que me aflige. Pero quizá deba una parte de su gran talento a esta disposición para la melancolía...»

Tras haber vuelto a interpretar ante Goethe algunas variaciones compuestas por ella, Clara regresó a los caminos: Erfurt —la ciudad, dormida, no despertó—, Arnstadt, donde un crítico señaló que no era «una planta de invernadero», y, por último, Kassel, donde vivía Ludwig Spohr, compositor y *kapellmeister* del gran ducado, que escribió: «¡Grandiosa y compacta interpretación. Bajo sus manos, el instrumento se metamorfosea!». Concierto, cena y baile en la Corte con los príncipes. Y Clara reanudó su gira: Frankfurt del Main, cuyo público se mostró glacial y enfureció a Wieck hasta el punto de hacerle decir que prefería «trillar que organizar conciertos». Pero llegó una carta de Robert Schumann: «No os podéis imaginar —escribía a Friedrich Wieck— cómo deseo veros, a vos y a Clara... Con Dorn, me dedico a la fuga a tres voces... Dorn y yo nunca estamos plenamente de acuerdo. Para él, la música no son más que fugas. ¡Dios mío! ¡Cuán diferentes son los hombres! No obstante, soy consciente de la benefactora influencia que los estudios teóricos han ejercido sobre mí... He concluido una sonata en si menor y un cuaderno de las *Mariposas...*», basadas en las *Flägeljahre* de su querido Jean-Paul, donde éste escribía, como al azar: «Por fin, impulsado por una embriaguez mágica, Walt llegó a la verdadera sala vibrante de sonidos, inflamada, repleta de formas y sombreros: un cielo nórdico lleno de auroras boreales y que crearía constantes visiones, zarandeado por los zigzags de criaturas en continuo choque. Se sintió transportado por un soplo de poesía... Wina dijo, en voz baja y con rapidez: "Vos mismo, Walt, habláis como la poesía. Sin duda, un ser más elevado que nosotros miraría la historia de los hombres como un baile de máscaras un poco más largo." Y Walt respondió bruscamente: "Nosotros somos las diferentes figuras que forman los fuegos artificiales lanzados por un Espíritu poderoso." Tras lo cual se sumergió por completo en un vals de ángulos agudos.»

Robert le escribía a Clara: «Sé que sois una cabeza pensante, y que comprendéis a vuestro viejo y lunático artífice de charadas. Por eso, mi querida Clara, pienso en vos no como un hermano en una hermana, ni como un amigo en una amiga, sino como un peregrino en una lejana imagen sagrada. Durante vuestra ausencia, he recorrido Arabia buscando cuentos de hadas que pudieran gustaros: seis nuevos cuentos de Doppelganger, ciento y una charadas, ocho divertidos acertijos, historias de bandoleros espantosamente bellas, y la del fantasma blanco. Brr... ¡Cómo ticmblo!...»

5
París
(1832)

Hacía ya cuatro meses que Clara estaba de gira con su padre. Después de Frankfurt fueron a Darmstadt, y luego a París, al hotel Bergère, en la calle Bergère, donde permanecieron dos meses. Allí estaba Frédéric Chopin, pues el 8 de septiembre de 1831 se había enterado de que los rusos habían invadido Varsovia, y había proseguido su camino hasta París, con sus *Variaciones sobre «La ci darem la mano»*, de Mozart, ya publicadas, el *Vals en re bemol mayor*, el *Primer nocturno*, apuntes de sus *Estudios* y los dos *Conciertos*, en *mi menor* y en *fa menor*, ya escritos. Tenía veinte años. El «¡Descúbranse, señores: he aquí un genio!» de Schumann, publicado en diciembre en la *Allgemeine* de Fink, había llegado hasta sus oídos; Liszt, Berlioz, Mendelssohn y muchos otros habían reconocido su talento. Wieck no le dedicó más que un juicio de orden moral: «Un apuesto muchacho, pero París lo ha corrompido y ha sembrado en él la indiferencia hacia sí mismo y hacia su arte.» Es cierto que le vio jugar a pídola con Mendelssohn, Liszt y el pianista y musicólogo Ferdinand Hiller, todos ellos presentes en París en aquella época. A Paganini, que se daba a conocer en Francia, los Wieck le habían escuchado en Leipzig, y Schumann en Frankfurt. Tenía cincuenta años y había impresionado, con su prodigioso talento «diabólico», se decía, a toda la joven generación de músicos, intérpretes y compositores. Héctor Berlioz, cuya *Sinfonía fantástica* había sido interpretada a principios de invierno, acababa de partir hacia Villa Medicis tras obtener el Gran Premio de Roma. La revolución de 1830 acababa de privar a Rossini de sus títulos de director del Teatro Italiano, compositor del rey e inspector general de canto, pero continuaba en París, rico, ilustre y sin componer nada importante, pues la admiración de los franceses se inclinaba hacia las óperas de Meyerbeer —enormes maquinarias— y las obras de segunda fila de Auber y Halévy.

Los Wieck vivieron dos meses en este torbellino de música y sucesos mundanos, de disputas políticas —los «Tres Gloriosos», a los que Franz Liszt había asistido, no quedaban lejos— y manifestaciones hostiles de otros pianistas como... Herz, que no veía con buenos ojos cómo se confirmaba el extraordinario talento de la pequeña Wieck. Y el cólera, evitado en Berlín, empezaba a llegar. ¿Fue a causa de esta amenaza de epidemia, de las partidas de pídola, de los celos de los rivales o de la efervescencia revolucionaria..., o quizá por todo ello a la vez por lo que Wieck volvió a hacer las maletas y regresó a casa con su hija?

Llegaron a Leipzig la noche del 30 de abril al 1 de mayo de 1832. Clara se había convertido en una consumada virtuosa, que tocaba un tanto forzada, pero cuyo nombre contaba entre los grandes pianistas europeos del momento, junto a los de Liszt, Moscheles y Field. Además, era la única chica. «Clara Wieck tiene unos trece años —dijo, en esta época, un amigo de Schumann—. Con una fuerza increíble para su edad y constitución, consigue traducir un pensamiento musical, lo que resulta aún más admirable si tenemos en cuenta que su interpretación posee un carácter más grandioso y apasionado que elegante y gracioso... Al ver a Clara tal como se muestra en familia, ingénua y pueril con su padre y los suyos, pensaríamos que es una amable muchacha de trece años, sin más. Pero cuando la observamos de cerca y nos fijamos en el delicado y hermoso rostro, con ojos un poco exóticos, en el rictus sentimental de la condescendiente boca, que a veces muestra una especie de ironía o dolor, sobre todo cuando os responde, y en el gracioso abandono de los movimientos, que no es estudiado, sino que parece de persona mayor..., entonces es como si esta niña pudiera contar una larga historia tejida con placeres y sufrimientos, y sin embargo... ¿qué sabe? Música.»

En cuanto a Robert Schumann, la encontró más guapa, más crecida, más fuerte, más ágil. «Tiene acento francés... ¡Un ser extraordinario! Habla de todos nosotros de un modo especial. Apenas mide tres pies de altura, y su corazón está tan formado que me angustia... Su memoria me maravilla.» Sin embargo, él no había cambiado. El mismo rostro de facciones duras, lampiño, aquel gesto de la boca que parecía «como si fuera a silbar», la frente amplia, la nariz chata, aquel paso de una lentitud indescriptible, como abrumado, aquellas alternancias de mutismo y brusquedad, brevísimos contactos con la realidad, y aquella mirada azul, de recogimiento, «como si constantemente buscara, examinara, escuchara algo en lo más profundo de su ser». Aparentemente, no había cambiado. Había dejado sus clases con Dorn y publicado las *Variaciones sobre el nombre de Abegg* y las *mariposas*, como Jean-Paul describió como «un baile de máscaras... El exterior nunca es más que un hábito. El interior es tumulto y alegría». Robert había compuesto. Mucho. No, para Clara no había cambiado. Pero durante su ausencia, a él no se le había ocurrido nada mejor que hacer para perfeccionar su técnica, que mantener levantado el dedo índice de la mano derecha mientras tocaba con los demás. A pesar de los baños de sangre de buey caliente o aguardiente, y las compresas de hierbas aromáticas, su índice se había paralizado. Debía renunciar al virtuosismo y, por tanto, a su carrera de pianista. Depresión, miedo a la muerte, terror al cólera, miedo a la locura —su hermana mayor se había suicidado—, melancolía... «Realmente una espantosa muerte en vida... con dolores de estómago, de corazón, de cabeza, ¡ah!, de todo», anotó en su diario o escribió a sus amigos, sus hermanos y sus queridas cuñadas Teresa, Emilia y Rosalía. Sobre todo a Rosalía.

La melancolía... Era la vertiente nocturna del artista romántico, alimentada por las angustias de Ludwig Tieck, los delirios ansiosos de Jean-Paul, la obsesión por el suicidio de Novalis, la muerte trágica de Kleist, la existencia de Hölderlin, a quien todo el mundo sabía loco desde hacía treinta años. Era el reverso de la medalla, a imagen del cuadro de Caspar David Friedrich, *El naufragio de la esperanza*, que se combinaba con un estado de ánimo devastador, hoffmaniano. Robert había escrito de Clara: «Inspiración y capricho, risas y llantos, vida y muerte: en esta muchacha, las más vivas contradicciones se suceden a la velocidad del rayo». Pero tales palabras eran un retrato de sí mismo. El soñador Eusebius devorado por la angustia, Florestán, el crítico fogoso... «¡Dos almas habitan en mi pecho!», escribía Goethe en *Fausto*. Pero para Clara, eso permanecía invisible, ilegible. En ocasiones, Robert deploraba su excesiva juventud, su excesiva «inocencia» y, en particular, el hecho de que no atravesara la superficie para internarse en el tumulto interior, de que no disfrutara profundizando en otra cosa que no fuera tocar. Trabajaba. Apenas finalizada su gira, ya tenía previstos otros conciertos.

Los días 3 y 31 de julio de 1832 tocó en el Gewndhaus de Leipzig, lo que supuso su definitiva consagración entre sus compatriotas. En el programa constaban las *Variaciones*, op. 2, de Chopin, pues las había incluido por iniciativa propia. Y el otoño siguiente, del mismo modo, interpretó unas composiciones de Robert Schumann en Zwickau, la ciudad natal del hermano mayor, tal como, entonces, lo consideraba ella. «Por primera vez en mi vida, he visto cómo Zwickau se inflamaba de entusiasmo —dijo Robert—. Y Clara es la responsable.»

¡Chopin y Schumann en cartel, junto a los Herz, Czerny y Hummel elegidos por Wieck! Y lo mismo sucedía en casa: «Clara sigue mostrándose obstinada con su madrastra. El Viejo la reprende y, sin embargo, Clara cada vez le maneja realmente más a su antojo, pues es la que impone la ley.»

Trece años. Tocaba de un modo «magistral y bello». Y aquel «espíritu de contradicción» que a Wieck le preocupara tanto cuando era una niña, se manifestó plenamente en esta época, no como una disposición negativa del espíritu, en una perspectiva de oposición sistemática al Viejo, sino como una libertad y una fuerza. Una fuerza de carácter que se traslucía en la fuerza de su interpretación. La gira por Alemania y Francia, y los conciertos en el Gewandhaus de Leipzig y en Zwickau, revelaron la personalidad de Clara. En lo sucesivo, habría que considerarla «ya no según su edad, sino teniendo en cuenta lo que ha realizado —escribió Schumann en esta época— ... La perla no flota en la superficie, hay que buscarla en las profundidades, aun a riesgo de los peligros que ello entraña. Clara se sumerge en lo más profundo... Conozco gente que, apenas la acaba de escuchar, se regocija pensando en la próxima vez, y me pregunto qué es lo que alimenta durante tanto tiempo el interés que ella suscita. ¿Es la niña prodigio de las escalas de décimas, que hace mover la cabeza al mismo tiempo que provoca la admiración? ¿Son las dificultades a las que se enfrenta y que, exponiéndose ante el público, rechaza como si fueran guirnaldas de flores? ¿Es quizá una especie de orgullo de los habitantes de su ciudad natal? ¿O bien el hecho de que nos presenta, en un breve lapso, las obras más interesantes de la época contemporánea?... No sé... En buena hora se ha despojado del velo de Isis. Es una niña que se yergue, apacible. Tanto brillo tal vez ciegue al hombre maduro».

Separada de Robert, que se había quedado con su madre en Zwickau, Clara le escribía contándole que daba un concierto tras otro, que trabajaba y paseaba, que le echaba de menos, que ahora cantaba y componía (acababa de publicar unos *Caprichos*)... Y, a veces, le provocaba: «El sábado por la noche, mi padre fue al Euterpe. El señor Wagner os ha superado. Ofrecieron una sinfonía suya que se parecía a la *Sinfonía en la mayor* de Beethoven»... La *Pastoral*, la misma —con la *Obertura de Egmont*— que había empujado a Wagner a entrar en la tienda de Wieck unos años antes y a matricularse como estudiante de Artes Musicales de la universidad de Leipzig, así como en los cursos de filosofía y estética. Había sido alumno del cantor de la iglesia de Santo Tomás, Weinlig, un enamorado de Bach, por supuesto, y de Mozart; había escuchado la *Novena* de Beethoven, y a Wilhelmine Schroeder-Devrient cantar *Fidelio*; Breitkof y Haertel le habían publicado una sonata para piano y una polonesa; y escribía oberturas.

«El señor Wagner os ha superado...»

6

Robert y Ernestine
(1833-1835)

Cuando Schumann regresó a Leipzig, en primavera, había publicado los *Estudios sobre los «Caprichos» de Paganini,* op. 3, los *Intermezzi*, op. 4, y la *Toccata*, op. 7, había escrito una sinfonía en sol menor y varias piezas cortas para piano, y, además, tenía en mente grandes proyectos, aunque seguía sin poder utilizar el dedo índice.

Se trasladó, de casa de Wieck, a «dos pequeñas habitaciones sencillas y encantadoras, abiertas a los rayos del sol y la luna, y, por añadidura, con vistas a verdes prados y jardines». Un retazo de naturaleza... Clara y él se escribían casi a diario. Cuando recibió la *Romanza,* op. 3, de Clara, que ésta le dedicó respondió: «Espero que la unión de nuestros dos nombres en la cubierta desemboque en una de nuestras perspectivas de futuro.» Y, casi a diario, se veían en casa del Viejo, durante los paseos o en El Árbol del Café, donde se habían reanudado las reuniones con Wieck, Julius Knorr y Louis Schunke, el amigo más entrañable de Robert, su alma gemela, tan olvidado y dotado como él. El proyecto de fundar una nueva revista musical auténticamente crítica, desde donde se combatiría «lo antiestético, lo nocivo, todo aquello desprovisto de arte», tomó su forma definitiva aquel verano. «Los prospectos y anuncios aparecerán el próximo mes. El tono y el color general serán más frescos y comprensibles que los de otras publicaciones. Y, sobre todo, se cerrará el paso a la eterna rutina, aunque tenga pocas esperanzas de coincidir en mis puntos de vista artísticos con Wieck, quien, por lo demás, se muestra cada día más amigable conmigo...» Así empezó su andadura la nueva revista musical, la *Neue Zeitschrift für Musik*, que debía mantener una postura opuesta, en el fondo y en la forma, a la de la *Allgemeine* de Fink. El epígrafe elegido era un fragmento de *Enrique VIII* de Shakespeare:

Sólo aquellos
que vengan a escuchar una comedia alegre y licenciosa,
un ruido de tarjetas, o a ver un bufón
ataviado con largos ropajes de paramentos amarillos,
se sentirán decepcionados.

Schumann publicó los *Estudios sobre los «Caprichos» de Paganini*, op. 3, y, para el cumpleaños de Friedrich Wieck, el *Impromptu*, op. 5 «sobre un tema de Clara Wieck», el de la *Romanza* que le acababa de dedicar. Si no se veían, se daban extrañas citas: «He concebido un proyecto simpático: mañana, a las once en punto, tocaré el adagio de las *Variaciones* de Chopin y, al mismo tiempo, pensaré en vos con todas mis fuerzas, sí, exclusivamente en vos. Sólo me resta rogaros que hagáis lo mismo. Así, nuestros espíritus se encontrarán. El punto en el que coincidirán nuestros dobles se situará probablemente sobre la pequeña puerta de Santo Tomás. Si hubiera luna llena, propondría a este astro que fuera espejo de mis palabras. Espero con ansiedad una respuesta. Si no me contestáis, y si mañana a las doce se rompe una cuerda, seré yo.» Y Clara respondía: «Mañana a las once, tal como deseáis, estaré en el Thomaspförtchen.»

Feliz verano.

En otoño murieron Julius Schumann y la querida Rosalía. Robert le escribió a su madre: «Durante la noche del 17 al 18 de octubre me invadió, de pronto, el pensamiento más terrorífico que pueda tener un ser humano y que el cielo nos envía para castigarnos: la impresión de volverme loco. ... Tormentos de espantosa melancolía desde octubre hasta diciembre. ... Me he trasladado del cuarto piso, donde no podía resistir por más tiempo, al primero. ... No tengo valor para ir solo a Zwickau, me da miedo que pueda sucederme algo. Bruscas congestiones, una inexpresable angustia, ahogos, repentinas y constantes pérdidas de conciencia. ... Si pudieras imaginar el sueño en que, a causa de la melancolía, se sumerge el alma, seguramente me perdonarías el no haberte escrito. ... Gracias al trabajo, la vida ha vuelto a mí poco a poco.»

Gracias a la música, a la *Neue Zeitschrift* —cuyo primer número salió en abril de 1834—, a los «compañeros de David» —el nombre adoptado por los colaboradores de la revista, en guerra contra los filisteos—, a Louis Schunke —que se había instalado en casa de Schumann para calmarle, para tranquilizarle— y a Henriette Voigt —amiga de Schunke, notable intérprete de las obras de Beethoven—... y gracias a Clara Wieck, que ignoraba los tormentos que sufría Robert, pero que estaba allí, unas veces traviesa y pueril, otras seria, y tocaba tan bien, y le escribía. Cartas y presencia eran consideradas, sin duda, por el Viejo demasiado cotidianas, el cual mostrándose ligeramente alarmado, el año anterior le había escrito ya a su hija: «Ha llegado el momento de que seas independiente. Me parece de una importancia extrema. He consagrado a tu instrucción y a ti misma diez años de mi vida. Reconoce, pues, tus obligaciones hacia mí...» Volvió a tomar las riendas y envió a Clara a Dresde, con el pretexto de que debía continuar sus estudios teóricos bajo la égida de Reissiger, colaborador de la *Neue Zeitschrift* y director de las óperas italiana y alemana de Dresde.

«Casaos», había aconsejado el médico que atendió a Schumann durante su larga y profunda depresión del invierno anterior. Una joven acababa de llegar a casa de Wieck para estudiar piano. Era Ernestine von Fricken, ni muy guapa, ni muy dotada, pero buena y amable. Clara la acogió con afecto, y en seguida le habló de Robert: «Conocerás a Schumann, que es al que más quiero de todos nuestros amigos.» Cada vez que Robert anunciaba su visita a casa de Wieck, Clara la avisaba. Cuando llegó el momento de ir a Dresde, el Viejo ya no tenía motivos para preocuparse por los estrechos lazos que unían a Clara y Robert: éste sólo tenía ojos para Ernestine. Y el verano siguiente, el barón Von Fricken aceptó que se prometieran. En estos términos anunció Schumann la noticia a Henriette Voigt, a la que se sentía tan unido como anteriormente lo había estado a Agnès Carus: «¡Henriette! ¡Me la da!... ¿Sabéis lo que eso significa? Y sin embargo, hay algo que me tortura, como si tuviera miedo de aceptar esta joya porque sé que estaría en unas manos nefastas. Si hubiera que ponerle un nombre a este dolor, no sabría cuál darle. Creo que es la propia esencia del dolor, no sé expresarlo mejor. Y quizá es también la propia esencia del amor, y el deseo de Ernestine.»

Así pues, tenía a Ernestine von Fricken y a Henriette, su «querida amiga», con la que compartía la música y largos paseos por los alrededores de Leipzig. Ella contó que un día, tras una sesión de música, habían paseado una hora en barca y Schumann no había pronunciado ni una palabra. Al separarse, simplemente le había dicho: «Hoy nos hemos comprendido perfectamente.» También tenía a Clara Wieck. Ella estaba en Dresde y le escribía: «Hay enemigos de la belleza que afirman que los cisnes, de hecho, no son más que ocas grandes: del mismo modo, nos estaría permitido decir que la lejanía no es más que una prolongación de la proximidad. Y eso debe ser, porque yo os hablo todos los días, más bajo aún que de ordinario, y sé que vos me oís.» Si él se mostraba más explícito, Clara le respondía que estaba asombrada, que los acontecimientos no le habían hecho sospechar tales declaraciones. Lo que sucedía es que sentía celos de que Ernestine la suplantara en el corazón de su viejo amigo. También fueron los celos experimentados en el momento de partir a Dresde, los que le revelaron sus sentimientos.

De Dresde, regresó a Leipzig, donde pasó una breve temporada en la casa del emblema de la flor de lis, que seguía siendo un hormiguero de gente y agitación. Y volvió a marcharse. Ésta era su vida. Irse, regresar, volver a irse. Fue cuando murió Louis Schunke. Robert se había vuelto a derrumbar. Magdeburgo, Halberstadt, Brunswick, Hannover, Bremen, Hamburgo. Respondió a todas las cartas de Schumann, demostrándole una tierna simpatía cuando él, el prometido de Ernestine von Fricken, empezaba a manifestarle un afecto cada vez más profundo. De ciudad en ciudad, de carta en carta, de triunfo en triunfo. Regresó un día de abril de 1835, a mediodía.

«Te encontré mayor, más extraña. Ya no eras una niña con la que hubiera podido reír o jugar. Decías cosas razonables, y en tus ojos vi brillar un profundo, un secreto destello de amor», le dijo Robert Schumann. Nada más. Seguía estando prometido. Pero la música favorecía y justificaba los acercamientos. Le dio, para que los tocara, sus *Estudios sinfónicos,* op. 13, variaciones que alternaban la fantasía con rigurosos escritos sobre un tema del barón Von Fricken. Obra maestra polifónica y polirrítmica. Obra maestra de poesía y unidad. Le dio, para que lo tocara, su *Carnaval*, op. 9, inspirado en Jean-Paul —del que decía que le había «conducido al borde de la locura»—, verdadera transcripción musical del universo novelesco jeanpauliano, con sus cambios de humor, su brillo, su fluidez de ideas, y, al mismo tiempo, retrato sonoro de una personalidad-mosaico desgarrada entre la alegría y el dolor, los sueños y el sentido crítico, lo patético y lo grotesco, y despedazada, aunque reestructurada en y por la obra. Le dio, para que lo tocara, su *Sonata en fa sostenido menor*, op. 11, llamada de Florestán, con la que Clara tuvo dificultades: «Deberíais aligerarla un poco. En lugar de fa sostenido menor, pasadla a si menor...» Se la había dedicado a ella, y el verano siguiente, en el Gewandhaus de Leipzig, Clara la interpretó en el tono original.

Felix Mendelssohn acababa de hacerse cargo de la dirección de la orquesta. Tenía veintiséis años. Su padre, Abraham, se había establecido en Berlín en la gran época de las publicaciones simultáneas de *El cuerno maravilloso*, *Los Nibelungos* y los *Cuentos* de Grimm, en el momento en que Brentano, von Arnim y Wilhelm Grimm se instalaban también en la capital prusiana para fundar, con Kleist y Savigny, un cenáculo conservador vedado a los filisteos —que son, en el argot estudiantil, los burgueses de mentalidad restrictiva—, pero también a los judíos. Allí se habían encontrado a Eichendorff, que estaba de paso en Berlín, a Adam Müller, el viejo profesor de Dresde, y al filósofo Fichte, que había pronunciado sus *Discursos a la nación alemana* seis años antes. Habían conocido a Firedrich de La Motte-Fouqué y al joven poeta Von Chamisso. Bettina Brentano, la hermana de Clemens y amiga de Goethe, Tieck y Beethoven, se había reunido con ellos y se había casado con von Arnim. Era la época del surgimiento del sentimiento nacional, pero con su corolario: el antisemitismo. Y Abraham Mendelssohn, descendiente de una gran familia judía alemana, tuvo que convertirse al culto reformado para no perjudicar la carrera de su hijo Félix, pianista prodigio y compositor tempranamente prolijo. Felix Mendelssohn había conocido a Goethe, muerto en 1832, y había sido alumno de Hegel en la universidad de Berlín. Era rico, extraordinariamente culto e inteligente, sensible, y todo le resultaba fácil: dirigir orquestas, componer, tocar el piano, dibujar, pintar, montar a caballo, nadar; ni la filosofía ni la literatura tenían secretos para él. Los conciertos de los domingos en casa de los Mendelssohn se habían contado entre los acontecimientos musicales más importantes de Berlín, Félix, muy joven, había revelado a sus contemporáneos la música antigua que tanto amaba Thibaut, el antiguo profesor de derecho de Schumann en Heidelberg. Había hecho interpretar las obras mayores de Bach, Haendel y Schubert en Berlín, y después en Inglaterra, de donde regresaba cuando llegó a Leipzig. En París había coincidido con Clara Wieck y se había relacionado con Liszt, Berlioz y Chopin. En Alemania ya gozaba de una reputación de gran músico, pero sobre todo de gran director. Lo poseía todo en todos los terrenos: riqueza, talento y gloria. A los veintiséis años. Y había sabido conservar su encanto y su generosidad.

«Mendelssohn llegó ayer», anotó Clara Wieck en su diario. Todo un acontecimiento. Pero, ¿qué importancia tenía frente a lo que sentía nacer en su interior? Ocho días más tarde escribió a su amiga Emilie List: «Respecto a Schumman y Ernestine no tengo más remedio que reírme en tu cara, pues, para mí, no se trata de un matrimonio ni de nada similar. Creo que todo esto no ha sido más que un sueño, del que te he hecho partícipe sin acordarme de decirte que era un sueño.»

Schumann, Schumann... Clara sólo vivía para el señor Schumann. La hermosa sonata del señor Schumann, que «podía compararse a una sonata de Beethoven». Los regalos que el señor Schumann le había hecho por su cumpleaños, celebrado con los «compañeros de David», Carl Bank, Wenzel y el doctor Reuter, y con Wieck y Mendelssohn. Un día de octubre, Chopin fue a casa de los Wieck a ver a Clara y al Viejo. Allí encontró a Robert, el autor del «¡Descúbranse, señores; he aquí un genio!», y allí tocó. Era a Schumann, y sólo a él, a quien Clara, miraba, escuchaba.

Una noche, cuando Clara acompañaba a Robert a la

puerta, éste se inclinó hacia ella, le dio un beso y le dijo que la amaba. Ella estuvo a punto de dejar caer el quinqué que llevaba en la mano. Sin embargo, él seguía estando prometido a Ernestine von Fricken. Durante diez interminables días no sucedió nada. Después, Clara fue a Zwickau a dar un concierto. Él estaba allí y Clara no se atrevió a mirar en su dirección. Tocó con su vestido azul, saludó y recogió los aplausos, los bravos y el triunfo, sin atreverse a mirarle. Al final del concierto, él fue a buscarla, le dio un beso y volvió a decirle que la amaba.

Con fecha 6 de diciembre de 1835, día del segundo beso, Robert Schumann escribió en su diario: «Unión. He roto con Ernestine.»

Ernestine von Fricken no entendió nada: «Lo que no puedo explicar es por qué se ha separado de mí —le dijo a Clara—, pues ni yo misma lo sé. Me escribió una carta diciéndome que debía salvarme mientras estuviera a tiempo, y que él lo corrompía todo a su alrededor. Eso es todo. Aparte de ésta, no conozco otra razón.»

Y Robert Schumann le escribió a Clara: «Tú eres mi amor más antiguo. Lo de Ernestine tenía que acabar para que nosotros nos uniéramos.»

Su amor más antiguo... Clara Wieck tenía dieciséis años.

7

«¿Qué debo hacer con el corazón?»
(1836-1837)

Clara tenía dieciséis años. La larga melena negra, recogida en un moño sobre la nuca, enmarcaba el rostro oval, en el que destacaban los mismos ojos inmensos y claros de Marianne Trommlitz. Se decía que poseía una elegancia y una gracia desprovistas de afectación. Y, además, era una excelente pianista.

Educada por un padre rígido y pragmático, que había programado su infancia hora a hora, como si temiera por encima de todo la irrupción de lo imprevisto, Clara acababa de enamorarse de un hombre que concedía un gran valor a la inspiración y a las demostraciones de imaginación y pasión, en una palabra, de un soñador impulsivo. Formada por un profesor técnicamente sin par, pero con unos gustos musicales limitados (Czerny, Herz, Sigismond Thalberg, Henselt...), que parecían responder a un ansia de negarse las emociones fuertes, Clara soñaba en unir su vida a la de un crítico que acababa de escribir de Czerny, por ejemplo: «Si tuviera enemigos y quisiera humillarles, les condenaría a no escuchar más que esta música: su insulsez es realmente notable»; un músico que había introducido a Bach, Mozart, Beethoven, Schubert y Chopin en el apagado universo sonoro de la casa de los Wieck; un compositor todavía incipiente, pero cuya extroardinaria originalidad y fantasía ella no podía dejar de presentir.

Clara había crecido en un medio inculto desde el punto de vista literario, e incluso se había mostrado durante mucho tiempo rebelde al aprendizaje de la lengua, mientras que, para Robert Schumann, los escritos de Byron, Shakespeare, Goethe, Schiller y todos los autores románticos, habían sido desde siempre, desde la infancia pasada en la biblioteca y en la librería de su padre, en Zwickau, un componente verdaderamente imprescindible del aire que respiraba.

Por un lado, pues, estaba Friedrich Wieck, que luchaba contra miedos inconscientes —miedo a lo bello, miedo a la imaginación, miedo a lo desconocido...— erigiendo un sistema de defensa basado en horarios, principios y actitudes reaccionarias, y por el otro Schumann, que tenía ya entablado un combate patético contra la angustia, se encontraba sumergido en un profundo desequilibrio vivido con absoluta lucidez, y se entregaba al arte con la conciencia de correr un riesgo suplementario, el de ser devorado a su vez por la imaginación que él mismo alimentaba, como decía Clemens Brentano. Pero Hölderlin había escrito: «Allí donde está el peligro surge también la salvación.» Clara estaba entre el padre y el hombre al que amaba, sin saber nada ni de los temores del uno ni de las angustias del otro. Para Wieck era una niña y, a la vez, una pianista consumada e independiente. Para Schumann, una gran artista y una mujer en potencia que debería reunirlo todo: la figura fraternal perdida —antaño con Emilia y ahora con Rosalía, Julius y el amigo Louis Schunke, que le había hecho derramar lágrimas con sus escalas musicales—, la prometida perdida —con los amores imposibles o insatisfechos del pasado—, y la madre perdida: la señora Schumann acababa de morir.

«...Llevo dos horas esperando la diligencia. Los caminos están en muy mal estado... ¡Te veo con tanta nitidez, querida Clara! Estás tan cerca de mí que hay momentos en los que creo que te puedo tocar.

»...Ámame. Ámame mucho... Cuando han abierto el testamento de mi madre he tomado conciencia de su muerte. Afortunadamente, tu radiante imagen domina estas tinieblas...

»... Quizá tu padre no me niegue su bendición...»

Quizá. Friedrich Wieck se mostraba extremadamente amigable con Robert Schumann. En ocasiones colaboraba en la *Neue Zeitschrift* con el seudónimo de Maestro Raro, el árbitro entre Florestán y Eusebius, y eso le permitía tantas libertades, que Robert incluso había llegado a imaginarse que abrigaba el secreto deseo de convertirlo en su yerno. En efecto, había vuelto a enviar a Clara a Dresde justo antes de la muerte de la señora Schumann... Dresde, la ciudad donde ella leyó aquel «Quizá tu padre...» y donde volvió a ver a Robert de regreso de Zwickau. Pero Friederich Wieck, que vigilaba con celo a sus alumnos y se reservaba la exclusividad de influir sobre ellos, observaba aún más de cerca a Clara. Era su hija y su obra. Por ello, cuando se enteró de que se habían encontrado en Dresde, fue presa de uno de sus característicos ataques de ira, les prohibió que se vieran e incluso que se escribieran, y amenazó a Schumann de muerte.

Wieck se reunió con Clara en Dresde. Estaba furioso. ¿Que a Schumann le gustaba el vino blanco y la cerveza? ¿Que paseaba durante horas y horas? ¿Que tenía que trabajar para vivir? En boca de Wieck, todo esto se convirtió en: Schumann bebe, es perezoso, es pobre... y, además, es víctima de «caprichosos cambios de humor». ¿Y en qué ha acabado su carrera de virtuoso? En nada. ¿Y su noviazgo con Ernestine von Fricken? En nada. ¿Acaso ha cambiado, se ha hecho más fuerte, más frío, más viril, en una palabra, más hombre?, preguntaba ya a la señora Schumann en 1830. Es decir, ¿se ha convertido en algo diferente de sí mismo? A esto, Clara no podía responder que no. ¿Y en qué se convertiría su existencia, proseguía Wieck, acostumbrada como estaba a los honores, a la comodidad, a la deferencia de los personajes importantes, a las ovaciones del público y a no preocuparse de ninguna cuestión material ni práctica? Schumann es pobre y flemático. Schumann bebe... Pero ella le amaba.

Clara regresó a Leipzig en primavera. Ni cartas, ni encuentros, a no ser fortuitos, en la calle o en algún concierto. Una mirada, un gesto o un apretón de manos se convirtieron, desde aquel momento, en objeto de interpretaciones contradictorias: me ama, ya no me ama, todavía me ama, quizá... Bajo la vigilancia de Friedrich Wieck, con sus murmuraciones sobre Robert, y la presencia de aquella execrable madrastra, la vida en la plaza del Mercado Nuevo se hacía insoportable. Le quedaba el piano, la música, pero no ya la de Pixis, Thalberg o Spohr, sino sobre todo la de Mendelssohn, Mozart, Beethoven, Bach y Chopin: los *Nocturnos*, los *Estudios*, el *Concierto en mi menor* o las *Mazurcas*, cuya calidad realzaba mejor que el propio Chopin, se decía: «Imagináos la perfección, una maestría que ella misma parece ignorar.»

Por primera vez en años celebró su cumpleaños sin Schumann. Después volvió a marcharse, en esta ocasión con grandes compositores en su repertorio y en el programa de sus conciertos. Así pues, no se dejaba someter totalmente. Obedecía al padre, pero se emancipaba del profesor. ¿No le permitían interpretar a Schumann en público? De acuerdo. Lo estudiaba en casa, poco habituada a esta música excéntrica y a la atmósfera irreal y enigmática que desprendía. La *Sonata en fa sostenido menor*, ya publicada, le había sido dedicada. Clara no dijo nada. Devolvió a Robert su correspondencia, acompañada de una carta dictada por el Viejo. Aún le amaba.

Tras su gira por la Alemania septentrional, a finales de

1836, regresó pasando por Berlín, esa «ciénaga de perversidad», decía Wieck, siempre tan inspirado.

Berlín, capital de Prusia. Se llegaba a ella en tren (entonces había cinco mil kilómetros de vía férrea en Alemania). La fábrica metalúrgica de Borsig, donde se construían máquinas de vapor, contaba con mil quinientos obreros. Era una gran ciudad moderna y caracterizada por todo tipo de contrastes. De allí habían surgido las reformas más importantes de principios del siglo: acceso de todas las clases sociales a los bienes raíces, autorización para que poseyeran tierras nobles la burguesía y el campesinado, éste sometido al vasallaje hasta hacía muy poco, y supresión de la servidumbre obligatoria de los niños campesinos. Allí habían tenido lugar las conferencias de Wilhelm Schlegel, los discursos de Fichte sobre la nación alemana y los cursos de Hegel. Allí estaban las mejores universidades, la mejor administración y la gran Ópera de Berlín. Sin embargo, nadie se oponía a la política de censura de Matternich, que acababa de prohibir las obras de todos los escritores del movimiento Joven Alemania, y cuya influencia sólo había empezado a hacerse patente en Viena a partir de la muerte de Francisco I y el advenimiento al trono de Austria de Fernando, que padecía una enfermedad mental: ni Federico Guillermo III y su partido de aristócratas prusianos, que habían sacrificado en 1830 la unidad de Alemania en beneficio de sus intereses personales y la conservación de sus privilegios, ni la todavía inmadura clase media. Berlín era una gran ciudad moderna donde uno se sentía lejos de Leipzig, Dresde, y Weimar, y lejos de los tiempos en los que, en la propia ciudad, casi todos los acontecimientos musicales se producían en torno a la casa de Mendelssohn, y casi todo el mundo literario giraba en torno al clan Brentano, al cual se habían unido, durante una temporada, Eichendorf, Von Chamisso, Adam Müller, Görres o Hoffmann. Muchos de ellos habían muerto, dejando la herencia de su obra —novelas, textos filosóficos, poemas...— o de algún personaje, como la figura fantástica, dolorosa y gesticulante del músico Kreisler, de Hoffmann, o como el Peter Schlemil de Von Chamisso y su sombra vendida. Otros vagaban, como Clemens Brentano, convertido al pietismo, o se habían instalado en otra parte, como los Grimm o Ludwig Tieck.

En Berlín quedaba Bettina Brentano, que había criado sola a los siete hijos que le dejara Achim von Arnim. Cuando Clara Wieck la conoció tenía cincuenta y dos años y acababa de publicar la *Correspondencia de Goethe con una niña,* astuta recopilación de su correspondencia con la madre de Goethe y con el mismo Sabio de Weimar, mezclada con fragmentos de su propio diario. «Mitad hechicera, mitad ángel; mitad sacerdotisa, mitad bayadera; mitad profetisa, mitad mentirosa», Bettina Brentano podía exasperar en la misma medida que resultaba fascinante. Fue la desesperación lo que predominó en Clara. «Acerca de la música, Bettina sólo tiene opiniones erróneas.» Lo cual no le impedía emitirlas, y en abundancia.

En Berlín también estaban Marianne Trommlitz —casada con Bargiel, a quien Fredrich Wieck tuvo mucho cuidado en evitar—, Spontini —miembro de la Academia de Berlín y antiguo superintendente general de la música real, que se mostró encantador—, el crítico Rellstab —que hizo unos comentarios odiosos de los conciertos de Clara—, y envidiosos, celosos, admiradores y pretendientes. Conciertos, clases de contrapunto, conciertos, cenas, recepciones y conciertos. La misma agitación, las mismas pasiones, las mismas mezquindades y los mismos placeres que Clara había encontrado en París unos años antes. Siendo ya más madura, habría debido mostrarse ahora más sensible. Pero pensaba en Robert Schumann. No le había visto desde hacía un año y no había tenido contacto directo con él en todo ese tiempo. Y en privado, el Viejo continuaba acumulando reproches contra él: no, Schumann no tiene futuro y, además, ya se ha olvidado de Clara. La prueba: escribe muy pocos artículos sobre ella en la *Neue Zeitschrift*. Pero Clara seguía amándole.

Después de Berlín, Hamburgo y Dresde. Por último, Leipzig, para un concierto que Friedrich Wieck había organizado sin consultar a Clara. De acuerdo, tocaría. Pero puesto que él no la había avisado, ella tampoco le diría que pensaba interpretar los *Estudios sinfónicos* op. 13 de Schumann. Él estaba en la sala, aunque no se había presentado porque el Viejo no se separaba de su hija, pero estaba allí. «... Toqué esto ante la imposibilidad de mostrarte el interior de mi alma. Ya que no podía hacerlo en la intimidad, lo hice en público. ¿Crees que mi corazón no temblaba al actuar de este modo?», le escribió cuando, más adelante, pudieron reanudar su correspondencia.

En efecto, en Dresde, en casa de un amigo de su padre, Clara había encontrado a Christian Adolf Becker, joven secretario de Finanzas y colaborador ocasional en la *Neue Zeitschrift*, que actuó de mensajero entre Robert y ella.

«¿Seguía siendo fiel y fuerte? Por inquebrantable que sea mi fe en vos, por grande que pueda ser mi valor, uno experimenta cuando menos un cierto desasosiego al no saber nada de lo más querido que tiene en este mundo. Y eso es lo que vos sois para mí. Si estáis de acuerdo, escribid un simple sí y el día de vuestro cumpleaños, el 13 de septiembre, dadle mi carta a vuestro padre. Me parece que, en este momento, muestra una buena disposición hacia mí... Os escribo todo esto al amanecer. Si lo único que nos separara fuera el resplandor rosado de la aurora... No olvidéis el sí, necesito esta seguridad. Todo lo que os digo en esta carta lo siento en lo más profundo de mi alma...»

«Me pedís que os diga esta breve y simple palabra: sí. ¡Esta breve palabra tan prodigiosamente importante! Pero ¿cómo puede no decir sí un corazón rebosante de amor como el mío, cuando mi alma está de acuerdo en decirlo y cuando, en lo más profundo de mi ser, os digo sí al oído y para la eternidad?»

Friedrich Wieck rechazó, «por el bien de Clara», la petición de matrimonio de Robert Schumann, y no le enseñó a éste la carta que Robert le había dirigido por mediación del mismo correo. «Mi madrastra y mi padre se encerraron para leer tus cartas. ¡Con qué crueldad me trataron, pese a ser el día de mi cumpleaños! Los días pasaron y no conseguí calmarme. Constantemente tenía lágrimas en los ojos. Al final, mi padre tuvo piedad de mí y me preguntó qué me pasaba. Le dije toda la verdad. Entonces, sacó la carta de su escritorio y la puso ante mí diciendo: "No quería que la leyeras, pero ya que te obstinas en no comprender, léela." Sin embargo, soy demasiado orgulloso para aceptar. Por la noche, cuando sobrevino la tormenta, un violento llanto inundó mi rostro...»

La respuesta fue no, categóricamente no; Schumann era pobre. Friedrich Wieck exigió una nueva separación de dos años.

«Me impusisteis una prueba de dieciocho meses. Y ahora me imponéis otra de nuevo. Nada hace suponer que no me someteré a ella. Sabéis que poseo una gran resistencia en lo que se refiere al corazón. Pero dadme vuestra palabra de que, por el momento, no adoptaréis ningún compromiso sobre el futuro de Clara, del mismo modo que yo os doy mi palabra de no hablar con ella. Sólo os pido permiso para escribirnos cuando emprendáis largos viajes.

»Lo mejor sería que habláramos...»

Hablaron.

La entrevista fue horrible. De ella se deducía que Wieck era capaz de lanzar a su hija en brazos del primero que llegara, mientras «éste tuviera título y dinero». Y cuando Schumann se refirió a sus ingresos, sus rentas, sus esperanzas, replicó: «Necesitáis mucho más dinero del que imagináis.» Habló de una suma enorme, y añadió: «Si no podéis dar grandes recepciones, Clara llorará a escondidas y en silencio.»

En la carta que envió a Clara relatándole esta conversación, Schumann escribió: «Vuestro padre os clava un cuchillo en el corazón... Me siento como si estuviera muerto, y tan humillado que mi cabeza no admite un solo pensamiento bello y noble. Hasta vuestra imagen se difumina y apenas recuerdo vuestra mirada... Me siento tan herido, tan dañado en lo más sagrado que hay en mí... Clara, cada día me siento más derrotado. Esta situación no podrá prolongarse durante mucho tiempo. No lo resistiré. Mi naturaleza no podrá soportarlo. Siento que la herida ha llegado hasta lo más profundo de mi ser...» Y multiplicó sus invocaciones a la fuerza de Clara: «Armaos de valor y negaos a toda costa. Confío en vos de todo corazón, eso me mantiene, pero ahora es preciso que seáis más fuerte de lo que podéis llegar a imaginar... Decidme lo que debo hacer. Recuerdo que últimamente me habéis dicho en tres ocasiones: "Resistid, resistid."... Enviadme unas palabras dulces y tranquilizadoras. Reflexionad sobre lo que debo hacer. Os escucharé como un niño.» La negativa de Wieck y su hostilidad le habían destrozado: «Ha destruido mi fuerza cuando me siento elevado por el impulso de crear belleza en este mundo. Ha arrancado hasta las raíces de mi vida.»

Esto sucedía en septiembre de 1837, cuando Clara acababa de cumplir dieciocho años. Schumann, que se ponía en sus manos, tenía veintisiete. Podían verse, «pero en terreno neutral y en presencia de terceros». «¡Vaya espéctaculo! ¡Y para los demás!», exclamó Robert Schumann. Podría escribir a Clara, pero sólo cuando estuviera de gira y, además, cartas dirigidas también a su padre, «como deseas que sea, sin el menor problema y, a menudo, como a los amigos. ¡Amigo! ¡Qué palabra tan llena de frialdad cuando se piensa en lo que significamos el uno para el otro!». En cuanto a ella, no podría escribir a escondidas.

«Si puedo encontrar la ocasión de hacerlo, evidentemente lo haré, pero no puedo prometerte nada y lloro al verme obligada a decirte esto.»

¿Contra quién luchaba Wieck, el padre? ¿Contra otro hombre? Al principio, sin la menor vacilación. Clara era su hija, su objeto, su carne y su obra. Desposeerle de eso desposeerle de sí mismo. Luego comprendió, vio que adulaban a Clara como artista, que la admiraban como tal, pero también que la cortejaban como mujer, sin más, y que necesariamente llegaría el día en que habría de ceder su lugar a este otro hombre. Así las cosas, se empeñaba en ser él quien lo eligiera: sin duda dotado de título y dinero, para que Clara no tuviera que preocuparse de nada, pero sin duda, también, exento de titulo y dinero, para que fuera vulnerable y, sobre todo, para que no fuera —a semejanza de Schumann— un *hombre diferente* de Wieck, tan distinto y alejado de él que parecía como si Clara repudiara a su padre. Wieck no podía reprochar gran cosa a Schumann. En aquella época, llevaba él solo todo el peso de la *Neue Zeitschrift* sobre sus espaldas y empezaba a estar considerado como el mejor crítico musical de toda Alemania. Escribía admirablemente sobre música, en un estilo brillante y muy original, que no sacrificaba ni la finura ni el rigor de sus análisis, ni siquiera la audacia de sus ataques contra la falta de olfato del berlinés Rellstab o de Fink, de la *Allgemeine Zeitung,* que por ejemplo había escrito de Beethoven: «Es un hombre acabado», en 1819, es decir, ¡antes de las cinco últimas sonatas, antes de la *Missa solemnis* y la *Novena sinfonía*!... Schumann, pues, era él solo, o casi, todos aquellos redactores compañeros de David que habían declarado la guerra a los filisteos, a la aproximación, a la moda y a la facilidad. Y eso Wieck lo sabía. Del mismo modo que sabía, porque se las había oído interpretar a Clara, y al muy respetado Mendelssohn hablar de ellas, que la primera sonata de Schumann, las *Phantasiestücke*, los *Estudios so-*

bre Paganini, el *Carnaval* y la *Toccata*, eran obras de un compositor de talento. Pero era precisamente lo que sabía de Schumann lo que hacía a éste insoportable a sus ojos, y lo que presentía, además, lo que le hacía inquietante. «En su manera de comportarse —dijo de Robert uno de sus amigos— era muy diferente de lo que muestran sus composiciones: en éstas se expresa con toda la plenitud de su alma, tan repleta de emociones, mientras que en su vida tenía como elemento primordial el silencio.» La íntima y violenta emotividad de Robert, su mutismo, aquella distorsión entre el interior y la apariencia, y la «inquietante extrañeza» que emanaba de él, todo esto no podía sino turbar a Wieck, un hombre poco dispuesto a dejar que fueran conmovidas sus certidumbres y principios, tan cuidadosamente edificados. Celoso —legítimamente celoso en tanto que padre— y herido porque Clara amaba a un hombre —y a un músico— que era como una negación de sí mismo, Friedrich Wieck, además, estaba dominado por el pánico: Schumann y su universo interior eran lo desconocido, algo sobre lo que no ejercía ninguna influencia, ningún poder. Este padre, en fin, que nunca había sabido manifestar su amor hacia su hija, tenía frente a él a un rival de una dulzura y una ternura infinitas. Era excesivo. Autoritario, colérico y obtuso, no tardó en manifestar una crueldad incalificable, a la medida de su desasosiego y su tristeza.

«... Sí, evidentemente no se puede olvidar el corazón —le escribió Wieck a Robert—. Pero, ¿qué debo hacer con el corazón? Antes que ver a dos artistas como vosotros instalados en una vida llena de estrecheces, burguesa y hogareña, prefiero someter a mi hija a cualquier tipo de sacrificio.

Si me veo obligado a casarla con uno u otro hombre, sólo vos seréis la causa de este sacrificio.»

Ya lo había intentado con Carl Banck, violoncelista que escribía a veces en la *Neue Zeitschrift* con el seudónimo de... ¡Serpentinus! Frecuentaba con asiduidad la casa de

Wieck, y había aprovechado las clases de canto que daba a Clara para hacerse eco de las murmuraciones del Viejo y cortejarla. Contaba para ello con la complicidad de éste y de su mujer, todavía más pérfida que él si esto era posible, y en cualquier caso sin ningún tipo de excusa: Clara no era «lo más querido que le quedaba en este mundo», no era su hija.

«Aléjate de Banck —decía insistentemente Robert—. Me preocupa, ensuciaría el agua más pura.» ¿Necesitaba prevenirla contra este hombre? ¿O contra cualquier otro? «Sólo vivo para ti —replicaba Clara—, quiero dártelo todo. No hay ni un solo minuto en que tú no ocupes mi pensamiento.»

Tras haber fallado con Banck —ni siquiera Wieck podía ya soportarlo—, la fuerza de las murmuraciones, idénticas en el fondo, aumentó. Se hicieron más violentas y viperinas, convirtiéndose en calumnias al traspasar el umbral de la casa con el emblema de la flor de lis para salir a la calle. «Mi tierno corazón sufre un profundo dolor y una infinita tristeza al oír estas cosas. Pero escuché todo lo que me dijo mi padre sin dudar de ti un solo minuto. Mi confianza permanece inquebrantable...

Por ti me he hecho más fuerte, por tu corazón y tu gran nobleza, que me han proporcionado el sentimiento de mi dignidad. Navego entre la risa y el llanto. Mi mano tiembla. Mi corazón late con tanta fuerza que parece ir hacia ti.»

Como las palabras no bastaban, llegaron los escritos. Clara recibió cartas anónimas. Schumann bebe, etcétera. Su padre había redactado el contenido esencial. Pero ni las palabras ni las cartas la hicieron vacilar. Wieck comenzó a hacer que se sintiera culpable.

«Me preocupa ver hasta qué punto mi padre se siente desgraciado con la idea de perderme algún día. Soy consciente de todo lo que le debo. Y sin embargo... Sin embargo, ¡siento un amor inmenso hacia ti! Él pensaba que podría olvidarte. ¿Olvidarte?...»

No quedaba más alternativa que el alejamiento, la imposibilidad de que Clara escribiera a escondidas a Robert, la necesidad de que éste escribiera cartas amistosas, censuradas, a Wieck y a su hija conjuntamente.

8
Correspondencia secreta
(1837-1838)

El 10 de octubre de 1837, Clara volvió a marcharse. En dieciocho meses no se habían visto más que una vez a solas, clandestinamente, y fue un instante fugaz dominado por su timidez. Después volvieron a separarse.

«Por primera vez desde hacía semanas he estallado en sollozos.»

«Confía en mí, mi querida Clara, confía profundamente en mi fuerza. Ella te proporcionará el valor necesario para superar todas las pruebas. Eres mi querida prometida y, más adelante... Un beso... Adiós.»

Se fueron de Dresde el domingo. «Era por la mañana y hacía buen tiempo. El Elba estaba transparente, el cielo se reflejaba en su superficie y el sol brillaba con tanta gracia que parecía querer consolarme y decirme: "Puedes confiarme tu ternura, se la transmitiré fielmente a Rober".» Y Clara llegó a Praga en compañía de su padre y de su fiel ama de llaves, Nanny.

Primer concierto en el conservatorio. Trece veces la reclamaron y otras tanta saludó con reverencias que hacía «con cordial torpeza». Cartas de felicitación, visitas y un pretendiente que «se la comía con los ojos» cuando se sentaba al piano, acudía a continuación a «hacerle la corte de un modo lamentable», y se mostraba tan ansioso que

Clara debía interponer una silla entre ambos para que él tropezara en el momento de cogerla entre sus brazos... Un músico furioso por las críticas de Schumann, disputas acerca de Bellini, Spohr y Gluck, frente a los cuales Clara prefería a Mozart, un segundo concierto con la sala abarrotada, «aunque la aristocracia no haya venido», ovaciones y nuevas reverencias. Éste fue su premio. «Pensaba en ti con tanta pasión, Robert, que el público quedó impresionado... Y ahora, buenas noches. El té está completamente frío y la habitación se enfría cada vez más. Pero mi corazón está cada vez más caliente.»

Al mes siguiente estaban en Viena. Seguía siendo la misma ciudad de principios de siglo, rodeada de fortificaciones, con catorce puertas medievales y la misma atmósfera que en los tiempos del Congreso, en 1814. En aquella época, el zar Alejandro, Metternich, Castlereagh, Hardenberg y Talleyrand, habían ido a defender los intereses de Rusia, Austria, Inglaterra, Prusia y Francia. Les acompañaban «quince miembros de familias reales, doscientos príncipes, doscientos dieciséis representantes oficialmente reconocidos, iluminados con fórmulas milagrosas para asegurar la paz, y representantes de los grupos más diversos: desde judíos de Alemania hasta caballeros de Malta, filántropos deseosos de libertar a los negros y, sobre todo, una bandada de aventureros de toda condición...». A Handerberg, que estaba sordo, le asistía un secretario, y Talleyrand había solicitado gozar del mismo privilegio con el pretexto de que él era cojo. El comité de festejos había organizado comidas, recepciones y conciertos. Beethoven había dirigido allí por primera vez la *Séptima sinfonía*. «El Congreso se divierte», se había dicho en toda Europa. Al tímido Francisco de Austria le había sucedido Fernando, que padecía una enfermedad mental. Un consejo de estado, presidido por el autoritario archiduque Luis, tomaba las decisiones por él: el ministro del Interior protegía a los liberales vieneses y a los nacionalistas checos que le eran más hostiles, e incluso financiaba con fondos de su ministerio a escritores y poetas para que redactaran libelos contra él. De todos los panfletistas, Grillparzer era el más cáustico. Los tiempos habían cambiado, unos hombres habían sustituido a otros y el Congreso había finalizado, pero Viena seguía divirtiéndose. Frívola, fútil y espontánea, compaginaba la más escandalosa superficialidad con el hecho de haber sido la ciudad que había acogido a Gluck, Haydn, Mozart, Beethoven y Schubert. Era una etapa obligada para los mejores músicos: Liszt y Chopin ya habían actuado allí. Ciudad italiana y, ante todo, rossiniana, ofreció no obstante una acogida triunfal a Clara Wieck y su repertorio: Mendelssohn, «casi desconocido»; Chopin, al que todo el mundo conocía; Liszt y Thalberg —«así les tapé la boca a los que no me creían capaz de interpretar a Thalberg»—; Bach, Beethoven, en especial la *Sonata Apassionata* en fa menor, que le valió un poema de Grillparzer: «Pastora, tus dedos blancos...».

De nuevo triunfo y ovaciones. El público la reclamaba una y otra vez. Poetas, críticos y hombres le rendían homenaje: «Las visitas de todos estos pálidos pretendientes me exasperan». Los grandes la elogiaban. La emperatriz quería que Clara dirigiera su orquesta de cámara: «Pero, para mí, había dos obstáculos que superar; en primer lugar, soy luterana; en segundo, no estoy aquí para servirles de diversión.» Fue nombrada pianista virtuosa imperial y real. Virtuosa seguía siéndolo, y mejor pianista que nunca, como si hubiera invertido toda su fuerza en resistirse a su padre y hubiera dejado que su manera de interpretar se enterneciera, madurara, se hiciera más sensible y sutil. A la menor ocasión interpretaba a Schumann, para sí misma o para algunos amigos e iniciados. De vez en cuando, Wieck organizaba reuniones para escuchar las composiciones de Robert. No podía romper oficialmente sus relaciones con él, ya que era un crítico demasiado conocido —tan temido como apreciado—, un compositor cuya fama iba en ascenso, un hombre que gozaba de la amistad de Chopin, del violinista David y de los músicos de Leipzig, sobre todo de Mendelssohn, a quien sus contemporáneos habían erigido en heredero de Beethoven. Liszt, con el que Clara volvió a coincidir en Viena, empezó a incluir a Schumann en su programa y declaró que, desde aquel momento y junto con Chopin, era su compositor preferido.

«Hemos escuchado a Liszt —contó Clara—, No se puede comparar a ningún virtuoso, es único en su especie. Provoca terror y sorpresa, y es un artista muy agradable. Su actitud hacia el piano no se puede describir. Es original. Desaparece ante el instrumento. Su pasión no conoce límites. Con frecuencia, la sensación de belleza resulta afectada porque desgarra la melodía. Su espíritu es grande. Podría decirse que su arte es la vida.»

En un concierto celebrado en Viena a beneficio de sus compatriotas húngaros, Liszt interpretó a Haendel, Beethoven, Weber, Chopin y Berlioz, además de sus propios *Estudios*. Schumann escribió sobre él en la *Neue Zeitschrift*: «Nuestras impresiones son demasiado recientes, demasiado fuertes y, en cierto modo, demasiado inesperadas para que nos resulte posible hacer un comentario meditado. En este caso, el patrón habitual no nos sirve, pues si bien lo prodigioso puede explicarse, en cambio, lo que constituye el espíritu propiamente dicho, es decir, la inspiración, se puede experimentar, pero no describir. Imagináos a un ser delgado, de hombros estrechos, con el cabello cayéndole sobre la cara y a lo largo del cuello, un rostro muy interesante, extraordinariamente espiritual, tormentoso y pálido, una mirada que traduce todas las expresiones, deslumbrante en la conversación o llena de condescendencia, y una manera de hablar áspera e intensa, y tendréis al Liszt de cada día.»

Por su parte, Liszt había informado sobre Clara Wieck a su amante, Marie d'Agoult, en los siguientes términos: «... Nos alojamos en el mismo hotel, el Zur Stadt Frankfurt, y después de cenar solemos explayarnos tocando un poco. Es una persona muy sencilla, muy educada, en modo alguno tonta y muy preocupada por su arte, pero con nobleza y sin puerilidad.

»Se ha quedado estupefacta al escucharme. Sus composiciones son realmente notables, sobre todo para una mujer. Contienen cien veces más invención y sentimiento real que todas las *Fantasías* pasadas y presentes de Th[alberg]. Ha interpretado los *Frequenti Palpiti* con un éxito increíble, primero en un concierto, luego en algunas reuniones y, por último, ante la emperatriz, lo que me resulta un honor completamente nuevo.»

Chopin, Liszt, Mendelssohn y Schumann... Wieck había cedido en lo concerniente al repertorio, pero no había cambiado de opinión. Un día le dijo a Nanny, quien se lo repitió a Clara: «Si Clara se casa con Schumann repetiré hasta la muerte que no es digna de ser mi hija.» Escribía a Robert Schumann cartas «en las que había palabras que dudaría mucho en perdonar, aunque el Altísimo me lo rogara». Siempre injurioso, siempre amenazante: «Si llegara a enterarme de que Clara y Robert se escriben en secreto...»

Se escribieron en secreto durante todo el otoño y todo el invierno, que Clara pasó, en parte, en Berlín, antes de regresar a Viena y partir hacia Budapest y Gratz. E incluso en la primavera de 1838, que Clara transcurrió en Dresde. Robert hacía que el doctor Reuter, Becker u otros amigos, escribieran la dirección. Las cartas llegaban por lista de correos a casa de algún cómplice de Clara, y Nanny se las llevaba, encargándose luego de dirigir en sentido inverso las respuestas de la hija de Wieck, unas respuestas escritas de pie, por la noche, después de los conciertos, las cenas o las visitas, con el cajón de la cómoda abierto para poder esconder la carta empezada si el Viejo se acercaba a husmear, dado que a Clara no le estaba permitido encerrarse en su habitación. Así pues, durante estos siete meses de separación se comunicaron por carta su amor, sus angustias, sus dudas y su cólera:

«¿Le parezco flemático a tu padre? ¿Es flemático el *Carnaval*? ¿Es flemática la *Sonata en fa sostenido menor*? ¿Es flemático estar enamorado de una muchacha como tú? ¿Y tú le permites que diga eso? ¿Afirma que he estado seis semanas sin colaborar en la revista? En primer lugar, es falso, pero además, aunque fuera verdad, ¿acaso sabe él en lo que he podido trabajar durante ese tiempo? Y por otra parte, ¿dónde pretende que encuentre siempre materia para escribir? Hasta el momento, he entregado a la imprenta de la revista alrededor de ochenta páginas de redacción original, dejando aparte los demás trabajos de redactor. Además, he acabado en dos años diez grandes composiciones realizadas con la sangre de mi corazón. A lo que hay que añadir, todos los días, numerosas horas de serios estudios dedicados a Bach y Beethoven, infinidad de trabajos personales y una amplia correspondencia, a menudo muy complicada y que mantengo puntualmente al día. Soy un muchacho de veintiocho años que no ha salido nunca de Sajonia, llevo una vida tranquila, administro mi dinero, no me permito ningún exceso en la alimentación, no gasto nada en caballos y, como antaño, voy a pie a Gohlis. Pero esta labor, esta simplicidad, estos méritos, ¿no los aprecia tu padre? Nos gustaría mostrarnos siempre modestos, pero los hombres no siempre nos lo permiten. Por una vez en la vida he hecho mi propia apología. Ahora sabrás a qué atenerte respecto a mí y dónde te sitúo.»

Pero la determinación de ambos no se había alterado. «Ahora debo preguntarte acerca de un tema sobre el que necesito estar seguro. ¿Te atreverás a decirme, aproximadamente al menos, la fecha en la que podremos casarnos? Creo que si nos mantenemos firmes, si fijamos la fecha para Pascua de 1840 (es decir, para dentro de más de dos años), tú habrás cumplido con tus deberes de hija y, aunque te veas obligada a separarte de tu padre empleando la violencia, no podrás reprocharte nada. En esa fecha seremos mayores y tú habrás consentido en esperar más de los dos años que tu padre te había impuesto. Por tanto, concédeme tu mano...»

«Hoy he hablado mucho sobre ti con mi padre. Me dice que está decidido a mostrarse muy amable contigo cuando volvamos, y a recibirte de nuevo como amigo de la casa... Está dispuesto a dar su consentimiento a condición de que nos vayamos a vivir a una gran ciudad que no sea Leipzig.»

Friedrich Wieck, Clara y Nanny regresaron a Leipzig en abril de 1838. Schumann se negó a volver a casa de Wieck en calidad de «amigo de la casa». Aceptó la idea de ir a Viena para intentar establecer allí la revista y ganarse la vida en Austria. «Si he tenido que sufrir durante dos años esta espantosa separación, puedo muy bien pasar otros dos años en la misma situación. Pues robar unos instantes para intercambiar dos palabras, y para colmo morir de miedo, no conduce a ninguna parte: no, es inútil, te quiero días enteros, años, la eternidad. Ya no soy el caballero lunar de otrora. Quiero que seas mi mujer, es mi más sagrado y profundo deseo. Lo demás no me interesa.»

«Me he quedado sola un minuto y quiero decirte esto: no sueño más que con llegar a 1840 y vivir junto a ti.»

9
Proceso por un matrimonio
(1838-1840)

«Ahora podría volver a casa y terminar mi nueva sonata para piano. Pero aún no son las once y la noche de verano es hermosa. Por otra parte, apostaría que las hijas de mi vecino, el gran maestro de la montería, todavía están sentadas ante la ventana abierta y cantan a voz en grito, una y otra vez, con su voz chillona, penetrante, aguda: *"Si tu mirada brilla por mí..."*, repitiendo siempre la primera estrofa y haciendo que toda la calle retumbe. Al lado, en el piso superior, alguien martiriza su flauta con unos pulmones similares a los del sobrino de Rameau. Con unos sonidos que se alargan hasta el infinito, mi vecino, el que toca la trompa, hace prácticas acústicas. Y los innumerables perros del barrio se agitan. Todo ello junto a mi ventana (no es preciso decir que mi laboratorio poético-musical es una pequeña buhardilla). El gato de mi casero, excitado por el exquisito dúo musical de las muchachas, declara su amor a la gata del vecino, de la que está enamorado desde marzo. Emite unos largos gemidos que recorren toda la escala cromática. Después de las once, todo se apacigua. Por eso me quedaré aquí hasta esa hora, y también porque aún queda papel en blanco y Borgoña.

»Me han dicho que existe una antigua ley que prohíbe

la presencia de oficios ruidosos en el vecindario de los eruditos. Pero los pobres músicos que se ven obligados a comerciar con sus exaltaciones para tejer la trama de su existencia, ¿acaso pueden beneficiarse de esta ley y desterrar de su vecindario a los que chillan o tocan la gaita?...»

He aquí una evocación de Hoffman, de la versión literaria de *Los sufrimientos musicales del maestro de capilla Johannes Kreisler,* cuya silueta ya se perfilaba en las *Fantasiestücke,* op. 12, de Schumann.

En el transcurso del verano de 1838, que pasó, parte en Dresde, parte en Maxen, lejos de Robert, Clara Wieck recibió la versión para piano del universo de Hoffman. El paquete, en cuyo envoltorio había escrito: «Música impresa sin valor», contenía pues, las *Kreisleriana,* op. 16, dedicadas a Chopin.

«Me puse inmediatamente a tocarlas —le escribió Clara—. No sabes hasta qué punto me quedé maravillada. ¡Qué belleza! Hay en ellas una gran cantidad de fantasía y, de repente, surge la mística. Para poder apreciarlas mejor, necesito tocarlas a menudo. Todavía no sé cuál prefiero, pues las he interpretado en tal estado de excitación que la última que toco es siempre la que más me gusta. Me admira tu talento y las novedades que aportas. Me atrevería a confesar que me asusta. A veces me pregunto: ¿Es verdad? ¿Serás mi marido? ¿Y si yo no fuera suficiente para ti?» Robert le había dicho: «Una música extraordinaria, por momentos loca, por momentos grave, soñadora. Las ideas bullen en mí de tal manera que, a veces, me da la impresión de que la música me va a hacer estallar...»

Estas ocho piezas tormentosas pero tiernas, llenas de alucinaciones, de ardor, meditativas y apacibles, se añadieron a las *Danzas de los compañeros de David,* a las *Escenas de niños,* a la *Sonata,* op. 14, del *Concierto* (sin orquesta), y a las *Noveletten,* que, según el propio Schumann, también son «largas historias excéntricas, pero en un solo acto, en un único arrebato del alma, escritas con infinito placer, en general alegres y ascendentes, excepto, aquí y allá, cuando toqué fondo... Los combates librados por Clara son prácticamente la única fuente...».

Eran, en efecto, largas historias, como las que le contaba cuando era una niña. Durante todo el verano las interpretó para sí misma, para algunos aficionados, y en concierto. Y estas historias, como antaño, la maravillaron y asustaron a la vez. La irrupción en estas obras de la imaginación de Schumann, esa fantasía que tanto le reprochaba Friedrich Wieck, esos lamentos musicales apasionados, aún más explícitos que los contenidos en su correspondencia, todo ello debía provocar en Clara temores deliciosos. Pero también reflejaban la depresión del otoño de 1833, la fobia a la muerte —mitad atracción, mitad terror—, la angustia de este hombre, sus vértigos, el secreto del que nunca había hablado más que con medias palabras para, a continuación retractarse si ella se mostraba preocupada: «No te atormentes, mi querida Clara, pensando en mi secreto. Es la historia íntima de mi dolor, y exigiría una explicación de lo más sensible que hay en mi alma. No te atormentes. Lo que debes saber es que puedes curarme por completo, hacerme totalmente feliz. Mantén tu fidelidad. No te canses de decirme palabras alentadoras y háblame con amor, me rindo con tanta facilidad...»

Clara interpretaba su música, le era fiel, le animaba, le amaba, le ofrecía su apoyo. Al mismo tiempo, sufría con los comentarios de su padre: un día decía que ella le había hundido, y al día siguiente que ya no le amaba como antes. Wieck se reía con sarcasmo, vociferaba contra Schumann, decía, por ejemplo, que era demasiado veleidoso para atreverse a ir a Viena.

Schumann se fue, pero primero a Zwickau, para alimentar su melancolía con el espectáculo de sus tumbas. Y luego, en septiembre, a Viena, con la esperanza de establecer allí la revista, de encontrar el modo de justificar unos ingresos anuales que satisficieran a Wieck —tan exigente en esta cuestión—, de que Clara se reuniera con él como le había prometido. También le animaba el deseo secreto e inconfesable de ser acogido, en su doble calidad de crítico y compositor, como Clara Wieck lo había sido. «... Viena, con su torre de San Esteban, sus mujeres hermosas, su esplendor oficial, el Danubio que la ciñe con innumerables lazos; Viena, tumbada sobre la floreciente llanura que poco a poco va elevándose hacia montañas cada vez más altas; Viena, con todos sus recuerdos de los más grandes maestros alemanes, forzosamente tiene que ofrecer un campo fecundo a la imaginación del músico...» A su imaginación, por supuesto; pero ¿y su vida? Schumann sólo encontró palabrería y cotilleos, camarillas, un público enamorado de Strauss y Rossini, la censura... No halló ni editor para la *Neue Zeitschrift* ni artistas, «no de los que tocan con acierto uno o dos instrumentos, sino hombres en toda la aceptación de la palabra, hombres capaces de entender a Shakespeare y Jean-Paul». A pesar de todo, tuvo algunas satisfacciones: los conciertos en el Burgtheatre, un peregrinaje por las tumbas de Beethoven y Schubert, el encuentro con el hijo de Mozart y con el hermano de Schubert, Ferdinand, en cuya casa descubrió el manuscrito de la *Sinfonía en do mayor,* olvidado en un rincón y que, por sí solo, justificaba el viaje. Conclusión: cansado del mundo, Robert se retiró para continuar componiendo.

Así pues, contra las previsiones de Wieck, Schumann se había ido. Debía intentar otra cosa: preparó a Clara para que fuera sola a París, haciéndole creer que se reuniría allí con ella. Pero cuando llegó el momento de partir, «me dijo que él no iría a París. Considera que ahora su deber es no prestarme la menor ayuda, con lo que no lograré alcanzar mi objetivo. Cree que, si no viene conmigo, ganaré menos dinero... Sin embargo, pienso que vendrá, aunque debo decir que el estado espiritual de mi padre (se cree en su pleno derecho) me ha entristecido profundamente...».

Se fue sola, con una francesa a la que no podía soportar... o a la que había decidido no poder soportar. En Zwickau se encontró con Teresa Schumann, que se había convertido, tras la muerte de Rosalía, en la confidente de Robert. En Hof se enteró de la boda de Ernestine von Fricken. En Nuremberg, el piano emitía «un sonido agudo, similar al ruido de una sierra». A veces no se presentaban quienes compartían el cartel con ella, lo que obligaba a cancelar el concierto. La nieve y la lluvia no cesaban... Y seguía sin tener noticias de su padre. Por fin, en Stuttgart, recibió una carta: dos páginas llenas de reproches, sin una sola palabra cariñosa, en las que le comunicaba que no la acompañaría a París para que pudiera darse cuenta de hasta qué punto, sin él, era incapaz de desenvolverse. Estaba convencido de que ella renunciaría a su viaje a Francia. Pero Clara, acompañada de su deshonrosa carabina, continuó el viaje. Karlsruhe, Estrasburgo y, por fin, París, adonde llegó en febrero de 1839. Allí encontró a sus viejas amigas Emilie List y Pauline García, aquellas a las que, a sus dieciséis años, había confiado ya su incipiente amor por «el señor Schumann».

En París, sin Friedrich Wieck, tuvo que ocuparse de todo: de la fecha y el lugar de los conciertos; de alquilar las salas; de hacer imprimir las entradas, y a veces incluso de venderlas; de enviar las invitaciones; de redactar y corregir los programas; de confeccionar el repertorio —tenía un cuaderno donde anotaba la duración de las piezas, y debía elaborar cada programa teniendo en cuenta las preferencias del público y sus conocimientos musicales—; de encontrar afinadores, transportistas... Y para ello había que escribir, hacer gestiones. Al tiempo que realizaba todas estas tareas de las que habitualmente se encargaba Wieck, continuaba recibiendo y haciendo visitas, trabajando con afán antes de los conciertos, y escribiendo a Robert, que proclamaba su admiración pero se quejaba de Viena, que manifestaba su entusiasmo porque había «compuesto, escrito, reído y llorado a la vez», pero que no encontraba el equilibrio, y todo le afectaba, le entristecía, le atormentaba, todo le parecía más difícil de lo previsto. «¡Ayúdame!» De su padre, Clara recibía cartas glaciales. Wieck continuaba alimentando la esperanza de verla regresar vencida, sumisa, suplicante. «Me imagino que pagaría un precio muy elevado por verme así, pero eso no sucederá...»

Conoció a Berlioz. «Al principio, no sabía quién era, y me sorprendía oírle hablar siempre de ti, de las composiciones de Robert Schumann, de las críticas de Robert Schumann... Por fin, le pregunté cómo se llamaba y, cuando me dijo su nombre, experimenté un agradable sobresalto, y creo que él se sintió halagado. Tiene una espesa cabellera y constantemente baja la mirada hacia el suelo. Su ópera *Benvenuto Cellini* ha sido un fracaso.»

Dio conciertos agotadores, de tres y cuatro horas. Asistió a recepciones «insoportables», en las que un enjambre de mujeres «frívolas y coquetas» se congregaban alrededor del piano para parlotear. Escuchó *Las bodas de Fígaro,* interpretada por unos italianos que, ignorando la estética mozartiana, conferían a las terminaciones de las frases una cadencia italiana. Habló con Heinrich Heine: «Está realmente inspirado. Hace bromas muy graciosas, pero el problema reside en que no para de reírse de lo bien que las cuenta. Heine habla de Alemania con amargura. Vendrá a verme; también vendrán Auber y Halévy...» Estando allí, recibió las *Escenas de niños* de Schumann. «No sé cómo expresarte mi admiración. Ayer pensaba, y sigo pensándolo aún hoy: ¿Pero este poeta, este poeta que es capaz de hablar así, es realmente para mí? ¿No es demasiada felicidad?...»

¿Demasiada felicidad?

«9 de abril de 1839

»... Hace unos días, mi padre le escribió a Emilie List. Le dice que, si no renuncio a ti, dejará de considerarme hija suya, me desheredará, me privará de mi pequeña fortuna personal, ¡y entablará un proceso contra nosotros que podría durar de tres a cinco años!»

Esta carta de Clara le llegó a Schumann estando éste de luto por la muerte de su hermano mayor Edouard, su último punto de apoyo. Se encontraba en Zwickau,, donde, para él, sólo quedaban tumbas. Unos días más tarde recibía una carta de Emilie List en la que le pedía que aplazara la fecha de la boda. En cuanto a Clara, había escrito a su padre prometiéndole no casarse con Schumann antes de que hubiera solventado todos los problemas materiales y todas las dificultades económicas. También le decía: «Es cierto que el amor que siento por él es un amor apasionado, pero no sólo es eso. Le considero un hombre extraordinariamente bueno y leal, y el único capaz de comprenderme y amarme con tanta nobleza y pureza. Por otra parte, yo soy la mujer que él necesita: también le comprendo, y creo que puedo hacerle feliz... Nunca renunciaré a él, ni él a mí.» Estas líneas no habían hecho precisamente feliz a Wieck. La respuesta de Schumann fue mordaz: «Tu padre ha vuelto a manifestar que está contra mí, y lo ha hecho de la manera más infamante... Mis amigos dicen que he sido tratado de un modo indigno, y que es imposible que sientas un gran amor hacia mí desde el momento en que sigues consintiendo estas cosas.» Pensaba acabar, como durante el verano de 1836. Quería suicidarse. Hizo falta toda la energía de Clara —que se encontraba entre dos fuegos—, todo su amor hacia el sombrío Schumann, y la confirmación de la promesa de convertirse en su esposa en Pascua de 1840, para que la tormenta se calmara. A partir de aquel momento, Robert tomó la decisión de precipitar los acontecimientos.

En mayo, envió dos cartas a Clara: la primera de ellas iba dirigida a Wieck. Era la segunda petición de matrimonio que Schumann tenía intención de hacerle la víspera del cumpleaños de su hija, dos años después de su carta de septiembre de 1837.

«Una vez más, y con el consentimiento de Clara, solicito vuestra autorización para celebrar nuestra unión durante la próxima Pascua.

»Hace dos años os hice la misma petición. Entonces no pensábais que permaneceríamos fieles el uno al otro... Escuchad la voz de la naturaleza. No nos acorraléis. El día, ya muy cercano, en que Clara cumplirá veinte años, dadnos la paz, dadnos vuestro sí. Después de tan terribles luchas, necesitamos descansar, y vos nos debéis, a Clara y a mí, lo que os pido en esta carta. Espero con confianza una respuesta favorable.

»Vuestro afectísimo y esperanzado

»Robert Schumann.»

En el mismo sobre, había una demanda dirigida a los tribunales para el caso de que Wieck se negara a dar su consentimiento. Clara debía firmarla. Lo hizo el 15 de junio, cuando su padre intentó que firmara sus propias condiciones. «En lo referente a las nuevas exigencias que pretendes imponerme —le respondió—, no las aceptaré jamás.» Wieck le hizo escribir a su mujer su negativa a mantener cualquier tipo de contacto con Schumann a partir de aquel momento. Entonces, Robert y Clara solicitaron a Marianne Trommlitz, la madre de ella, el consentimiento para celebrar el matrimonio. Marianne recibió a Robert en Berlín, y más tarde a Clara, cuando ésta regresó de París. Se reunieron allí, en agosto de 1839, después de casi dos años de separación total. Pero Wieck no cedía. Rechazó la demanda de matrimonio. Para evitar el proceso, intentó llegar a un acuerdo amistoso con Clara. Sus condiciones seguían siendo inaceptables: exigía de Robert unos ingresos anuales desorbitantes, le prohibía dirigirle la palabra y escribirle, quería que, mientras él viviera, Clara y Robert no residieran en Sajonia, se negaba a entregar a Clara su fortuna, le rogaba que renunciara a la herencia... La primera audiencia en el Tribunal se celebró el 2 de octubre. Friedrich Wieck no se presentó, y obligó a Clara a permanecer en Prusia durante todo el invierno, y a ganarse allí la vida. Clara organizó sus propios conciertos. A finales de octubre, tocó ante el rey Federico Guillermo III. Para hacerle la competencia, Wieck organizó la gira de una pianista rival de su hija. Por fin, el 18 de diciembre, el Tribunal examinó la demanda firmada por Robert Schumann y Clara Wieck.

DEMANDA

«Tras largos años de espera, los abajo firmantes mantienen el deseo común y profundo de verse unidos por el vínculo del matrimonio. Sin embargo, un obstáculo se opone a la realización de dicho deseo, y tan necesario nos resulta apartar este obstáculo de nuestro camino, como penoso nos resultó el haberlo encontrado.

»El padre de la abajo firmante, Clara Wieck, despreciando cuantas apremiantes y afectuosas peticiones se le han hecho, nos niega su autorización. No podemos explicarnos los motivos de esta negativa, pues nuestra situación económica nos permite cubrir las necesidades futuras. El verdadero motivo del señor Wieck debe basarse, más bien, en una especie de sentimiento personal de odio hacia el abajo firmante. Por su parte, éste tiene la firme intención de cumplir con todos los deberes que de él puede esperar el padre de aquella a la que ha elegido como compañera de su vida.

»En cualquier caso, nosotros no estamos dispuestos a modificar nuestra decisión, fruto de una madura reflexión. Y por todo ello suplicamos al Tribunal:

»Que comunique al señor Wieck que debe dar su consentimiento a nuestro matrimonio, o bien, en caso de que persista su negativa, que nos conceda el propio Tribunal dicho consentimiento. Tan sólo la certidumbre de que es absolutamente necesario dar este paso, pone un obstáculo a nuestra reconciliación con él. No obstante, tenemos la íntima convicción de que el tiempo, una vez más, como en infinidad de circunstancias, permitirá olvidar totalmente este penoso litigio.»

Y el proceso se celebró.

«Mi padre estaba allí, jamás lo olvidaré. Mostró tal vehemencia que el Presidente se vio obligado a retirarle la palabra. Eso me partía el corazón; tenía que hacer esfuerzos para soportar que le sometieran a esa humillación. Me miró con una cólera espantosa, pero no dijo nada contra mí, excepto en una ocasión. De buen grado le hubiera implorado ante el Tribunal, pero temí que me rechazara y, de todas formas, me sentía como clavada en el asiento. Aquel día nos separó para siempre, o, por lo menos, desgarró el delicado lazo que une a un padre con su hijo. También mi corazón siente una especie de desgarro. Robert se comportó muy bien, con su calma habitual, que, por otra parte, era con lo que mejor podía enfrentarse a semejante desencadenamiento de los hechos. Ahora todavía le amo más, pues, por mí, ha aceptado dejarse insultar en público.»

El Tribunal mantuvo contra Schumann la acusación de «embriaguez» lanzada por Wieck, con la condición de que éste aportara pruebas. Y los testigos afluyeron, pero todos en favor de Robert. No le faltaban amigos: el doctor Reuter, que había prestado su escritura para la redacción de los sobres; Becker, que había colaborado para que Clara y Robert reanudaran su correspondencia, tres años antes; la propia Ernestine von Fricken; el marido de Henriette Voigt (ella no, había muerto en otoño, poco después de haber traído al mundo a un niño del que Robert era padrino); Ferdinand Hiller, el pianista y musicólogo a quien

Wieck había sorprendido jugando a pídola con Mendelssohn y Chopin, durante su estancia en París en 1832; los compañeros de David de la *Neue Zeitschrift;* el mismísimo Félix Mendelssohn en persona, que había reorganizado toda la orquesta del Gewandhaus de Leipzig, con suavidad, sin problemas, y acababa de estrenar la *Sinfonía en do mayor* de Schubert, cuyo manuscrito había encontrado Schumann en Viena. Era uno de los directores de orquesta mejor considerados de Alemania. Mendelssohn y Schumann... Nadie podría imaginar naturalezas más diferentes, ni más íntima coincidencia de gustos. Se querían y admiraban mutuamente. El «gran» Mendelssohn, pues, se presentó. Al igual que Franz Liszt. Hacía ya seis años que Robert y él se intercambiaban sus partituras. Schumann acababa de dedicarle su *Fantasía,* op. 17, con una cita de estos versos de Friedrich Schlegel: «Entre todos los sonidos que pueblan los sueños dispersados de la tierra, corre una melodía secreta, dulce al oído del que sabe escuchar.» La había empezado en 1836, durante el verano en que Schumann pensaba que debería renunciar a Clara, y esta «melodía secreta» era el nombre de ella. La *Fantasía* era para él lo más apasionado que había escrito, «un largo lamento por Clara». Un derroche de imágenes sonoras, contenidas y organizadas en una gran composición para piano, rigurosamente escrita y de la que se desprendía, más allá del lamento, más allá de la poesía, la infinita e inefable ternura schumanniana.

A principios de aquel año de 1840, Liszt tocaba en Leipzig. Era el primer pianista europeo que tocaba en público sin leer: había inventado el recital. Todas las grandes capitales le habían festejado y le adulaban. Sin embargo, Leipzig no le vio con buenos ojos. Su transposición de la *Pastoral* de Beethoven fue incluso silbada. Liszt tenía veintinueve años, era su primer fracaso. Se puso enfermo. Mendelssohn y Schumann iban a visitarle. Mendelssohn hablaba, Schumann callaba. Luego, Mendelssohn se iba. Liszt soñaba despierto, componía o escribía a Marie d'Agoult, su amante, de la que tenía tres hijos: Blandine, de cinco años; Cosima, de tres; y Daniel, que acababa de nacer. Unas horas más tarde, de repente, una silueta compacta surgía de la oscuridad y avanzaba lentamente: para Schumann, había llegado el momento de marcharse. Liszt le había olvidado por completo. Schumann le decía: «¿Ves? Hemos hablado con el corazón en la mano», y desaparecía. Al día siguiente, volvía para que el virtuoso húngaro le interpretara sus *Noveletten,* su última sonata, su *Fantasía,* la gran *Humoresque,* op. 20, las *Nachtstücke,* el *Carnaval de Viena,* lo esencial de su producción pianística compuesta entre los veintiséis y los treinta años, durante aquellos días y meses de lucha por Clara. Después, Liszt interpretaba a Liszt, y Schumann dejaba escapar dos o tres críticas acerca de sus ornamentos, de aquel parloteo musical, de aquella «intrepidez», como lo llamaba él. Nada más. Porque estaba fascinado y, entre ellos, era como si siempre se hubieran conocido. Por eso, Franz Liszt fue a testificar en su favor.

Robert Schumann, que acababa de ser nombrado doctor honoris causa por la universidad de Jena, presentó una demanda por difamación contra su suegro. El 7 de julio, Friedrich Wieck renunció a aportar pruebas para demostrar la «embriaguez» de Schumann. El 1 de agosto se dictó sentencia: el Tribunal daba su consentimiento para que se celebrara el matrimonio. El día 12, como Wieck no había presentado recurso, la sentencia fue firme. Clara estaba de gira: Gotha, Heinigen, Erfurt, Jena y, después, Weimar. A su llegada al balneario de Liebenstein, donde se reunió con su amiga Emilie List, se enteró de que, en Leipzig, se habían leído las amonestaciones.

Era un día magnífico. A las diez de la mañana el cortejo se adentró en el camino que conducía a la pequeña iglesia de Schönefeld, un pueblo situado en las proximidades de Leipzig. Hacía buen tiempo. Los Mendelssohn, los Wenzel, Reuter, Becker, los Carl, David, Emilie List, todos acudieron. Había una coral. El 12 de septiembre, la víspera de su vigesimoprimer cumpleaños, Clara Wieck se convirtió en Clara Schumann.

«Un período de mi existencia finaliza en este momento. Hoy empieza una nueva vida. Una vida en la que se ama por encima de todo, y por encima de uno mismo.»

Segunda parte

El período Schumann o el amor por encima de uno mismo (1840-1856)

1
La vida en pareja
(1840-1841)

Ya el año anterior, Schumann, sin saber muy bien lo que iba a hacer pero sintiendo que la música «estallaba» en su interior, exclamaba: «El piano me limita demasiado.» Durante la primavera y el verano de 1840 había compuesto *Liederkreis,* op. 24, y *Los amores del poeta,* sobre poemas de Heine, *Liederkreis,* op. 39, sobre poemas de Eichendorf, y *El amor y la vida de una mujer,* sublime canto de amor dirigido a Clara, sobre un poema de Von Chamisso, con el que Schumann había coincidido en Leipzig poco antes de que muriera. En casa de Marianne Trommlitz-Bargiel se habían celebrado las «inolvidables veladas de Berlín», en las que Mendelssohn había interpretado el ciclo Eichendorf acompañado al piano por Clara. Asimismo, *Myrten,* canciones basadas también en poemas de Heine, formaron parte de los regalos de boda. Pero todo esto no era más que un bosquejo de la atmósfera en la que Clara se había visto súbitamente sumergida al casarse con Robert Schumann, y que debió recordarle, aunque de modo confuso, las conversaciones escuchadas en su infancia en casa de los Carus o en El Árbol del Café de Leipzig, antes del nacimiento de la *Neue Zeitschrift.*

Durante todo el otoño e invierno después de la boda, Robert no cesó de escribir canciones, manifestando una gran exigencia en la elección de autores: Byron, Goethe, Lenau —escritor cercano a Heine y, como él, perteneciente al movimiento Joven Alemania—, los «poetas armados» Rückert, Körner y Arndt, cantores de la independencia nacional, y muchos más. «No me puedo contener —decía—, quisiera cantar como un ruiseñor hasta la muerte.»

Sólo en 1840 compuso ciento treinta y ocho canciones asombrosamente bellas. «Me pregunto de dónde saca tanto fulgor», decía su mujer, cautivada. Sin duda, de la felicidad, de la perspectiva de curarse, vislumbrada por primera vez gracias a la presencia de la sólida Clara junto a él. Aquel fulgor tenía su origen en una prodigiosa cultura literaria, en la herencia de Schubert y, también, en aquella fisonomía particular de Schumann, posiblemente el más culto de los músicos alemanes, pero al que una sensibilidad extrema y una imaginación desbordante, así como la angustia y la intuición de la locura, salvaban del puro intelectualismo.

La «voz interior» del *Humoresque,* los ecos de «lejanía» de una de las *Danzas de los compañeros de David,* los efectos de resonancia de las *Mariposas,* del *Carnaval,* op. 9... Hasta aquel momento, el canto, independientemente de la forma que hubiera adquirido y de la técnica que hubiera adoptado, aparecía contenido —y, en cierta manera, retenido— en las composiciones para piano solo. Y he aquí que, por fin, quedaba liberado en las canciones del año 1840. E incluso parece que el propio Schumann se liberó de las figuras obsesivas, carnavalescas, enmascaradas y desenmascaradas de Hoffmann y Jean-Paul, de sus necesarios cambios de humor, y de la obediencia a aquel desequilibrante principio jena-pauliano según el cual, para crear, era necesario pasar sin reposo «del baño de vapor de la emoción al baño helado de la sátira».

La perspectiva de la ceremonia de la boda, que Schumann había descrito con todo detalle a Clara en una carta de enero de 1838, y más tarde la vida conyugal, cantada ya en *El amor y la vida de una mujer,* hicieron de él un hombre feliz, liberado del terror a tener que sufrir, durante toda la vida, la tiranía de su estado nervioso.

Se instalaron en una casa de la Inselstrasse, en Leipzig. Como en la librería de su padre, en Zwickau, que había constituido la primera pasión de Schumann y le había impulsado a empezar a escribir, había libros por todas partes: Goethe, Schiller, *El cuerno maravilloso* de Brentano y Von Arnim, los *Cuentos* de Grimm, es decir, lo esencial de la literatura alemana; pero, junto a ellos, también estaban Shakespeare, Byron, Walter Scott, los clásicos griegos, de los que Robert leía los textos originales, y las obras de Hans Christian Andersen, cuyos primeros cuentos ya se habían publicado. Y aún más obras, junto a las cuales empezaban a apilarse los propios textos de Schumann sobre música o sobre lo que sus autores preferidos habían escrito acerca de ella. Nada de todo esto sugería a Clara otra cosa que nombres, algunos rostros como los de Goethe, Heine o Grillparzer, o la fuente de los relatos que habían hecho las delicias de sus veladas infantiles. Eso era todo. Apenas iniciada su nueva existencia, la mayor virtuosa alemana, ignorando su propio talento, calibrada con modestia la profundidad de sus lagunas, le rogaba a Schumann, en el diario que redactaban juntos, que se mostrara indulgente con ella, que le perdonara si no podía evitar «aquí y allí, sin que nunca falten motivos, decir algunas tonterías», y se definía a sí misma como un «espíritu vacío». «Me siento profundamente triste... Mi ignorancia de las ciencias, mi escasez de lecturas..., todo cae sobre mí como un gran peso.»

Extraña mujer. Inteligente y fuerte, obstinada e irreductible, a sus veintiún años confluían en ella el amor, la devoción y la admiración hacia Robert, junto a un sentimiento de protección casi maternal. Acababa de salir de la esfera de influencia de un padre con una marcada autoridad, para entrar en la de otro hombre dotado de una inmutable disponibilidad de alumno y que, además, se imbuía de un aspecto aniñado. Extraña mujer de sólido carácter y maleable espíritu.

Así pues, con sus paradojas y pasiones al descubierto, y la dulzura de su tierno amor, Clara y Robert Schumann se instalaron en la casa de la Inselstrasse. En seguida empezaron a recibir numerosas visitas: los List, Becker, Wenzel y Reuter, los Carl, la madre de Clara, los Mendelssohn...

«Primera comida preparada por Clara. Estaba suculenta. Excitación en el rostro de los invitados.»

«Primer asado con 'mamá'. Mi Clara es una encantadora ama de casa...»

«Totalmente absorbida por las preocupaciones domésticas, no he saboreado nada. ¿Les gustará la comida a mis invitados? ¿Será suficiente? Estos pensamientos y otros del mismo tipo ocupaban mi mente...»

Los pensamientos «de este tipo» no fueron muy numerosos; sólo ocuparon los primeros días. No porque faltaran las visitas, que no cesaron jamás, sino porque todos sus amigos y conocidos eran músicos, críticos y editores, que lo que querían era escuchar música, y Clara tenía otras preocupaciones y otros deseos que convertirse en una ama de casa perfecta. En primer lugar, leer, porque, aunque no tuviera demasiado tiempo, había decidido aumentar su nivel hasta donde había situado el de Schumann. Después, por asombroso que pueda parecer, descubrir la música a través de los análisis de las partituras que Schumann le hacía: «Hemos empezado la *Fugas* de Bach. Robert me señala los pasajes donde reaparece el tema. Es un estudio muy interesante, que cada día me produce más placer. Robert me ha reñido: en contra de todas las normas, me había permitido la libertad de introducir una quinta voz entre las otras cuatro, doblando una de ellas una octava... He reanudado el estudio del *Concierto en mi menor* de Chopin... He tocado y cantado numerosas canciones de Robert. Estos cantos encierran un tesoro de imaginación y una profunda sensibilidad.»

...Y la *Sonata en do mayor* de Beethoven, «como jamás se había escuchado»; algunos fragmentos de la *Kreisleriana,* con ocasión de una visita de Moschelles; los *Tríos* de Mendelssohn, con unos amigos; e infinidad de obras de Bach. Con Robert, proseguía el análisis de *El clave bien temperado.*

Un día de otoño recibieron, dedicada a Schumann, la *Segunda balada* de Chopin, que éste acababa de enviar desde París, donde vivía, en medio de grandes dificultades, con George Sand. Clara abrió la partitura y ejecutó la *Balada* entera, lo que requería un extraordinario virtuosismo. Luego volvió a empezar con Robert junto a ella, cantando, comentando, protestando, indicándole cómo debía interpretarla: «No tan rápido... Dale más seriedad... ¿Por qué tan rápido?.. *la la la...* Demasiado fuerte... Esta velocidad es la correcta... Y ahora un vals... Ya está... ¡Bien! A partir de aquí, es polifónica... ¡Fíjate, hay una construcción!... Y reaparece la balada, así, *ta ti ta...* Si no la modificamos, no se puede interpretar... En cualquier caso, lo que hay que tener siempre presente es que, desde el inicio hasta aquí, la elevación debe mantener una unidad: es la primera exposición... Allí, la acentúas un poco, aquí, por el contrario, es como un sueño, se siente otra cosa, debe haber un cambio... Lo mismo sucede con esta inflexión, ¿lo has notado?... Lo que no impide que se mantenga el ritmo, *ta ti ta,* ¿ves? El segundo componente de la frase no es el mismo... Lo alargo un poco, más redondeado, más redondeado, ¿oyes?... Si no, resulta demasiado compacto, hace demasiado *pom, pom, pom...* En realidad, la mano izquierda tendría que estar a la altura, completamente a la altura... Es muy, muy difícil... Y, *la la la,* retira el pedal, y, *la la la,* de nuevo el pedal, después nada... ¡Ah! Le has dado demasiada fuerza... Las octavas quedan demasiado marcadas... Sobre todo en esta parte, ¡es tan difícil!... Encadeno... *La la la...* Hay que encadenar: forma parte de la misma frase... Y ahora el punto culminante... ¡Ah! Ahora, ni demasiado rápido ni demasiado fuerte... ¡Ah! Vamos allá, *la la la ta ti ta...* ¡Es maravilloso, maravilloso! No es un TRAZO de virtuosismo, es un dibujo. Hay que dibujarlo... Mira, no es difícil, desde aquí hasta allí... Se encadena y ya está: el canto popular... El ritmo, el ritmo... Y el pedal... Ahora empieza otro episodio, pero debe guardar relación con el anterior... Esta transición es muy difícil: no hay que detenerse en el momento en que la mano izquierda entra..., hay que continuar de una manera progresiva... Este tiempo de silencio es muy importante... Debes dejarte transportar por el ritmo.. ¡Qué bello este acorde!... *La ti ta la...* Ahora la síncopa; si quieres que quede bien marcada, debes pisar el pedal en el momento adecuado... Esto es una improvisación, pero, ¿por qué tan rápido?... ¡Es una preciosidad, una preciosidad!...»

Como antaño sucediera con la casa del emblema de la flor de lis, también en la de Inselstrasse fluía una oleada incesante de notas musicales. Sin embargo, ¡qué diferencia de calidad, qué abismo entre las composiciones de los pedagogos, tan similares a los ejercicios de virtuosismo, y lo que Robert Schumann y sus amigos deslizaban bajo los dedos de Clara! ¡Y qué diferencia en la interpretación! «Un día comprendí que amaba apasionadamente a Robert. Aquel día empecé a sentir lo que tocaba. Todo el mundo dijo que si mi interpretación había ganado en expresividad, ello se debía, sin ninguna duda, a una profunda emoción...»

«¡Que se enamore, y cantará con más pasión! —decía,

refiriéndose a una de sus amigas, cantante—. El amor desempeña un gran papel en este terreno... Cada día quiero a Robert un poco más...»

No pasó mucho tiempo sin que tuviera que demostrar su amor hacia Robert, y una gran abnegación. Schumann se encerraba durante todo el día en su habitación y no permitía que Clara le interrumpiera. Allí componía sin cesar, acaparando el único piano de la casa, sin ni siquiera salir para recibir a las visitas y haciendo pagar a Clara un elevado precio por cada una de sus canciones: el de su mutismo y su ausencia, y el de sus bruscos cambios de humor, expresados a través del diario con esta frase: «La balanza se mantiene oscilante entre la alegría y el dolor.» Y añadía: «No obstante, mi Clara se mantiene fiel a sí misma...» ¿Cómo podía entender ella lo que no sentía? Ella no experimentaba aquellos distanciamientos. En consecuencia, los comentarios irónicos de Robert no encontraban eco. Si le enviaba una nota diciéndole: «Lo más conmovedor que Dios ha creado es un buen marido», ella daba gracias a Dios, de todo corazón, por haberle concedido la dicha de poseer un marido tan bueno. Si se burlaba de ella, su susceptibilidad salía a flote: «Estas bromas atentan contra nuestro honor.» En aquellos momentos Clara se mostraba como la «señorita Wieck», pero le quería y, por tanto, le dejaba el piano y soportaba las horas de soledad y de silencio. Es cierto que, a cambio, recibía mucho amor, y que, en aquellos primeros meses de vida en común, descubrió toda la ternura y sensualidad de Schumann. «Semana feliz: una eternidad de besos y caricias», escribía Robert, alusivo: «¡Travieso!», respondía cariñosamente Clara.

Él seguía admirándola. Cuando salía de su habitación, ella podía disponer del piano y él la escuchaba tocar. A veces, cuando Clara alcanzaba la perfección, llegaba a «olvidar a la mujer en beneficio de la artista» y a dirigirle esporádicos cumplidos, incluso en presencia de extraños. Por ejemplo decía, delante de todo el mundo, que sus interpretaciones le «penetraban hasta lo más profundo del alma.»

Poco a poco, la vida de los Schumann se fue organizando. En apariencia, se había convertido en lo que Friedrich Wieck tanto había temido: una vida hogareña y burguesa, es decir, con estrecheces. Los ingresos eran escasos y Robert controlaba escrupulosamente los gastos. Desde 1837 llevaba una «libreta de notas» donde registraba, con la misma minuciosidad maniática con la que analizaba las partituras, las entradas y salidas de dinero, los trabajos que tenía en marcha y sus estados de ánimo. En resumidas cuentas, una existencia banal que, sin embargo, transcurría en torno a la música y entre dos seres excepcionales unidos por un profundo amor.

El 11 de febrero de 1841 Robert Schumann ofrecía, en su casa, su primera sinfonía, llamada *Sinfonía «Primavera»*. Clara, que no soportaba que Schumann quedara por detrás de Mendelssohn, le había animado a escribirla. Robert permaneció encerrado cinco semanas, durante las cuales Clara estuvo prácticamente sola, intentando en vano poner música a unos poemas de Rückert («Carezco de talento para la composición», decía) y esperando que Robert dejara por fin de «mostrar tanta frialdad». Expuso sus quejas en el diario, pero con dulzura, insistiendo una y otra vez en que lo entendía: «Es cierto que, desde hace algunos días, Robert me tiene abandonada. Pero, a decir verdad, los motivos de este distanciamiento me producen un gran placer y, además, únicamente yo participo en todos sus proyectos.» Finalizada la sinfonía, regresó junto a Clara lleno de reconocimiento, ternura y admiración, y la vida reanudó su curso, con los paseos y los amigos —sobre todo los Mendelssohn—, los proyectos de viajes y giras, y las discusiones sobre música. En este sentido, la incultura de Clara era asombrosa para el grado de virtuosismo que había alcanzado.

«Entre los muchos libros que he leído figura una obra de Víctor Hugo, *Notre-Dame,* la cual, bien pensado, lo que me inspira es repulsión. Está repleta de digresiones, vulgaridades, incoherencias e inverosimilitudes. Y entre todo esto, ni un solo rasgo de nobleza. Es de una loca extravagancia e impresionante brutalidad. Sin duda, está escrita con ingenio. Este tipo de obra va dirigida principalmente a los franceses, que gustan de lo horrible y lo grotesco. Para una naturaleza alemana sana, una obra así es una abominación.»

El 31 de marzo, por primera vez desde su boda, Clara ofreció un concierto. El programa también incluía la *Sinfonía «Primavera»* de Schumann, dirigida por Mendelssohn. En tales ocasiones, Robert dejaba de ser «el marido de la virtuosa» y su nombre aparecía en cartel, junto al de Clara. Continuó trabajando, ciñéndose a la forma sinfónica que Clara había ambicionado verle escribir. En unas semanas acabó el *Scherzo, obertura y final para orquesta,* op. 52, y una segunda sinfonía. Clara, que estaba embarazada, mostraba una actitud encantadora.

Un solo elemento ensombrecía el cuadro: Friedrich Wieck. Schumann acababa de ganar la demanda por difamación presentada contra su suegro, que fue condenado a dieciocho días de prisión. A Clara la separación le resultaba penosa. Robert no conseguía perdonar, pero se sentía culpable. Finalmente, el día de la Ascensión, Friedrich Wieck fue a ver a su hija; el piano de Clara había llegado unas semanas antes. ¡Por fin dos pianos! «Con su suficiencia de polichinela, Wieck le ha dado a mi sinfonía el nombre de 'Sinfonía contradictoria'. Este hombre desconoce hasta tal punto el sentimiento de la creación artística, que se imagina que es él quien nos induce a abandonarla o a entregarnos a ella. Con todo, no hemos podido evitar reírnos de este nombre.» Contradictoria o no, la sinfonía tenía calidad. En esta misma época, Clara y Robert se iniciaron en la lectura de las sinfonías de Beethoven, ella al piano, y él enfurruñándose o besándola. Luego, daban largos paseos. Y, de pronto, todo se ensombrecía: «Mi piano ha vuelto a ser relegado a un segundo término, como sucede siempre que Robert se pone a componer. En todo el día no dispongo de un solo momento para mí... También hemos interrumpido la lectura de partituras. La composición tampoco va bien... Hay momentos en los que estamparía mi estúpida cabeza contra la pared...»

«¡Hola, Robert! ¡Hola! ¡Voy a tener que escribir este diario yo sola!», exclamaba Clara. Y todo volvía a la normalidad: finalmente, seis meses después de que Robert se lo hubiera pedido, había acabado de poner música a los cuatro poemas de Rückert. Mendelssohn fue a verles, con una nueva *Canción sin palabras,* antes de partir hacia Londres. El mes de junio era espléndido y Clara consiguió arrastrar a Robert hasta la Suiza sajona. Sí, arrastrarlo, pues si de él hubiera dependido, no se habría movido. Pasaron ocho días juntos y solos. Mientras tanto, Hans Christian Andersen llegaba a Leipzig para visitarles. No se encontraron, pero eso carecía de importancia. Ocho días de felicidad, decía Clara. Y volvía a contar: pronto, un año de felicidad...

¿Qué presentimiento habitaba en ella, en lo más recóndito de su ser, que le hacía sentir la necesidad de contar, como si se tratara de una conquista, los días de alegría ya vividos?

2

María y Elisa
(1841-1843)

El 1 de septiembre de 1841, Clara dio a luz a su primera hija: María. En la pequeña casa de la Inselstrasse empezaron a celebrarse fiestas. Primero, el nacimiento, después, el primer aniversario de boda de los Schumann, el veintidós cumpleaños de Clara y el bautizo de María. La madre de Clara se había trasladado desde Berlín, y todos los amigos estaban presentes, excepto Mendelssohn, que acababa de ser nombrado director musical de Prusia y *kappellmeister* del rey, lo que le obligaba a pasar temporadas en Berlín. Robert le ofreció a su mujer la primera prueba de la edición de la *Sinfonía «Primavera» en si bemol mayor,* el cuaderno impreso de los lieder sobre poemas de Rückert, incluyendo aquellos a los que Clara había puesto música, y la partitura, terminada en secreto, de la *Sinfonía en re menor.* ¿Fue la ausencia de Mendelssohn, que no había podido supervisar esta sinfonía, como había hecho con la primera, la génesis de esta obra? Robert Schumann revolucionó las formas: por primera vez, los cuatro movimientos de una sinfonía se encadenaban sin solución de continuidad.

Apenas finalizada la fiebre de las celebraciones, Robert se encerró de nuevo en su habitación. Tenía en mente un proyecto de ópera, una *Fantasía para piano y orquesta,* unos apuntes de música coral, diversas piezas para piano, etc. En cuanto a Clara, como el piano permanecía fuera de su alcance, su entorno quedó reducido a su hija y, a mediodía y por la noche, a un marido tan taciturno que llegó a planteársele la duda de si seguiría amándola. Esta situación provocó su impaciencia. Ya no se trataba únicamente del deseo de tocar en público, sino del de realizar una gira: necesitaba aquella fiebre, la sucesión de conciertos, invitaciones, aplausos; necesitaba sumergirse en aquella atmósfera febril que había conocido. Una breve estancia en Weimar, en diciembre, fue como una especie de anticipación de aquellos placeres: conciertos en el teatro, conciertos en el castillo. Allí interpretaron la *Sinfonía en re menor* de Schumann. Franz Liszt tocó con Clara, pero su actitud hacia el matrimonio Schumann era exasperante y caprichosa, al mismo tiempo que afectuosa y amigable. «... Liszt, como siempre, llegó con mucho retraso. Creo que le gusta hacerse desear, y eso me molesta. Siempre tiene que dar la impresión de niño mimado, bueno, autoritario, amable, arrogante, noble y generoso, pero al mismo tiempo duro con los demás, en una palabra, una curiosa mezcla de cualidades profundamente distintas... Sus composiciones son espantosas. No puedo calificarlas de otro modo: un caos de ácidas disonancias, un perpetuo murmullo de principio a fin, unas introducciones aburridas, etc. Como compositor, podría decirse que le detesto, pero el virtuoso me impresionó... Ejecución extraordinaria, extraordinario brío... Realmente, supera a todos los virtuosos...» Clara sólo le criticaba algunos detalles que delataban una cierta falta de buen gusto, pero, por encima de todo, lo que la dejaba estupefacta era la extenuante vida que llevaba: fiestas por la noche, por la mañana, conciertos por la tarde, fiestas por la noche... En Weimar, los Schumann bailaron, asistieron a conciertos, se aburrieron en algunas veladas, volvieron a bailar. Clara disfrutaba aquellos días. La excitación de la semana se prolongó en Leipzig: Franz Liszt dio un concierto con Clara. En el entreacto, Liszt tuvo la delicadeza de ofrecerle un ramo de flores, gesto que al público le encantó. Los aplausos que la habían acogido a su entrada, fueron in crescendo durante todo el concierto, aunque, según Robert, que estaba celoso, Clara no había tocado tan bien como solía hacerlo habitualmente...

En Weimar y Leipzig, mientras Liszt estuvo presente, Clara pudo recuperar, tras una interpretación de varios meses, la atmósfera tan querida de las giras. Sin embargo, también se le reveló una faceta del comportamiento de Robert Schumann: creyendo que su sinfonía había sido mal ejecutada, dijo que la interpretación de Clara le habia dejado insatisfecho, y lo repitió hastá conseguir que ella se sintiera descontenta de sí misma, e incluso «muy desgraciada». Liszt se fue. Seguía siendo el único pianista de Europa que ofrecía recitales —exclusivamente de piano— y que tocaba sin partitura. Clara volvió a dedicarse a la composición, pero sólo para hacerle regalos a Robert, con ocasión de alguna fiesta o aniversario, y porque no tenía acceso al piano. Su impaciencia iba en aumento. Navidad. Año Nuevo. Enero. Durante todo este tiempo Clara se dedicó a elaborar proyectos. Por fin, el 18 de febrero de 1843, partió acompañada de Robert.

En Magdeburgo y Bremen la acogida fue un poco fría, pero todo se desarrolló con normalidad. En Oldenburg, Clara fue invitada a la Corte, pero sola. Y sola asistió. «Está encantada con la acogida que ha tenido su reaparición —anotó Robert en su diario—. Sin embargo, la idea del indigno papel que desempeño en tales ocasiones me ha impedido experimentar el menor destello de alegría.» El 10 de marzo, cansado de que le preguntaran si, por casualidad, él también se dedicaba a la música, Robert Schumann regresó a Leipzig. «¿Debo descuidar mi arte para acompañarte en tus viajes? ¿Y tú, por otra parte, debes ignorar tu talento porque la revista y mi piano me reclaman? Tenemos la solución: tú te llevas a una acompañante, y yo vuelvo junto a mi piano, a mi trabajo, al lado de nuestra hija. Pero ¿qué dirá la gente?» A Clara, eso apenas le preocupaba. La situación era la misma que cuando su padre la había dejado sola, y no vaciló en irse, con su carabina, hasta... ¡Copenhague! Ni la tormenta en el fiordo de Kiel, ni los retrasos o abandonos de sus compañeros de cartel, ni el frío, le impidieron tocar. No obstante, durante esta gira, atormentada por el deseo de reunirse con Robert y María, no fue feliz. Y Robert, que no había podido soportar el acompañarla, aún soportó menos la separación: «He cometido una enorme tontería al dejar que te alejaras de mí; ahora soy cada vez más consciente de ello.» Regresó a finales de mayo, y encontró a un Schumann melancólico, sombrío y enfermo. El mes de junio resultó delicioso: la pequeña María era «una indescriptible fuente de alegría». Para su cumpleaños, Clara le había compuesto dos lieder. Robert había terminado y «pasado a limpio» los *Cuartetos en la menor y en sol mayor* del op. 41, mientras ella trabajaba las sonatas de Bach con David, el violinista del Gewandhaus de Leipzig, que substituía a Mendelssohn durante sus ausencias.

A finales de julio, el *Tercer cuarteto* del op. 41, dedicado a Mendelssohn, y un *Cuarteto para piano,* también estaban acabados, y Clara convenció a Robert para que la acompañara a Bohemia. En el transcurso de este viaje, Schumann pudo calibrar la notoriedad de Clara. Pero sólo la de ella. En Königswart, solicitaron audiencia a Metternich y la consiguieron mediante una carta... de Clara. Robert Schumann, el que había puesto música a los poemas de Heine, el que se había atrevido a incluir el tema de *La Marsellesa* en su *Carnaval de Viena,* porque Metternich había prohibido que se tocara en toda Austria, Schumann el rebelde, solicitaba audiencia al gran censor de la Confederación germánica.

para mí. De todos los músicos vivos, él es el más lúcido.» La venta de estos cuartetos al editor Härtel y el hecho de haber realizado una buena composición, le hicieron recuperar el aplomo.

El sexto día, Dios dijo:
Por fin he acabado
esta bella, gran creación,
y todo está bien hecho
...
En realidad, siendo el Creador del mundo,
puedo muy bien reconocerlo:
Sentía que la misión quemaba mi alma
como un delirio de llamas.

La enfermedad fue la razón última
de todo el impulso creador.
Creando, podía sanar,
creando, encontraba la salud.

Heinrich Heine,
Lieder de la Creación.

Sin embargo, el exceso de creación hizo que Schumann cayera enfermo. Permaneció en este estado todo el otoño y el invierno de 1843. «Aquel agotamiento provocó una grave depresión nerviosa que nos tenía muy preocupados. Pero el Cielo me protegió, y los cuidados afectuosos de Clara contribuyeron a mi curación...» Clara, por su parte, escribió que Robert había sido víctima de una «epidemia de gripe nerviosa» que en aquel momento causaba estragos en Leipzig. Durante aquel tiempo, recibió a las visitas, fue a conciertos y también los ofreció; despidió a su sirvienta, que les había robado... Y protegía a Robert, le cuidaba, le expresaba su admiración, su amor, solicitaba su indulgencia: «¡Cuánto lamento que el Cielo no me haya concedido inteligencia y razón en la misma medida que ha cultivado en mí el sentimiento de lo noble y lo bello.»

Estaba embarazada. En ocasiones, agotada, lloraba, intentaba atraer sobre ella la atención de Robert: «Desde hace unos días soy presa de una inexpresable tristeza. Creo que ya no me amas como antes. A veces siento con tanta claridad que no podré ser suficiente para ti. Y, si tienes algunos gestos de ternura conmigo, me da la impresión de que se lo debo a la bondad de tu corazón, que no quiere hacerme ningún daño... ¡Cuánto me gustaría mimarte y hacerte feliz! ¡Cuán infinitamente te quiero! Eres el único objeto de mis preocupaciones. No puedo soportar la idea de que trabajes para ganar dinero...» Un lamento, eso es todo: él sentía una enorme necesidad de su alegría, de su salud, para que ella pudiera expresar otra cosa. Y Leipzig bullía de actividad: era la época de los conciertos de abono. Gracias a Mendelssohn, Beethoven y Mozart habían alcanzado un gran prestigio. «Abrigo un sentimiento muy particular hacia estos dos grandes maestros. Amo con inmensa ternura a éste. Venero a aquél como a un dios, pero un dios que permanece siempre inaccesible, que se mantiene fuera de nuestro alcance...», decía Clara. Por obra de Robert había superado definitivamente el virtuosismo, pero el análisis de partituras, y en particular de la música de Beethoven, continuaba sumiéndola en abismos de perplejidad.

Aquel año, Wilhelmine Schroeder-Devrient debutaba en Leipzig. Había sido ella quien descubriera a Goethe la música de Schubert, poco antes de la muerte del viejo Sabio de Weimar. En 1828 con el *Fidelio* de Beethoven, y en 1834 con el *Romeo* de Bellini, había conseguido conmover al joven Wagner. Justo antes de llegar a Leipzig había interpretado *Rienzi,* la primera ópera de Wagner, quien había triunfado en Dresde, lo que le acababa de valer ser nombrado *kapellmeister* de la ciudad. En la sala estaba Liszt, acompañado de Lola Montes, causante de su ruptura definitiva con Marie d'Agoult. También estaba presente un niño de trece años, Hans von Bülow, quien, tras escuchar la ópera, se había jurado «pertenecer» a Wagner.

Fue también el año en que Mendelssohn materializó el proyecto del Conservatorio que quería fundar en Leipzig. Entre los profesores se encontraban el propio Mendelssohn, el violinista David, el viejo amigo Becker, y Schumann. De pronto, Clara podía volver a respirar: con toda aquella agitación, todas aquellas perspectivas, Robert empezaba a recuperarse. Además, la llegada de una carta del Viejo, el 13 de enero de 1843, había liberado a Robert del «peso de su pecado», del insoportable sentimiento de culpabilidad que le torturaba desde hacía casi cuatro años. Wieck fue a verles, totalmente decidido a reconciliarse con su hija. Y la llevó a Dresde, donde vivía desde hacía varios años. Clara pasó allí unos días. «Si he aceptado quedarme tanto tiempo, ha sido únicamente pensando en la alegría de mi padre al verme junto a él, alegría de la que ha estado privado durante mucho tiempo, si bien es cierto que por culpa suya.»

«Los días pasaban, caracterizados por una excitante actividad. Mi padre estaba siempre ocupado con sus alumnos, en particular con su hija María, mi hermanastra, una niña cautivadora e interesante. Muy pronto debutará en público, y experimenta los mismos sentimientos que yo cuando era niña; tiene miedo, no de tocar, sino de la reverencia que tendrá que hacer... Mi padre se mostró, como cabía esperar, muy afectuoso y cordial conmigo.» La historia se repetía. María Wieck representaba para el Viejo una segunda Clara. Wieck podía reanudar su relación con la primera, aunque no con su yerno, a quien la «Sinfonía contradictoria» no hacía más simpático.

Cuando Clara regresó, Berlioz estaba en Leipzig desde hacía varios días. Se encontraba de gira: Bruselas, Frankfurt, Stuttgart, Mannheim... «Nuestro primer encuentro tuvo lugar en el Euterpe, y fue muy cordial —explicó Robert—. Al día siguiente se celebraba el primer ensayo de su concierto. Dirigió admirablemente. En realidad, la música contiene bastantes elementos insoportables, pero también encierra otros sumamente interesantes, e incluso geniales. En ocasiones, tengo la sensación de estar ante el impotente rey Lear en persona. En su rostro, por otra parte tan característico, se adivina un rasgo de debilidad en las comisuras de los labios y en la barbilla. Sin duda, París le ha mimado. Por desgracia, no sabe una sola palabra de alemán, así que no hemos podido hablar mucho. Me había imaginado a un hombre más fogoso, más impetuoso. Hay algo cordial en su risa. Por lo demás, en pocas palabras, mezcla el vino con agua y come compota.» Clara era de otra opinión. Berlioz, en tanto que compositor, era un rival de su marido, y eso no lo podía soportar: «En honor de Berlioz hemos organizado en casa un concierto para que escuchara el *Quinteto* de Robert y dos de sus cuartetos. Berlioz estaba incómodo, pero, si su arte le llenara de verdad el alma, eso no hubiera debido impedir que se mostrara más amable, más cordial. Es frío, indiferente, taciturno. ¡No! No es el tipo de artista que a mí me gusta. No lo puedo evitar. Robert no opina lo mismo, siente una gran simpatía por Berlioz, y no lo puedo entender.» La señorita Wieck *dixit.*

Berlioz se fue, y Schumann se dedicó a componer su primera ópera, *El paraíso y la Peri,* a escribir sus artículos para la *Neue Zeitschrift,* y a sus clases de composición en el Conservatorio de Leipzig, que se acababa de inaugurar. Mientras tanto, Clara esperaba el nacimiento de su segundo hijo... y la ópera de Robert para, una vez más, «embriagarse con su música incomparable». El 15 de abril 1843, a las nueve y veinte de la mañana, dio a luz a una pequeña y frágil niña: Elisa. El 10 de junio, Schumann acababa *El paraíso y la Peri;* había tardado menos de cuatro meses en escribirla. «En este momento Clara está ordenando y clasificando sus lieder y nuestras composiciones para piano. No ha olvidado su deseo de dar clases, pero tiene a María constantemente pegada a sus faldas. Elisa le ocupa mucho tiempo y su marido se encuentra sumido en las meditaciones sobre la *Peri.* A pesar de todo, en la alegría y el dolor, ¡sigue adelante, Clara! ¡Y continúa amándome como siempre me has amado!» Ella no pedía nada. Seguía amándole, con un «amor infinito, en la alegría y el dolor». Elisa tenía apenas tres meses, y Clara quería volver a organizar una gira para ganar dinero, para amasar una pequeña fortuna mientras aún fuera joven. Robert Schumann no compartía sus ideas. Sin duda, no quería revivir la experiencia de Oldenburg. El invierno anterior, cuando Clara estaba embarazada de siete meses, había escrito: «Clara sabe perfectamente que ser madre es su principal misión. Creo que es feliz en este estado en el que ya nadie puede cambiar nada.» Era feliz, pero testaruda. A partir de octubre, empezó a dar conciertos en Dresde, en el Hotel de Polonia: el *Quinteto* de Robert y, con su hermanastra María Wieck, la *Sonata en mi bemol* de Moschelles. El repertorio del Viejo no había cambiado. El segundo concierto tuvo un éxito aún mayor que el primero. En diciembre le tocó a Robert ser aclamado, con ocasión del estreno en Leipzig de *El paraíso y la Peri,* que dirigió él mismo. Una semana más tarde, la segunda representación procovaba un delirio. Estaba en la gloria. Además, abrigaba la esperanza de obtener el puesto de director del Conservatorio, pues Mendelssohn se veía obligado a residir en Berlín, una ciudad que él detestaba. Fiesta en casa de los Schumann. Todo el mundo bailó. Entre los amigos, el músico danés Niels Gade y los fieles David y Ferdinand Hiller; éste incluso ejecutó con Clara la obertura de *La ninfa de los bosques,* de Benett, y debía estar un poco bebido, pues dijo que en esta obra había muchos más troncos de árbol que ninfas. Y al día siguiente, el 16 de diciembre, Robert recibió una carta de conciliación del Viejo:

«Querido Schumann, *tempora mutandur et nos mutamur in eis*. Por Clara y por el mundo, no podemos permanecer separados el uno del otro. Ahora, vos sois también padre de familia. ¿De qué serviría enzarzarnos en interminables explicaciones?

»Siempre hemos estado unidos por el arte, he sido incluso vuestro profesor, y mi opinión ha ejercido una influencia decisiva en vuestra carrera actual. No necesito demostraros mi simpatía por vuestro talento y vuestro hermoso y sincero esfuerzo. Os espero en Dresde con alegría.

»Vuestro padre,
»Friedrich Wieck.»

«Por fin se ha realizado mi más íntimo deseo: Robert ha hecho las paces con mi padre.»

3

En Rusia
(1844)

Otro de los más íntimos deseos de Clara se hizo realidad después de Navidad: volver a realizar una gira. Una larga gira por Rusia. Era un proyecto que Clara acariciaba desde hacía mucho tiempo. «Dejar nuestro pequeño y mullido nido, en el que apenas acabamos de instalarnos, me produce escalofríos —escribía Robert dos semanas después de la boda—. Pienso con terror en el viaje a Rusia. Creo que Clara también». Pero Clara no confirmó nunca este supuesto «terror». Robert sólo pudo obtener, por toda respuesta a este «creo que Clara también», un silencio elocuente.

Robert y ella fueron a Schneeberg, a dejar a sus hijas en casa de Karl y Pauline Schumann. Los conciertos se sucedieron en Berlín, Königsberg, Tilsit, Jelgava, «capital de Curlandia, donde toda la nobleza del país, que no vive más que de bailes, conciertos y más bailes, se reúne para pasar el invierno». En Riga, el «marido de la virtuosa» empezó a encontrarse mal, peor que en Oldenburg. Era algo más que una depresión: vértigos, mareos, alucinaciones auditivas. Llegaron a Tartu en febrero.

«Aquí se habla alemán. Todo es alemán. Rusia no aparece más que a diez millas de San Petersburgo. Hasta el momento —cuenta Clara—, gracias a los abrigos y pellizas no hemos padecido los efectos del frío, a pesar de que, desde hace diez días, hayamos viajado a diez o doce grados bajo cero. Aquí todas las casas tienen calefacción, todas las habitaciones se mantienen a la misma temperatura, lo que resulta muy agradable. A decir verdad, Tartu parece una ciudad nórdica, sobre todo porque se nota más el frío. ¡Esta mañana estábamos a veintisiete grados bajo cero!

»He dado tres brillantes conciertos que han suscitado un entusiasmo indescriptible. No conozco ningún público más caluroso y, a la vez, con una mayor delicadeza musical que éste. Ayer por la noche, finalizado el tercer concierto, una coral me ofreció una hermosa serenata y, entre otras cosas, un cuarteto de mi marido.»

¿Se había agravado el estado de Robert a causa del «entusiasmo indescriptible» que Clara suscitaba? El marido de Clara se encontraba al límite de sus fuerzas.

«Robert estaba tan acatarrado que tuvo que permanecer en la habitación durante diez días... No pudo asistir a los conciertos de los que hablaba...

»Una muestra del estilo de las damas de este país: una baronesa desconocida, que se había enterado que Robert estaba enfermo, le envió jalea, un pastel y dos perdices recién guisadas. Otra: por la noche, en el concierto, le conté a una dama que teníamos unas camas infectas y que mi marido se sentía más enfermo por la noche; a las diez de la mañana siguiente llegó un criado trayéndonos dos almohadas de plumas y una maravillosa manta.»

¡Dos perdices y una almohada de plumas para cuidar a Robert Schumann, que le decía a su mujer que estaba acatarrado! ¡Y ella, embriagada por los conciertos e invitaciones, le creía realmente acatarrado!

A continuación, pasaron cuatro semanas en San Petersburgo. Aquello era de verdad Rusia, el estado absolutista de Nicolás I —zar desde 1825—, un inmenso país rural que contaba cuarenta y cinco millones de siervos sobre cincuenta millones de habitantes, y en el que se decía: «Si Jesucristo viniera a Rusia, encontraría el modo de robar.» Las ciudades eran minúsculos pueblos con construcciones de madera, que sólo cobraban animación los días de feria y mercado. La ausencia de clase media enfrentaba a dos mundos completamente desconocidos entre sí: la aristocracia que hablaba francés, y la enorme población de mujiks que protagonizaban, esporádicamente desde 1840, múltiples sublevaciones agrarias. Los Schumann sólo se relacionaron con la aristocracia. Su correspondencia no reflejó, en ningún momento, ni tan siquiera la existencia de los cuarenta y cinco millones de mujiks.

«Hemos cometido un error capital —escribió Robert a su suegro—. Hemos llegado a San Petersburgo demasiado tarde. En una gran ciudad, es necesario hacer muchos preparativos. Todo depende de la Corte y de los personajes de alto rango, y la prensa apenas habla de quienes se han mantenido alejados de tan reducido círculo. Por otra parte, la ópera italiana ejerce aquí una especie de dominio... Los dos primeros conciertos no han ido demasiado bien. El tercero, mejor, y el cuarto, en el teatro Michel, ha sido el más brillante. Mientras el renombre de otros artistas, incluso el de Liszt, se debilita, el de Clara ha seguido en aumento. Hubiera podido celebrar cuatro conciertos más, si no hubiera llegado la Semana Santa, y si no nos hubiéramos visto obligados a proseguir nuestro viaje hacia Moscú... El emperador y la emperatriz se mostraron muy amables con Clara. Tocó en un apretado círculo durante dos largas horas. La *Canción de primavera* de Mendelssohn fue, con mucho, la pieza predilecta del público.»

El 2 de abril partieron hacia Moscú. «No se puede describir la imagen de Moscú; se diría que estamos en Constantinopla. Es totalmente oriental, con sus innumerables campanarios... Robert se ha pasado toda la mañana componiendo, y luego hemos ido a visitar el Kremlin, que ha excitado vivamente la imaginación de mi marido...»

En lo referente a composición e imaginación excitada, lo único que escribió Robert fueron unos poemas, lo cual, en él, era sintomático de su estado depresivo. En mayo, Clara llevó a su marido a Leipzig. Se sentía un poco decepcionada por el relativo éxito de su gira por Rusia, y por la necesidad de renunciar a su proyecto de hacer su presentación artística en Suecia: Robert seguía estando muy «acatarrado». En cuanto llegó, abandonó definitivamente su actividad como crítico de la *Neue Zeitschrift.* En el mismo instante en que tomaba esta decisión, se enteró de que no substituiría a Mendelssohn en el Conservatorio. Éste no le había dejado nunca como suplente cuando se ausentaba, pues no se hacía ilusiones respecto a la capacidad de Schumann en esta materia, y había preferido al músico danés Niels Gade.

En junio y julio, Robert trabajó con tesón en el proyecto que le había tenido ocupado en Rusia: acometer el segundo *Fausto* de Goethe empezando por la escena final —el perdón concedido a Fausto a cambio del alma de Gretchen, y la transfiguración de aquél—, la parte más abstracta y obscura del texto, pero la que pone en evidencia el poder redentor de la mujer. En esta época, anotó en su «libreta de notas»: «Mi treinta y cuatro cumpleaños. Intimidad y ternura. He empezado *Fausto. Faustiana.* He trabajado. He trabajado mucho. He trabajado. He trabajado en *Fausto.* He trabajado, pero estoy cansado. He trabajado con ahínco en la instrumentación de *Fausto...*». Y en agosto se derrumbó, con los mismos síntomas que en Rusia, pero agravados: no soportaba escuchar una nota musical. Un médico le prescribió la supresión de todo tipo de actividad, y una estancia en los baños de Noderney. El resultado de los breves momentos de «intimidad y ternura» que habían caracterizado las primeras semanas de su trabajo con *Fausto,* fue un nuevo embarazo de Clara. Así bien quedó reflejado, en la libreta de notas, el resumen lacónico de sus vacaciones «terapéuticas» en el balneario:

«4 de agosto: aburrimiento.
»[...]
»8 de agosto: aburrimiento.
»12 de agosto: día de Clara. Hipocondría de los dos esposos. Decimonoveno baño.
»13 de agosto: día de Aurora. Vigésimo baño. Cruel aburrimiento cotidiano.
»14 de agosto: día de Eusebio.[1] Vigésimo primer baño. Pequeña contrariedad en el concierto. Cruel aburrimiento cotidiano.
»15 de agosto: vigésimo segundo baño a las cinco de la mañana, a la salida del sol. Después, un largo paseo por la blanca duna. La mariposa sale del capullo. Aburrimiento.
»16 de agosto: Vigésimo tercer baño. Cena aburrida.
»17 de agosto: Vigésimo cuarto baño. Por la mañana, Clara ha ido a casa de la princesa heredera. Aburrimiento insoportable.»

Era aún menos eficaz que la jalea y las mantas de las damas rusas. Pasaron una parte del verano en Dresde, donde el estado de salud de Robert apenas mejoró: sólo en el transcurso de un paseo al atardecer con Clara, «la Dulce», o con motivo de una visita a Reissiger, el director de la orquesta real, la víspera de la cual se había sentido «fuertemente congestionado», y al día siguiente, «miserable y melancólico». Después se produjo una recaída, una «ligera mejoría», y otra recaída. A veces, en el mismo día, se alternaban con brusquedad un profundo malestar y un bienestar relativo.

1. En el calendario sajón, los días 12, 13 y 14 de agosto corresponden a la celebración de los nombres de Clara, Aurora y Eusebius. Esta coincidencia explica que Schumann, en una de sus primeras cartas, le escribiera a Clara: «Acuérdate de mirar en el calendario la fecha del 13 de agosto: una aurora une tu nombre al mío.» *(N. de la A.)*

Instalado de nuevo en Leipzig, sin Mendelssohn, sin la revista, que entonces dirigía su amigo Brendel, sin el conservatorio, donde Schumann apenas había brillado como profesor de composición, la existencia empezó a pesarle. Habían vivido cuatro años de felicidad. En diciembre de 1844, se trasladaron a Dresde.

4

Dresde
(1844-1848)

Dresde era la «Florencia del Norte»: un decorado barroco y anticuado, bañado por el Elba. La residencia de los hermanos Boisserée —con la ayuda prestada a principios de siglo por Clemens Brentano, que adquiría obras de arte religioso en las subastas organizadas en las iglesias y abadías secularizadas por Napoleón, o a los vendedores de madera para quemar—, se había convertido en el núcleo de los grandes museos alemanes. Cuando el doctor Carus residía allí, Dresde ya vivía del recuerdo de su glorioso pasado, rememorando los tiempos en que los poetas románticos y los intelectuales de paso excitaban los espíritus. Casi veinte años después, Dresde no había cambiado de actitud; sin embargo, como su curiosidad no se había abierto a nada nuevo, este apego a su memoria podía interpretarse como una postura tradicionalista, y el hecho de que se contentara con ello, como una cierta somnolencia. La corte y la burguesía reflejaban esta imagen, y sus principios se alzaban como murallas protectoras de la capital sajona. Se apreciaba mucho la pintura, y lo mismo sucedía con la literatura, con tal de que no fuese demasiado subversiva. Pero ¿y la música tras la marcha de Carl Maria von Weber? (Su cuerpo acaba de ser repatriado desde Londres e inhumado en el panteón familiar de Dresde.)

«¡Para la música —exclamó Clara cuando llegó—, Dresde es como un pueblo!... En cuanto a sus habitantes, están anclados en el pasado.»

El director de la orquesta del teatro real era Reissiger, que entonces tenía cuarenta y seis años. Los Schumann le conocían bastante, pero no apreciaban demasiado sus cualidades como director (era perezoso), compositor (fecundo, pero sin talento) y autor de óperas (mediocre). En cuanto a la programación que proponía, rehusaba, por ejemplo, que se interpretaran las sinfonías de Beethoven, pues, al no tener mucha taquilla, podían ensombrecer su «concierto del domingo de Ramos, ofrecido en beneficio del Fondo de Pensiones».

A la cabeza del coro oficiaba Wilhelm Fischer, un anciano encantador, pero ya cansado. Sólo el intendente Von Lüttichau, bien que prudente burócrata, había hecho gala de cierta audacia en materia musical: tras la representación del *Rienzi,* había dirigido a Wagner una carta personal de felicitación y 300 táleros; al año siguiente, tras la representación de *El buque fantasma* en la que Wilhelmine Schroeder-Devrient había revelado su prodigioso talento dramático, le había ofrecido el puesto de *Hofkapellmeister* por 1500 táleros al año. Así pues, Richard Wagner estaba en Dresde cuando los Schumann llegaron. Tenía treinta y un años, y hacía más de uno que le decía a Schumann que viniera a vivir a esta ciudad donde se sentía tan aislado. Le había enviado las partituras de *Rienzi* y de *El buque fantasma,* chocando siempre con el silencio de Robert: había cometido el error imperdonable de detestar a Mendelssohn, suponiendo que era éste quien, por celos, impedía al principio a Schumann trasladarse a Dresde. En 1844, Wagner trabajaba en su *Tannhäuser,* cuyo tema había sacado de Heine, del *Fidèle Eckart* de Tieck, del *Turnoi des chanteurs* de Hoffmann y de las leyendas alemanas recopiladas por los hermanos Grimm: todas las fuentes en las que el propio Robert bebía. Aparte de esto, aparte de su común horror por las óperas de Meyerbeer —que causaban casi tanto furor en Alemania y Francia como las óperas italianas—, y aparte del hecho de que Wagner también era, aunque en menor medida, un compositor «intelectual», todo les separaba: el afecto de Robert por Mendelssohn —tanto más fuerte y sincero cuanto que iba acompañado de un juicio muy crítico de Schumann sobre la obra de éste—, unas concepciones de la dramaturgia totalmente opuestas y, sobre todo, una gran incompatibilidad de caracteres. De Wagner, Robert decía: «Es insoportable, no para de hablar ni un momento.» De Schumann, Richard decía: «Es insoportable, no dice ni una palabra, y uno no puede estar siempre hablando solo.» Sin duda, Robert hubiera solventado estas divergencias —apreciaba la inteligencia de Wagner, su erudición literaria y su «desmesurada audacia» en material musical—, pero la señora Schumann tenía otra visión del asunto. Como Bettina Brentano, Wagner, prolijo y orgulloso, la exasperaba al máximo. Su faceta de «señorita Wieck» volvió a salir a la luz, y contribuyó enormemente a impedir que estos dos genios, situados en las antípodas uno del otro, llegaran a mantener una relación más estrecha.

En esta sobria Dresde, los Schumann coincidieron con Ferdinand Hiller. Era un hombre mundano, frívolo, pero fiel y agradable. Les presentó a otros artistas de la ciudad: al pintor Bendemann, que conversaba con Robert sobre la obra de Alberto Durero y sobre las *madonne* de Rafael; al poeta Reinick, seis de cuyos poemas había incluido Robert en los *Lieder,* op. 36; al pintor Richter... A estas visitas de amigos recientes se añadieron las de los amigos de siempre: el matrimonio Carus, con el que volvieron a coincidir dieciséis años después del primer encuentro de Clara y Robert; Niels Gade, el sucesor de Mendelssohn en Leipzig; Reuter y el doctor Brendel; David, Liszt y el joven pianista de quince años Hans von Bülow; Wilhelmine Schroeder-Devrient, gran cantante wagneriana al mismo tiempo que intérprete insuperable de *El amor y la vida de una mujer,* y de la que se decía que era la única que llenaba el vacío dejado en 1836 por la muerte de la Malibran.

Clara recibía sin interrupción a todos estos amigos, en medio de los ensayos de los conciertos, los paseos con Robert por unas tierras de insuperable belleza, los niños, su embarazo, y los cuidados que debía prodigar a Schumann, que había llegado a Dresde en un estado lamentable.

«En cuanto se entregaba a una ocupación intelectual —dijo el doctor Helbig, su médico—, era presa de temblores, fatigas y frío en los pies. Le sobrevenía una angustia acompañada de un especial temor por la muerte y, sobre todo, de la fobia por las altas montañas, por las casas altas, por todo tipo de objetos metálicos, incluso las llaves, y por todos aquellos remedios y pócimas. También padecía insomnio. Hacia las dos de la madrugada era cuando se sentía peor. Como analizaba todas las recetas médicas hasta que descubría algún motivo para no tomarse los remedios prescritos, le obligué a darse duchas frías, que mejoraron su estado hasta el punto de permitirle volver a dedicarse a su habitual y única preocupación: la música. Yo ya había tratado una serie de casos análogos, en particular con contables, constantemente ocupados en una única y exclusiva tarea (por ejemplo, las sumas), y ello me inclinó a aconsejarle, al menos provisionalmente, que para mantenerse ocupado y distraerse realizara un trabajo intelectual que no tuviera relación con la música. El mismo escogió primero la historia natural, luego la física, etc. Pero al cabo de uno o dos días, lo abandonaba todo y, dondequiera que fuese, se replegaba en sí mismo y reincidía en sus ‘pensamientos musicales’». Clara lo expresaba diciendo: «Ya no es más que música, pero yo le quiero tal como es.»

El 11 de marzo de 1845, a las siete, dio a luz a Julia.

Robert le llevó flores por valor de ocho groschen y la *Segunda Fuga en re menor sobre el nombre de Bach,* del op. 60; tres días más tarde, la *Tercera Fuga en re menor;* al día siguiente, la *Cuarta Fuga en fa mayor* y la medalla del rey de Prusia que acababa de serle otorgada. El día 30, Clara estaba levantada y daba un paseo; el 31, recibía su asignación semanal, y Robert anotaba en su libreta de notas: «El Elba aterrador. Descenso de la cruz.» Unos días más tarde, Clara se sentaba al piano e interpretaba la producción de Schumann del año 1845, que tantas crisis, alucinaciones y noches de insomnio le había costado: los *Estudios para piano,* op. 56 y 58; las *Seis Fugas para órgano sobre el nombre de Bach,* las *Cuatro Fugas para piano,* op. 72 —todas ellas, obras de las que él mismo dijo que habían sido compuestas «inconscientemente, por sí mismas, sin reflexionar»—; y, por último, el *Concierto para piano,* op. 54, empezado durante el primer año de su matrimonio y que hizo llorar de alegría a su dulce Clara: «Es un auténtico presente del Cielo», le dijo ella. En junio, Julia tenía tres meses y Clara estaba otra vez embarazada.

El 8 de febrero de 1846 dio a luz a su primer hijo: Emil. «Los niños son una bendición, nunca tendremos bastantes», exclamó el feliz padre. La maternidad de Clara le resultaba muy conveniente, pues la obligaba a permanecer junto a él. Robert se encontraba mejor. «Las fanfarrias de bombo y trompetas en do», que le habían resonado en la cabeza hasta el punto de impedirle dormir durante el invierno de 1845 a 1846 y principios de la primavera, acababan de materializarse en la partitura de su *Segunda sinfonía en do mayor,* op. 61.

El domingo de Ramos asistieron a la audición de la *Novena* de Beethoven, que Richard Wagner dirigía en Dresde, en presencia de aficionados, profesionales, directores de orquesta venidos de Leipzig, Freiberg y toda Sajonia, para escuchar la obra resucitada. Y los Schumann se fueron a pasar el verano a Maxen.

Clara tenía veintiséis años, cuatro hijos, un activo de algunas composiciones que ella misma juzgaba «inocentes, de una sensiblería femenina», un marido del que debía ocuparse sin descanso —haciendo de madre, cuidándole, animándole, aunque no consiguiera entenderle ni evaluar la gravedad de su estado—, y se sentía devorada por el constante deseo de tocar en público. Durante las vacaciones familiares preparó sus actuaciones en Viena, arguyendo, para convencer a Robert, que tenían dificultades económicas y, sobre todo, que debía presentar en Austria la obra de su marido. Primero, se trasladaron de casa. De la Seegasse al número 20 de la Reitbahngasse, «a una vivienda nítida, en la que entraba el sol». El 23 de noviembre de 1846, a las seis de la mañana, partieron con María, que entonces tenía cinco años, y Elisa, que tenía tres. Julia y Emil se habían quedado en Dresde bajo los cuidados de la niñera. Llegaron cuatro días después. Pensando en sus hijas mayores, Clara escribió: «Recordad aquella época lejana: el carillón de San Esteban, el bastión, la casa Pascherbe con Elisa y su hermana Emilia, donde tantos motivos teníais para encontraros a gusto; a Fanny, vuestra niñera; a Ignacia, nuestra sirvienta; al señor Fishof; al señor Like; a Hanslick (crítico musical), que tantos regalos os hacía; en fin, a Jenny Lind, que os acunó con cariño sobre sus rodillas.»

Sin embargo, en aquellos momentos Viena se encontraba más que nunca instalada bajo la enseña rossiniana, y Clara Schumann ya no tenía el encanto de los niños, de los adolescentes prodigio. Su manera de tocar, bajo la influencia de Robert, había seguido madurando, se había interiorizado aún más. Clara se había convertido en una profesional de la música. Por otra parte, las composiciones de Robert Schumann encontraban serias dificultades para penetrar en los oídos viciados por los *Valses* de Strauss, las frivolidades italianas y los repertorios de los virtuosos, como los que antaño programara Wieck para su hija. «Demasiado serio», exclamaron, al igual que los burgueses y aristócratas de Dresde, los vieneses retrógrados. Los tres primeros conciertos apenas cubrieron los gastos. El cuarto fue un éxito. Pero allí estaba Jenny Lind, el «ruiseñor sueco». Tenía veintisiete años, era tan bonita como buena actriz, y electrizaba a las masas con su extraordinaria voz. Había reunido para la pareja Schumann a un público selecto, entre el cual se encontraban Grillparzer, que asistió más por Clara que por Robert, cuya música no le gustaba; el crítico Hanslick, tan temible como Schumann, pero incondicional al compositor sajón; y el poeta visionario Eichendorff, que entonces tenía cincuenta y ocho años y a quien Schumann había incluido en el ciclo de los *Liederkreis,* op. 39, del año 1840.

«¡Un único y celestial don divino! ¡Un alma pura y auténticamente artística! ¡Cómo recrea en un instante todo lo que dice, cómo lo convierte en un todo y alcanza siempre la verdad! ¡Cuánto expresa en tan pocas palabras! En resumen, sin duda, nunca he amado en tan pocas palabras! En resumen, sin duda, nunca he amado y admirado a un ser femenino como a Jenny Lind... La velada en Altona fue realmente divina. La sala, un público delirante de entusiasmo, el canto divino, mi interpretación (que tampoco estuvo mal), las maravillosas obras de Robert..., en una palabra, no faltaba nada en un conjunto tan bello. También me sentí contenta porque, frente al público, no me situé, en calidad de artista, como rival de Jenny Lind, y sin embargo, al igual que ella, recibí aplausos entusiastas. Eso me incitó a poner en absoluta tensión toda mi fuerza espiritual e intelectual... Quizá deberíamos sugerir a Jenny Lind que sólo cantara lo que es digno de ella, y que se alejara de toda esa música de pacotilla de Meyerbeer, Bellini, Donizetti, etc.» Clara Schumann había cambiado mucho. No era la misma que cinco años atrás escribía a Robert: «Amarás a Bellini en mí...» Robert lo había aceptado, pero con la condición de que Clara amara a

Bach en él. A la larga, Bach había suplantado a Bellini. En cuanto a Meyerbeer, resultó inevitable que se encontraran frente a frente con él, a la salida de un concierto... Saludos corteses por ambas partes. Friedrich Wieck habría estado encantado.

«Recordad aquella época lejana... —escribía entonces Clara—. En Brünn, María vio por primera vez un teatro; y otro en Praga... Praga, donde la excelente cocina del albergue *El caballo negro* parecía gustaros mucho...»

Así pues, los Schumann partieron hacia Praga. Llegaron a finales del mes de enero. Tieck había vivido allí. Carl Maria von Weber había sido director de la orquesta de la Ópera. Brentano le había dedicado su gran drama *La fundación de Praga,* en el que Grillparzer se había inspirado para escribir *La tragedia de Libussa.* Pero, a diferencia de Viena y Dresde, la ciudad de las cien torres permanecía febril, efervescente: reservó a los Schumann una acogida calurosa e incluso triunfal. Sin embargo, ni la presencia de Jenny Lind en Viena, ni la cocina y la hospitalidad de Praga, ni, por una vez, los intentos de apaciguamiento de Robert, que atravesaba un largo período de recuperación, consiguieron calmar a Clara. No digería el fracaso de los tres primeros conciertos de Viena. La «dulce Clara» de Robert Schumann era presa de una rabia sin medida. De nuevo en Dresde, sólo tuvo tiempo de deshacer las maletas, constatar que Emil estaba muy enfermo, dejar a su hija mayor en manos de su hermanastra María Wieck, para que empezara sus estudios de piano, y hacer de nuevo las maletas. Clara volvió a marcharse, esta vez a Berlín, donde hablaba de querer instalarse. En realidad, esperaba que la capital de Prusia la vengara de la capital de Austria. Perdió la apuesta. *El paraíso y la Peri* tuvo una ejecución mediocre y un éxito más que moderado. Clara no recibió los aplausos esperados. Berlín estaba en ebullición, pero por otras razones.

Desde su acceso al poder en 1844, Federico Guillermo

IV, brillante orador, sensible e inteligente, había abierto nuevas perspectivas en Prusia, en toda Alemania, cuyo nacionalismo se había despertado con la movilización de las tropas francesas sobre la frontera prusiana decidida por Thiers. Federico Guillermo IV había llevado a Berlín a Tieck, Rückert, Friedrich de La Motte-Fouqué, el pintor Cornelius y el filósofo Schelling. Había devuelto al «poeta armado» Arndt su cátedra en la universidad, y nombrado profesor a Bonn Dahlman, que había sido expulsado de la universidad de Göttingen al mismo tiempo que los hermanos Grimm, por motivos políticos. El cuñado de Clemens Brentano, Savigny, era ministro. Los liberales tenían grandes esperanzas. Pero Federico Guillermo IV, incitado por los gentilhombres entre los que Bismarck empezaba a destacar, se negaba a compartir el poder y a romper sus relaciones con Austria. Quería que el pueblo le amara, pero permitía que el incremento del paro fuera acompañado de un descenso de los salarios. A la crisis económica causada por la dificultad de adaptación de un artesanado enfrentado al veloz proceso de industrialización, principalmente en Ruhr, se añadía una crisis política: liberales y radicales defendían las instituciones democráticas legadas por Francia, contra las tendencias centralizadoras y absolutistas de un gobierno prusiano con espíritu luterano y feudal. Se añadía tambíen una crisis ideológica: *La esencia del cristianismo* de Feuerbach acababa de ser publicada, y en toda la Confederación germánica florecía la doctrina de un «verdadero socialismo». Karl Marx había sido expulsado de Prusia a causa de los escritos publicados en la *Gaceta renana,* y poco después, en 1845, lo era también de Francia a petición del gobierno prusiano; aportaba las últimas correcciones del *Manifiesto comunista,* escrito en Bruselas en colaboración con Engels. En Baden, los liberales, vencedores en las elecciones de 1846, reclamaban la formación de un parlamento alemán. En Offenburg, un grupo radical exigía la supresión de todas las leyes represivas de 1812 y 1832. Heinrich Heine había conmemorado la represión ejercida en 1844 sobre los obreros textiles sublevados. Bettina Brentano dirigía a Federico Guillermo IV, en persona, unas cartas en las que le reclamaba una mayor justicia social. Wilhelmine Schroeder-Devrient tenía una divisa: «Todo para el pueblo, nada para el Kaiser.» En Munich, Luis I de Baviera, que reinaba desde hacía más de treinta años, se veía en la disyuntiva de separarse de Lola Montes o abdicar.

En toda Alemania, en toda Prusia, la exaltación liberal había alcanzado su punto álgido, y Berlín se estremecía de esperanza y miedo, aunque no por Clara Schumann y las obras de su marido. Clara había encontrado allí a su vieja amiga Pauline García —convertida en Pauline Viardot—, en cuya casa de París había vivido y que había sido cómplice de los inicios de sus amores con Robert. Pero Pauline Viardot, cantante, hermana de la Malibran, prefería... ¡Meyerbeer a Schumann! Clara y Robert regresaron a Dresde en marzo. No se establecerían en Berlín. Tampoco podían esperar nada de Dresde. Así pues, el exterior no les ofrecía nada. Fue en su «paraíso íntimo» donde encontraron la riqueza, en el amor que se profesaban y en el que sentían por sus hijos, así como en sus propios recursos: Clara volvió a su piano, a las sesiones de análisis de partituras y a los estudios de contrapunto; se dedicó de nuevo a componer. Robert regresó a su habitación. La presencia en Dresde de Wagner, a quien no podía dejar el título de representante exclusivo de la ópera alemana, y la ambición que Clara alimentaba por él, habían hecho revivir un sueño que acariciaba desde hacía mucho tiempo: escribir una ópera alemana.

Había trabajado en profundidad a Shakespeare, Hoffmann y Andersen. Se había detenido en *Bajazet* de Racine, en *El siervo fiel* de Grillparzer, en *Wilhelm Meister* de Goethe, en *La Odisea,* e incluso en las cartas de Cicerón. Acudía a Byron, a Calderón, a la Biblia, a los clásicos, a toda la literatura alemana desde Immermann hasta Hebbel, y fue finalmente en la *Genoveva* de Hebbel donde se detuvo. El poeta Reinick se la había descubierto, y con él empezó a trabajar la redacción del libreto. El 5 de abril, Schumann acabó la obertura. En mayo, decidió que Reinick era un versificador mortecino y se convirtió, como Wagner, en su propio libretista. El hecho de ser un escritor ocasional le hizo sentir, sin duda, la necesidad de componer. Clara tendría tríos. Entre todas las cualidades artísticas de las que ella debía hacer gala, como solista, concertista e intérprete de música de cámara, era en esta última disciplina donde destacaba como la mejor.

El 16 de junio se sumergió en el trabajo. Clara se sentía inmensamente feliz. La semana siguiente, en la noche del 21 al 22, a las dos y media de la madrugada, Emil Schumann moría. Tenía dieciocho meses. Pocos días después, tuvieron que ir a Zwickau, donde se celebraba un festival de las obras de Schumann, e inclinarse sin vacilar ante el público, que aclamaba a la pareja Clara-Robert, Robert-Clara, indisoluble, unida, enamorada. El *Trío en re menor,* de corte clásico aunque ligero, tan mágico y maravilloso como las historias contadas en la infancia, figuró entre los regalos ofrecidos a Clara en su veintiocho cumpleaños. Estaba embarazada. Robert había empezado un segundo *Trío en fa mayor,* más doloroso, más atormentado. En octubre lo acabó. «Amo apasionadamente este trío», dijo Clara. Al mismo tiempo, escribía su libreto, estudiando las partituras de la Ópera real, a la que Von Lüttichau le había negado la entrada gratuita. Ferdinand Hiller, a quien habían ofrecido un cargo en Düsseldorf, le cedió la dirección de la coral Liedertafel. Desde el desengaño de Viena, era Robert quien animaba a Clara. Estaba enormemente afectada por la muerte de su hijo, al que había dejado estando enfermo para ir a Berlín. Este cambio de papeles tuvo, sin embargo, una breve duración. Cuando Robert se encontraba en pleno período de recuperación, la muerte súbita de Mendelssohn, el 4 de noviembre de 1847, le causó un gran impacto. De inmediato se reintegró al trabajo, dedicándose a la música de su ópera *Genoveva* y fundando su propia sociedad coral. El repertorio incluía a Palestrina, Bach, y la *Missa solemnis* de Beethoven. Clara sentía una gran alegría. Nunca había llegado a entender cómo Robert no había sabido ser ni un buen profesor ni un buen director. Su total carencia de autoridad la dejaba desconcertada, la contrariaba enormemente, ya que Friedrick Wieck no la había acostumbrado a este tipo de «defectos». Ahora podía estar satisfecha: animada por ella, Robert había fundado esta coral y la dirigía de maravilla. Recuperaba la fe en sí mismo.

«Mi Chorgesangverein me proporciona una gran satisfacción —le escribió a Ferdinand Hiller, tras haber cedido la dirección de la Liedertafel a otro músico—. Ahora tengo entre sesenta y setenta miembros, y puedo hacer escuchar lo que se me antoje... Te sigo estando muy agradecido por la oportunidad que me diste al encomendarme la dirección de la Liedertafel, que me devolvió la confianza en mis fuerzas, siempre con tendencia a caer en una hipocondría nerviosa. Ahora me encuentro muy a gusto ejerciendo mis funciones de director...»

Sin embargo, éstos serían los únicos momentos buenos de Dresde. Les había decepcionado tanto esta ciudad, se habían aislado tanto —hasta el punto de buscar en las afueras los parajes menos frecuentados para dar sus paseos—, que se acusó a Clara de haber recluido a Robert y provocar que se encerrara en sí mismo, en sus sueños y sus composiciones, de haber hecho que se volviera más reservado que nunca, apartándolo de cualquier preocupación material o de orden práctico: a fin de cuentas, la verdad. El hijo de Carl Maria von Weber, que veía a menudo a Schumann en Dresde, contó que siempre estaba «sentado, con la mano en el asa de la jarra de cerveza.

Completamente sumido en sus pensamientos, parecía estar silbando con suavidad un aire ajeno a él, sin que se oyera salir el menor sonido de sus labios. Respetábamos el aislamiento deseado de este genio, en gran parte por consideración y también, en menor medida, por temor: los intentos por devolverle al tren de la existencia habían sido brutalmente rechazados. A veces lo intentábamos de nuevo, cuando algún acontencimiento artístico permitía esperar que el maestro se interesara en él.»

Con todo, esta descripción no difería demasiado de la que hubiera podido hacerse del Schumann de veinte años.

5
Las barricadas y Richard Wagner
(1848-1850)

El 20 de enero de 1848 Clara daba a luz a su quinto hijo. En febrero, la revolución estallaba en París y, como en 1830, se extendía rápidamente, apoderándose de Austria, Italia, Prusia y Alemania. En Munich, Luis I de Baviera, prefiriendo los encantos de Lola Montes al ejercicio del poder en este período de conflictos, abdicaba en favor de su hijo. En Dresde, el rey de Sajonia se vio obligado a abandonar su viejo gobierno en favor de un gabinete más liberal. Por doquier, en Baden, Württemberg, Hesse-Darmstadt, Nassau, las manifestaciones alcanzaron tal amplitud que la libertad de prensa y la de reunión y asociación fueron concedidas. Se crearon periódicos y se constituyó una guardia nacional. El parlamento elegido en Frankfurt izó la bandera roja, negra y oro, colores de los adeptos al nuevo régimen que ya el año anterior enarbolaban, desafiantes, liberales como Richard Wagner o el joven Hans von Bülow. Sin embargo, al no haber obtenido la izquierda ningún logro de tipo social, la agitación continuó. La burguesía, desesperada por las exigencias y la fuerza de los demócratas, se refugió espontáneamente en el rey de Prusia, quien, a su vez, se apoyó en los partidos reaccionarios. Supresión de la guardia nacional, proclamación del estado de sitio, exilio en Brandeburgo del Parlamento de Frankfurt, y posterior disolución de esta asamblea, a los ocho meses escasos de su creación; en una palabra, un retroceso. El invierno de 1848 a 1849 fue una «época loca» para Alemania. Mientras Clara atacaba la indiferencia de sus amigos, los Bendeman, que no tomaban partido, y tocaba un día para los mineros sajones y al siguiente para los polacos sublevados, proclamando su solidaridad con los liberales, mientras Wilhelmine Schroeder-Devrient arengaba a las masas revolucionarias desde lo alto de su balcón en Dresde, Wagner se lanzaba a la acción. La dirección del teatro le había dado «vacaciones» para sustituirle por Reissiger, tan timorato en política como en música. *Rienzi* había sido retirada de cartel; después, todas sus obras fueron prohibidas en Dresde. Tras una breve estancia en Weimar junto a Liszt, Richard Wagner regresó a Dresde, a pesar de que en esta ciudad se le había declarado indeseable. Pero allí estaba Bakunin, el revolucionario ruso, colosal, charlatán y políglota, completamente desnacionalizado: una personalidad que Richard Wagner no podía dejar de conocer, y que hizo saltar el polvorín en la capital sajona.

El jueves 3 de mayo en 1849, Clara Schumann relató: «Estábamos dando un paseo, embriagados de la divina naturaleza, sin sospechar lo que se preparaba en la ciudad en aquellos momentos. Hacía una hora y media que habíamos regresado a casa, cuando tocaron generala y todos los campanarios dieron la alarma...». En el Mercado Viejo, Wagner se encontraba con Schroeder-Devrient, trastornada por la violencia de la represión en Berlín. «... Enseguida empezamos a oír los disparos... El viernes, al llegar a la ciudad, nos encontramos todas las calles cubiertas de barricadas, en las que hombres armados con guadañas resistían el ataque, y que los republicanos se apresuraban en volver a levantar. Reinaba una total anarquía: las esclusas habían sido abiertas y el pavimento de las calles estaba levantado...» El rey había huido de noche a la fortaleza de Koenigstein. El gabinete había huido y también la Corte. En el ayuntamiento, sede de la insurrección, el concejo, constituido en gobierno provisional, se ocupaba de distribuir los carteles realizados bajo la égida de Richard Wagner y sus amigos, y destinados a los soldados sajones: «¿Estáis con nosotros —los insurrectos—, contra las tropas extranjeras?» En aquel momento, las dos divisiones de soldados prusianos se encontraban movilizadas en las fronteras de Sajonia. Se firmó un armisticio. Bakunin se reía: revolución de chiquillos. Después, las tropas tomaron la ofensiva.

«... Paseando por las calles, tuvimos la atroz visión de catorce muertos espantosamente mutilados, que yacían en el patio del hospital a la vista de la multitud... El día y la noche que siguieron se desarrollaron en calma. Las barricadas se elevaban como auténticas fortalezas. La tensión estaba en su paroxismo, como si aquello sólo pudiera acabar con sangre...»

El 5 de mayo por la mañana, los prusianos entraron en la ciudad. El cielo estaba azul. Sonaba el toque de alarma.

«...¡Horrible mañana! Se formó una guardia de seguridad en la que intentaron enrolar a Robert. Dos veces ordené decir que no estaba allí, pero la gente amenazaba con entrar a buscarle. Huimos con María por la puerta del jardín, en dirección a la estación de Bohemia. Allí había hombres armados con guadañas para impedir que nadie se llevara armas. Llegamos a Mügeln en una hora. Lamentaba que al menos Elisa no hubiera venido con nosotros. Pero nos habíamos ido... y los niños ya no podían acompañarnos. Robert pensaba que por la noche estaríamos de vuelta. Yo no confiaba en ello, sobre todo desde que había visto que el combate empezaba y que, en la ciudad, la agitación iba en aumento. Mi tormento fue espantoso durante todo el día: oíamos los cañonazos. ¡Y los niños se habían quedado en la ciudad! Por la noche, decidí ir a buscarles. Pero era demasiado tarde, y nadie quiso acompañarme. Robert tampoco podía: circulaba el rumor de que los insurrectos buscaban por los alrededores de la ciudad a todos los hombres en estado de empuñar las armas, y les obligaban a tomar parte en el combate.»

Al día siguiente, los mineros de Erzgebirge llegaron en columna, decididos y armados, para ayudar a los insurrectos de Dresde. Tenían cuatro cañones, y desfilaron ante el Ayuntamiento. A las once, las llamas surgían de la vieja Ópera donde Richard Wagner había dirigido de manera tan brillante la *Novena* de Beethoven. La insurrección entró entonces en su última fase. Los soldados procedieron metódicamente, casa por casa. Sembraron el terror y el horror, de un modo progresivo. Clara Schumann, embarazada de siete meses, regresó a Dresde para buscar a sus hijos. Dejó en Keischa a «su» Robert, afectado por la violencia y de luto por su último hermano, Karl Schumann, que acababa de morir.

«... Me fui el lunes a las tres, con la hija del pastor. Fue un viaje espantoso. Temía no poder volver a salir de la ciudad. Llegamos bajo el continuo rugir de los cañones. De pronto, vimos que se acercaban hacia nosotras unos cuarenta hombres armados con guadañas... Pasamos entre ellos con calma... y llegamos sin más incidentes a la calle Manège, donde todas las puertas cocheras estaban cerradas. Era horrible: aquí, un silencio de muerte, y en la ciudad aquel tiroteo constante. Los niños todavía estaban dormidos. Se levantaron enseguida, recogieron algunas cosas y, una hora después, estábamos todos fuera de la ciudad, en pleno campo.

»... En los pueblos encontrábamos por todas partes gente que huía y contaba las atrocidades de la ciudad. El pueblo reaccionaba de manera admirable, jamás lo hubiera creído capaz de semejante valor ante tales acontecimientos. Los refuerzos llegaban continuamente a la ciudad..., pero el bando militar, por su parte, también era reforzado lo que no hacía más que incrementar la exasperación.

»El martes... el combate prosiguió sin interrupción en la ciudad... Aquí, no había más que aristócratas que trataban al pueblo de «chusma»... El miércoles, estuvimos toda la mañana viendo nubes de humo salir de la ciudad y pensamos que se había producido un bombardeo. A mediodía, nos dimos cuenta de que Dresde había sido evacuada por el pueblo, bajo la amenaza del bombardeo que intentaba iniciar el bando militar al no haber podido tomar las barricadas más importantes. Por la noche, hacia las dos, el gobierno provisional había iniciado la fuga con parte de las tropas, en dirección a Freiberg.

»El jueves oímos hablar de las atrocidades cometidas por el bando militar, que había matado a todos los insurrectos que había encontrado, y la dueña de la posada donde nos alojábamos nos contó que los soldados... habían obligado a su hermano a asistir a la ejecución de veintiséis estudiantes, fusilados uno tras otro... Habían obligado a los hombres a lanzarse por docenas a la calle, desde una altura de tres y cuatro pisos. Es espantoso ver semejantes cosas. ¿Deben luchar así los hombres para conquistar una pequeña parcela de libertad?...

»¿Cuándo llegarán los tiempos en que, por fin, todos los hombres tengan los mismos derechos? ¿Cómo es posible que la confianza en los nobles pueda estar tan arraigada desde hace tanto tiempo?...

»... Hemos regresado a la ciudad... Resulta imposible ofrecer una imagen de semejante devastación. Se ven miles de impactos de bala en las casas, fachadas enteras derruidas, la vieja Ópera totalmente destruida por el incendio, lo mismo que tres bonitos hoteles. En una palabra, es horrible en el exterior, y no lo es menos en el interior. Las paredes fueron perforadas para que los insurrectos pudieran pasar de una casa a otra. ¡Cuántos inocentes han perecido así, víctimas de las balas, en su propia habitación!

»La iglesia de Nuestra Señora está llena de prisioneros cuyo número supera ya los quinientos. El director de orquesta Richard Wagner también debe haber desempeñado algún papel entre los partidarios republicanos: pronunció un discurso desde uno de los balcones del ayuntamiento, hizo levantar las barricadas según sus consejos, y muchas más cosas...»

... Y tantas cosas más, como que dictaron una orden de arresto contra él. A diferencia de Bakunin, él pudo huir. Antes de refugiarse en Suiza, pasó por Weimar. Allí se ensayaba su *Lohengrin.* Liszt dirigía. Sin batuta. Sin partitura. Se había instalado en la ciudad de Goethe dos años antes, al mismo tiempo que Hans Christian Andersen. Vivía con la princesa Seyn-Wittgensrière, bajo la protección de la anciana gran duquesa María Pavlovna, hermana del zar Nicolás I, mientras en París, la madre de su hijos, Marie d'Agoult, se convertía en la historiadora de la revolución de 1848. Liszt tenía treinta y siete años. Para él, había llegado el momento de «romper la crisálida de virtuoso y dejar volar las ideas» de compositor, como había escrito al gran duque Carlos Alejandro de Sajonia. Se había hecho cargo de la dirección musical y la orquesta de Altenburg, y hacía interpretar las obras de sus contemporáneos. Había discutido con los Schumann. Nada importante: una mueca al escuchar el último movimiento del *Quinteto* de Robert, una reflexión sobre Mendelssohn al ser juzgado éste «inferior a Meyerbeer», sus retrasos cuando le esperaban, su faceta brillante, de niño mimado..., en fin, una acumulación de detalles que había provocado el furor de Clara, más que el de su marido. Ella había soportado, incluso admirado a Liszt, cuando era un pianista virtuoso y, sin embargo, su rival. Desde que era más conocido como compositor y director, desde que se había convertido en rival de «su» Robert ya no le soportaba. Berlioz, Wagner y ahora Liszt. Incluso con Mendelssohn, en los últimos tiempos, se habían enfriado las relaciones, a pesar de la admiración y la devoción de Schumann. Pero Liszt era un caballero: interpretó en Weimar la tercera parte de las *Escenas de Fausto* de Robert, y los dos músicos se reconciliaron, haciendo caso omiso de los cambios de humor celosos de la «señorita Wieck».

El 16 de julio de 1849, en un Dresde al fin en calma, Clara dio a luz a su sexto hijo: Paul-Ferdinand. En cuanto a Robert, que había sido llevado de la pequeña habitación de la calle Manège a la pequeña habitación del albergue de Kreischa, donde ni siquiera tenía piano, y de nuevo a la pequeña habitación de la calle Manège, no había hecho más que componer sin descanso. El «año fecundo» 1849 finalizaba con veinte obras nuevas: apenas acababa su *Genoveva,* leyó el *Manfredo* de Byron y puso música a este extenso poema dramático. Hebbel, Rückert, otra vez Byron, Kerner, Uhland, le proporcionaron una fuente de inspiración para nuevos lieder y romanzas. La insurrección de Dresde le inspiró cantos libertarios y marchas, pero también obras apacibles, respecto a las que Clara expresaba su asombro en estos términos: «Me resulta extraño que los horrores externos despierten en Robert sentimientos poéticos tan radicalmente opuestos en apariencia a todo eso. Un soplo de pura serenidad recorre estos lieder. Para mí, todo adquiere el aspecto de la primavera, risueño como las flores.» Fue también el año de los *Lieder para la juventud,* de la redacción —en colaboración con Clara— del *Pequeño libro para nuestros hijos,* de los *Consejos a los jóvenes músicos* y del *Álbum para la juventud,* ilustrado por el pintor Richter— conjunto de piezas para piano tan sencillas como hermosas y que, dijo, «germinaron en el círculo familiar. Compuse los primeros fragmentos del álbum para el aniversario de nuestra hija mayor; después surgió un fragmento tras otro... en la más acertada disposición musical» y, sin duda, en momentos en que gozaba de la tranquilidad de la vida familiar. ¡Veinte nuevos números de opus, y el *Réquiem por Mignon,* basado en el *Wilhelm Meister* de Goethe, cuatro escenas de *Fausto* para orquesta, coros y melodías!

Pero Dresde, después de la insurrección, le resultaba insoportable. Y Schumann, por su parte, comenzaba a perder la esperanza no sólo de superar sus males, sino de dominarlos.

«Dresde, 3 de diciembre de 1849.

»Querido Hiller,

»Mi cabeza me ha hecho sufrir tanto estos últimos tiempos, que me ha resultado imposible no sólo trabajar, sino incluso pensar. De ahí mi enorme retraso en contestarte. Tu carta, todo lo que me escribes, me provoca el deseo cada vez más vivo de ir a Düsseldorf. Ten, pues, la bondad de decirme cuándo estarían dispuestos los miembros del Comité a considerar mi respuesta definitiva...

»Otra cuestión. En un viejo libro de geografía, donde recientemente buscaba algunos detalles acerca de Düsseldorf, he leído que la ciudad poseía, entre otros establecimientos, tres conventos y un manicomio. Los primeros no me preocupan, pero ese manicomio me ha resultado muy desagradable... Es preciso que me esmere en evitar toda impresión melancólica de este tipo...

»Como te he dicho, este año he compuesto mucho. HAY QUE CREAR MIENTRAS SEA DE DÍA.»

Con estas palabras terminaba su carta, confiando así a su amigo Ferdinand Hiller lo que nunca había compartido con Clara.

Hiller, a quien le habían ofrecido un cargo en Colonia, proponía a Schumann que le sucediera en calidad de director de conciertos de Düsseldorf. Robert se reservó la respuesta a la espera de ser nombrado en Dresde, en sustitución de Wagner, que, exiliado en Suiza, continuaba teniendo prohibida la entrada en Alemania. A principios de 1850, Clara volvió a sentirse dominada por el deseo de tocar en público. Durante la gira, dijo, Robert reflexionaría. Dirección: Hamburgo. Un éxito. Se vieron tan acosados, tan solicitados por conciertos e invitaciones, que no abrieron el paquete depositado en el umbral de su puerta por un joven. Se lo volvieron a enviar. El paquete contenía las primeras composiciones de aquel adolescente de Hamburgo que firmaba «el joven Jo. Kreisler». Tras este seudónimo se ocultaba el nombre de Johannes Brahms, a quien la pianista Louisa Japha acababa de descubrir la música de Schumann.

En Bremen, la acogida fue decepcionante, salvo en el caso del primer concierto, en el que cantó Jenny Lind. El 31 de marzo, Clara anotó en su diario: «No nos quedaremos en Dresde por nada del mundo. Allí nos aburrimos enormemente. ¡Todo tiene un aire tan anticuado! ¡No se ve un solo hombre inteligente por la calle: todos tienen aspecto de tenderos! ¡No hay ni un solo músico!». Dos meses después, *Genoveva* se estrenó en Leipzig. Allí, la ópera no obtuvo más que un éxito de prestigio, provocando de nuevo el furor de Clara, a pesar de las consideraciones de Schumann sobre... las apreciaciones del público y la crítica. Para él, todo aquello no eran más que «contingencias». Al mismo tiempo, en Weimar, Liszt ponía en escena el *Lohengrin,* en presencia de Hans von Bülow —al que estaba convirtiendo en un gran, excelente pianista—, de Gérard de Nerval y de... Meyerbeer. La ópera de Wagner fue un triunfo total. Su autor, que permanecía en Suiza, acababa de hacerse cargo de la dirección del teatro de Zurich.

El 1 de septiembre de 1850, los Schumann abandonaron Sajonia, donde siempre habían vivido, para instalarse en la Baja Renania con sus cinco hijos, de edades comprendidas entre los nueve años y los dieciséis meses.

6

El dios Rhin

(1850-1851)

Lunes, 2 de septiembre. «Hemos llegado a Düsseldorf, que, contra todo pronóstico, nos parece agradable, aunque se encuentre rodeada por una modesta cadena montañosa...»

Era una ciudad jardín, mucho más luminosa y soleada que cualquier otra conocida por los sajones, a no ser de que despertaran los recuerdos: de sus giras en el caso de Clara, o, en el de Robert, de su breve viaje a la vieja Alemania, que había contado en casa de los Carus. Era incluso una de las ciudades renanas más bellas. El comercio y la industria florecían, había un gran número de manufacturas, e imperaba una actividad a la vez burguesa e intelectual: antes de Hiller, Mendelssohn había dirigido la orquesta que Schumann tomó a su cargo al llegar; Heine era venerado como hijo de la ciudad.

«... Nos recibió el director de conciertos. El miércoles por la noche recibimos una gran sorpresa. Estábamos cenando en el hotel cuando, de pronto, escuchamos en la sala contigua la obertura del *Don Juan* de Mozart. No entendíamos qué podía suceder, pues el notario, al que nos habíamos encontrado allí por casualidad, no nos había dicho nada. Pues bien, era una serenata que la orquesta de la ciudad ofrecía a Robert, el cual resultó agradablemente sorprendido. Todos tocaron muy bien, y pensé que, en un breve plazo, Robert podría hacer cosas interesantes con esta orquesta.» Se trataba de una muestra reveladora de la alegría renana, tan calurosa, «francesa», decían, al igual que de Düsseldorf, en comparación con Munich, se decía que era el Montparnasse de Alemania.

El sábado siguiente, la señora Schumann estaba furiosa; «Descargamos los muebles... ¡Fue un día espantoso! De la mañana a la noche, durante seis horas, tuve que quedarme en casa. Apenas tuve tiempo de ponerme un vestido adecuado para ir a la fiesta, a la que llegamos extenuados. ¡Y los días siguientes fueron horribles! La agitación, los desconocidos que iban de un lado para otro, los obreros que no dejaban nada acabado, la inmensa casa que, para ser sinceros, carece de rincones agradables, las ventanas, tan grandes que uno parece estar sentado en mitad de la calle, y, para colmo, una cocinera que de buen grado podría ser su propia criada; en una palabra, todo concurría para provocar nuestro mal humor.

»Viernes 13. El día de mi cumpleaños fue totalmente desagradable. Me invadió un terrible desasosiego que, unido a otras cosas, me costó no pocas lágrimas. Me preocupaba en particular el enorme gasto que este traslado había supuesto para Robert, un gasto muy superior al que habíamos calculado.

»Nunca hasta entonces la cuestión económica me había atormentado en tan gran medida. A ello se añadía el hecho de que yo no ganaba nada. En resumen, para superar estos problemas, tendríamos que vivir momentos difíciles antes de que se convirtieran en un mal recuerdo.

»Los días siguientes todavía añadieron mayores preocupaciones domésticas. Tuve que despedir a la cocinera, que tenía unas pretensiones realmente excesivas. Pero lo peor era que Robert, a causa del constante ruido de la calle (el organillo, los gritos de los niños, los coches...), se sumía en un estado de extremo nerviosismo. Ya no podía hacer casi nada, y lo poco que hacía era el precio de una gran tensión espiritual. Yo estaba fuera de mí pues, después de tantos sacrificios, no podía ver a mi pobre Robert disponer de una maldita habitación mínimamente confortable. ¡Qué desgracia la nuestra! ¿No nos sacaría nadie de esta casa? ¿Por qué no me lo había advertido nadie?...»

En octubre, Clara seguía refunfuñando: «Las obligaciones domésticas me impiden tocar y Robert no puede hacer nada a causa del ruido...»

¿No podía hacer nada? ¿No tenía habitación? ¿Estaba irascible a causa del organillo y los niños de la calle, como el Johannes Kreisler de Hoffmann, que lanzaba vituperios contra los hijos de su vecino flautista, un trompa y los gatos del barrio? Aquel mismo mes, Robert depositaba sobre el atril del piano de Clara el *Concierto para violoncelo,* op. 129, y se apresuraba a volver al trabajo sin contarle a su mujer sus proyectos.

Y ella, ¿ya no podía tocar? Apenas llegados a la ciudad ofreció una presentación doble, primero ante un grupo restringido y luego en concierto, con Robert dirigiendo la orquesta de Düsseldorf. «Desde el momento en que entró en escena, Robert fue acogido con una ovación. La *Obertura,* op. 124, de Beethoven se desarrolló a la perfección. Ver a Robert dirigir con tanta tranquilidad, y a la vez con absoluta autoridad, me produjo un enorme placer. A continuación, interpretamos el encantador *Concierto en sol menor* del eternamente joven Mendelssohn. Yo también fui acogida con una ovación, que se repitió al acabar el concierto. Todo fue muy bien, y no recuerdo haber recibido aplausos tan unánimes. Era la primera vez que tocaba de memoria en público una obra con orquesta. ¿Recuperaré por fin la fuerza y el vigor de la juventud?... El lunes, organizamos un concierto en casa...». Y, como no pasaba un día «sin que desapareciera un poco de dinero», Clara salió en busca de alumnos, como en Dresde, y volvió a dedicar parte del día a sus estudios.

«Primero eran escalas que rompían como olas, creciendo y decreciendo en octavas, terceras, sextas, décimas, dobles terceras, a veces con una sola mano, mientras la otra tocaba acordes de acompañamiento. A continuación, todo tipo de arpegios, trinos, todo a un ritmo rápido, sin la menor interrupción, pasando en espléndidos acordes de una tonalidad a otra.» Estudiando así, Clara debía recordarle a Robert a su joven amigo Louis Schunke, del que había dicho: «Escucharle una hora trabajar una y otra vez, do re mi fa sol, es un placer». Luego, Clara empezaba con Bach, Beethoven, Chopin —fallecido el año anterior—, Schumann, por supuesto, Mendelssohn..., con los niños corriendo a su alrededor. En el atril no había partituras, salvo que hubiera pedido a sus hijas mayores que fueran a buscarle alguna para «verificar tal o cual detalle», sino un libro de poemas, su correspodencia, una novela... ¡También leía!

Superados los primeros incidentes domésticos, que habían provocado en Clara una cólera sin límite —y no tanto por ella misma como por «su» Robert—, la existencia reanudó su curso regular, ordenado.

«Nuestra casa era una cuna del arte —explicó María Schumann—, aunque aparentemente se pareciera bastante a una casa de simples burgueses... Antes de ir a clase, teníamos la costumbre de dar los buenos días a nuestro padre. Papá y mamá desayunaban solos. Volvíamos a verles durante la comida del mediodía, en la que a veces él hablaba con nosotros, si bien lo más frecuente era que permaneciera en silencio o hablara sólo con nuestra madre. Los dos nos inspiraban un temeroso respeto, de modo que, a pesar de nuestra indisciplina, jamás habríamos osado alzar la voz ante su presencia.

»Si en alguna ocasión mi madre se quejaba de nosotros, mi padre respondía invariablemente: 'No entiendo lo que quieres decir, estos niños son muy prudentes.'

»Después de comer regresábamos al colegio y volvíamos

a ver a nuestro padre por la noche, cuando había acabado de trabajar, a la hora del crepúsculo. Aquel era un momento maravilloso, pues se dedicaba por entero a nosotros. Cuando éramos muy pequeños, nos hacía saltar sobre sus rodillas recitándonos un breve poema, o jugaba con nosotros a un juego llamado «meter el pan en el horno», y que consistía en coger a uno de nosotros de las manos y hacer que se deslizara entre sus piernas abiertas. El largo batín forrado que vestía en casa añadía más encanto a este juego: nos servía de escondrijo. Nos escondíamos, salíamos gateando y volvíamos a empezar... Después, mi padre tenía la costumbre de pasar un rato en el casino, y a las ocho, los dos se sentaban a la mesa con los mayores... Después de cenar jugaban al dominó, y a los niños se nos permitía quedarnos. Lo que más nos gustaba era saltar detrás de mi madre, sentada en el sofá: a veces, nos dejaba soltarle los cabellos y jugar...

»Normalmente, antes de la comida mi padre daba un paseo de una hora en compañía de mi madre... Si ella no se encontraba bien, me dejaban que yo le acompañara... O bien se iba con alguno de los que nosotros llamábamos «jóvenes señores»: eran los músicos Ruppert, Becker, David, Von Wasielewski, Dietrich...»

Dos meses después de llegar a Düsseldorf, y uno después del *Concierto para violoncelo,* Robert le contó a Clara lo que estaba preparando en secreto: la *Sinfonía renana,* op. 97.

El 12 de noviembre de 1850, las fiestas de entronización al cardenalato del arzobispo Geissel, celebradas en la catedral de Colonia, le habían inspirado la cuarta parte de la sinfonía, titulada «acompañamiento para una ceremonia solemne». Pero ahora su «musa», a la que había conocido en Düsseldorf, era el Rhin, su «dios tutelar», tan amado y tan temido. Lo había visto por primera vez en 1829, y había realizado un extraño ceremonial: «Cerré los ojos para poder gozar, en lo más profundo del alma, de la primera mirada que depositaría sobre el viejo y majestuoso *Vater Rhein*. Cuando volví a abrirlos, el río se extendía ante mí, tranquilo, silencioso, sereno y orgulloso como un dios mitológico... Me dormí y soñé que me ahogaba en sus aguas». Después de que el propio Heine lo hubiera cantado, incluyó el poema en los *Liederkreis,* op. 24, del año 1840:

Montes y castillos se miran,
en las aguas claras del Rhin,
...
Como un saludo amistoso y prometedor,
el esplendor del río atrae hacia sus profundidades.
Pero yo lo conozco: brillante en la superficie,
esconde en el fondo la muerte y la noche.
Alegría exterior, perfidia interior...

A finales de invierno, Clara Schumann exclamaba: «Continúa asombrándome la capacidad creadora de Robert, constantemente renovada tanto en la melodía y la armonía como en la forma. Su obra sigue irremisiblemente su curso. Ha empezado de nuevo una *Obertura para Julio César.* La idea de escribir oberturas para las más bellas tragedias de Shakespeare le seduce de tal modo, que el genio de la música vuelve a invadirle.» Estaba trabajando en la *Obertura para la prometida de Messina,* op. 100, la segunda obra corta que escribía para la orquesta de Düsseldorf. Sin embargo, era más hábil componiendo en su habitación, vestido con el batín verde, que dirigiendo, pues la «absoluta autoridad» que tanta satisfacción había producido a Clara, y de la que había hecho gala al principio, enseguida le abandonó. Iba en contra de su naturaleza. Las dificultades empezaron a principios de 1850. «La obra que estaba componiendo le absorbía hasta tal punto, que se olvidaba de todo, de su entorno y de los músicos que se mantenían a la espera, con la mirada puesta en él», explicó Clara, que defendía siempre a Robert cuando se decía que sus últimas obras revelaban debilidades, signos de fatiga, o cuando se ponía en duda su talento como director de orquesta. En realidad, la dirección de orquesta no realzaba más que el profesorado la capacidad de Schumann. Lo que Mendelssohn había entendido, Clara no quería admitirlo. Le molestaba, como hija de Wieck que seguía siendo, la falta de disciplina de los renanos, sus habladurías, sus retrasos... por no hablar ya de sus ausencias. Pero la causa de todo estaba en Robert, en sus «distracciones», en su silencio, agravado al haberse decidido a admitir sus dificultades de elocución. Permanecía allí, ante el atril, soñador, a veces sorprendido y siempre más preocupado por los descubrimientos que por la técnica. Los músicos, desconcertados, abandonados a sí mismos, empezaron a descuidar los ensayos, a sabotear las veladas musicales. Con la administración, Schumann se mostró tan torpe como con la orquesta: unas veces abatido, otras irascible. ¿Migrañas, angustias, insomnios? La culpa la tenían los renanos, su carácter superficial, etc. Clara llevó de vacaciones a su genio, a su hijo, a su amor. Era julio de 1851 y acababa de poner punto final a *El peregrinaje de la rosa,* op. 112. Irían al sur de Alemania.

Un largo viaje. Llegaron hasta Baden-Baden, hasta la orilla del lago Léman. Clara estaba embarazada de cuatro meses y se mantenía tan decidida como siempre. Apenas regresaron, Robert volvió a centrar su atención en la composición: «olvidando su entorno», anotaba ella sin ni siquiera quejarse como en otros tiempos, al principio de su matrimonio, sin ni siquiera inquietarse (había en él algo que Clara no podía o no quería ni ver ni saber). El 15 de septiembre se encerró en su reducida habitación. El día 18 llevó una obra al grabador. El 25 la entregó a Clara y a Wasielewski para que la estudiaran: era la soberbia, conmovedora *Sonata para piano y violín,* op. 105. Siguió el

Tercer trío, op. 110, compuesto entre el 2 y el 9 de octubre —más extraño y angustioso que los tres mendelssohnianos primeros tríos—, y en noviembre la segunda *Sonata para piano y violín en re menor,* op. 121.

«¿Hay algo más maravilloso que un espíritu dotado de la capacidad de trabajar sin descanso? Me siento tan feliz de que el cielo me haya proporcionado el suficiente corazón y comprensión para entender a fondo semejante espíritu, semejante alma.

»A menudo, una angustia desgarradora se apodera de mí al pensar lo dichosa que soy en comparación con otras mujeres, y entonces pregunto al Cielo si no será eso demasiada felicidad. ¿Qué son las obligaciones que la vida material comporta, al lado de la alegría y las horas deliciosas que he vivido gracias al amor y a la obra de Robert?...»

Estaba agotado. Se había vuelto cada vez más ansioso, a causa de las crecientes dificultades que tenía con la orquesta y el Comité de conciertos. A Clara le faltaban dos meses para dar a luz por séptima vez, a sus treinta y dos años... Nada importaba. Viajaron a Bruselas, donde Schumann debía asistir, en calidad de miembro de un jurado, a un festival de canto coral. Y ella tocó. ¡Hacía tanto tiempo que no gozaba del aplauso unánime, y que el reconocimiento de las obras de su marido no le había colmado de felicidad! Amberes, Bruselas: triunfo. La acogida de los belgas, y más tarde la de los alemanes de Colonia y Bonn, vengaron a Clara de la que le habían dispensado vieneses y berlineses, tan fríos como retrógrados. Una visita de Liszt devolvió la serenidad a la pareja Schumann: al año siguiente, en Weimar, Liszt crearía *Manfredo.* Regresaron a Düsseldorf. Durante unos meses habían olvidado la orquesta, la angustia y los problemas económicos, cuyo espectro Clara agitaba para poder organizar sus giras y trabajar.

7

El adolescente de Hamburgo *(1851-1854)*

Sucedió durante las fiestas de Shadow, que se prolongaron hasta altas horas de la noche. Clara regresó precipitadamente a casa y, cuando Robert llegó, después de medianoche y ligeramente achispado, ella ya estaba acostada. A su lado había un recién nacido, su cuarta hija, a la que pusieron el nombre de Eugenia en honor de Eugenia de Montijo, emperatriz de Francia. Era el 1 de diciembre de 1851. Por Navidad, Clara recibió las *Fantasiestücke*, op. 111, para piano, y la orquesta de Dússeldorf la *Obertura de Hermann y Dorotea*.

Pero entre el Comité de conciertos de Düsseldorf y el *concertmeister* Schumann —postrado en su sillón de director y cuya facultad de expresión se hacía cada vez más confusa, hasta llegar a resultar a veces totalmente incomprensible—, el drama se incubaba inevitablemente. Alejado de la orquesta durante todo el invierno de 1851-1852 a causa de un «ataque de anemia cerebral», los músicos, los administradores y el propio público empezaron a habituarse a la dirección mucho más clara, regular y eficaz de Julius Tausch, que ya había ocupado el cargo en el ínterin entre Ferdinand Hiller y Schumann. Una dura crítica publicada en un periódico, y las protestas de varios miembros del Comité y de algunos espectadores, abonaron el terreno para urdir una auténtica intriga contra el director de orquesta. En marzo de 1852, la semana Schumann de Leipzig le concedió una tregua y le proporcionó un gran placer: Clara tocó con Liszt, así como con un joven violinista prodigiosamente dotado, Joseg Joachim, en el que Clara y Robert apenas repararon entonces. A su regreso, la batalla se reanudó aún con más ímpetu: se insistía en el talento de Schumann como compositor, pidiéndole que se mantuviera en ese estricto terreno y que dimitiera de sus funciones de *concertmeister*. Como dijo Wasielewski, resultaba evidente que «cada vez se desarrollaba más en Schumann un estado enfermizo que le impedía emprender, en aquel momento, actividades que había podido realizar en el pasado». Y no era menos cierto que rivales sin talento, siguiendo el ejemplo de Julius Tausch, se ensañaban contra Robert, y que éste no se defendía, dejando en manos de Clara la tarea de negociar. Él estaba demasiado ocupado en componer: la *Misa en do para coro a cuatro voces*, un *Réquiem para coro y orquesta*, la orquestación del *Motete*, op. 93, escrito sobre un poema de Rückert en el «año fecundo» de 1840, el *Anatema del cantor*, op. 139, sobre un poema de Uhland, y los *Lieder*, op. 103 y 104, sobre insípidos textos de Elizabeth Kulmann, una poetisa sin talento de la que Robert, el literario Robert Schumann, se había encaprichado quizá por el simple hecho de haber muerto joven. Aquella falta de gusto era un mal síntoma. Paralelamente, seguía trabajando en su antología de textos sobre música escritos por grandes autores, a la que quería titular *El jardín de los poetas*. En 1852 releyó, entre otras, ¡toda la obra de su querido Jean-Paul! ¿Cómo podía quedarle tiempo para la orquesta, ni siquiera para su familia, a la que entonces comenzó a descuidar? A pesar de que su estado de salud no era bueno, Clara no estaba preocupada. En junio partieron hacia Weimar para escuchar el *Manfredo*, pero se vieron obligados a regresar: neuralgias, insomnios intolerables, alucinaciones auditivas, «triste agotamiento... época de penosos sufrimientos» y, para colmo, su único sostén, la infatigable Clara, cayó enferma a consecuencia de un aborto.

«Vi llorar a mi padre tres veces —contó su hija mayor—. La primera fue a la mañana siguiente de producirse la muerte de mi hermano Emil. Mi padre vino a buscarme y dijo: "Vuestro hermano ha muerto esta noche." Yo respondí, moviendo la cabeza: "¡No es verdad!" Entonces me condujo hasta su cama, me mostró a mi hermano muerto y vi lágrimas en sus ojos. La segunda vez fue cuando yo caí gravemente enferma. Una noche me desperté y vi cómo mi padre lloraba sentado a la cabecera de mi cama. Y la tercera fue en Schveningue, donde una noche mi madre se puso súbitamente enferma. Al alba, descansaba en la cama. Mi padre caminaba agitadamente por la habitación, se retorcía las manos y sollozaba.»

Clara se recuperó con rapidez de su enfermedad. Sin embargo, el estado de Robert continuaba siendo precario, y se agravó hasta el extremo de que la orquesta de Düsseldorf y el Comité le vieron regresar y volver a ocupar con desgana su pupitre de director de orquesta. En diciembre, tres miembros del Comité le dirigieron una carta conminándole a presentar la dimisión. Por otra parte, sus trastornos se agudizaron a causa de su interés morboso por las sesiones de espiritismo, tan de moda en aquella época. Clara se apresuró a compartir esta nueva pasión de Robert, como había hecho con su repentina atracción por la poesía indigesta de Elizabeth Kulmann, sin reconocer, en ninguno de los dos casos, síntomas de la agravación de su enfermedad. «¿Pero qué enfermedad?», preguntaba con asombro.

«Un día de mayo de 1853 —contó Wasielewski— entré en la habitación de Schumann y le encontré leyendo acostado sobre el sofá. Le pregunté qué libro era y, elevando el tono de voz, me respondió: "¡Oh! ¿No sabéis nada de espiritismo?" "¿Perdón?", le contesté con cierto aire burlón. Entonces, sus ojos, que solían permanecer entornados, se abrieron desmesuradamente, la pupila se dilató de una manera convulsiva y, con una expresión singular y en cierto modo fantástica, dijo: "*los veladores lo saben todo.*" Al percibir aquella inquietante gravedad, le seguí la corriente para no irritarle y eso le calmó.» Mediante un velador, invocaba el espíritu de Mendelssohn y le preguntaba el *tempo* exacto de una sinfonía de Beethoven. El velador le respondía y Clara aplaudía.

Durante ese mismo mes de mayo, una pianista rival de Clara estrenaba en París y Londres el *Quinteto* de Robert, obteniendo un gran éxito; Clara, tras siete años de interrupción, reanudaba sus trabajos de composición; y el festival del Bajo Rhin reservaba a la pareja una inmensa alegría: el reencuentro con el joven violinista Joachim, al que habían escuchado el año anterior. Tenía veintidós años y se había dado a conocer en el Gewandhaus de Leipzig gracias a Mendelssohn. En 1844, sus actuaciones en Inglaterra habían causado una honda impresión. Listz también se había sentido conmovido al escuchar a Joachim cuando éste ocupaba el cargo de director de orquesta en la corte de Weimar, antes de ser nombrado, en 1849, *concertmeister* de la Ópera real de Hannover. Era un músico muy inteligente y culto, y profesaba desde hacía mucho tiempo una admiración sin límite por Schumann. No concedió ninguna importancia ni al silencio ni a la falta de memoria del «maestro», sino que, por el contrario, intentó justificarlos: «Es natural —dijo— que, enfrascado en la música eterna de su alma, le pasen desapercibidos ciertos hechos que suceden a su alrededor. Y no podemos sino venerarle aún más por ello. Es el único de los músicos actuales que posee el mismo torrente musical, el mismo ímpetu de Beethoven y Schubert. Canta como su naturaleza le dicta y tiene el valor de decir a todos: "No sé hacerlo de otro modo." Es, asimismo, el único que tiene derecho a hacerlo.»

Josef Joachim se unió al grupo de amigos fieles, de «jóvenes señores» a los que Clara permitía entrar en la habitación de Robert, aunque debían permanecer en silencio y esperar que Schumann advirtiera su presencia. También tuvo el privilegio de acompañar a la pareja en su paseo ritual. Él les había hecho ver bajo otro prisma, recreándolas, las dos sonatas para piano y violín del año 1851. En cuanto al concierto de Beethoven, explicó Clara lo interpretaba «con tal perfección, profundidad y poesía, poniendo toda su alma en cada sonido (era realmente fantástico), que no recuerdo haber oído jamás tocar el violín como lo hacía él. Ningún virtuoso, puedo asegurarlo, me había causado nunca tanta impresión». El final de aquella primavera estuvo marcado, para Robert, por el placer de oír interpretar sus obras con aquella sensibilidad, y, para Clara, por el de tocar con un músico de excepcional calidad. «Joachim es admirable... Mañana y noche, la música de Joachim nos hechiza... Joachim ha interpretado mi *Sonata*, op. 105...

En junio, el día en que su marido cumplía cuarenta y tres años, Clara escribió: «Robert está tan contento que me contagia su buen humor.» En julio, en la libreta de notas de Schumann sólo había una línea: «Día 7: finalizada la lectura de *Los Nibelungos*.» No había trabajado. Se quedaba acostado porque temía que, si se levantaba, le sobreviniera un ataque de apoplejía, como le había sucedido a Mendelssohn. Tenía miedo de morir.

Cuando las alucinaciones y el dolor cesaron, volvió a levantarse. Este oasis de paz relativa le permitió leer, proseguir su trabajo con *El jardín de los poetas*, clasificar sus propios escritos sobre música y componer, inspirado por su amistad con el joven Josef Joachim, la *Obertura para Fausto*, los *opus* 132 y 133, un *Concierto para violín y orquesta* y una tercera Sonata para piano y violín. También compuso las límpidas *Canciones del alba*, op. 133, dedicadas a Bettina Brentano, recuperando el placer del piano, el canto interior, el equilibrio de Florestán y Eusebius, y toda la magia y la ternura schumannianas. El día del octavo aniversario de su matrimonio, Clara escribió: «Hacía una mañana divina, un tiempo maravilloso, ¡y el rostro de mi Robert reflejaba tanta felicidad!... No puedo describir lo que sentía. Mi corazón rebosaba de amor y veneración por mi Robert, de agradecimiento al Cielo por haberme concedido semejante dicha. Expresado así puede parecer excesivo y, sin embargo, no refleja toda la verdad: soy la más feliz de las mujeres.»

«El 30 de septiembre de 1853, hacia mediodía, sonó la campanilla...» María Schumann corrió a abrir la puerta. En el umbral encontró a un joven rubio, imberbe y de finas facciones. «Hermoso como el día», dijo ella. Tímidamente, preguntó en voz baja por Clara y Robert. María respondió que sus padres no estaban y que, si quería verles, tendría que volver al día siguiente hacia las once, antes de que salieran a dar su paseo. Al día siguiente, hacia las once de la mañana, el joven volvió. Schumann le abrió la puerta. Era un músico más entre todos los que acudían a ver al «maestro» con sus composiciones bajo el brazo. Éste traía una carta de presentación de Josef Joachim. Regresaba de una estancia en casa de Wasielewski, en Bonn, y había conocido a Ferdinand Hiller en Colonia. Lo único que dijo fue que se llamaba Johannes Brahms, que era de Hamburgo y que tenía veinte años. Su aspecto era el de un niño, y su locuacidad tan parca como la de Robert. Optó por sentarse al piano e interpretar sus composiciones. Empezó con el primer movimiento de una sonata en do, pero tras unos compases tuvo que parar, pues Robert se había levantado, presa de una gran agitación, de una especie de alegría desbordante, diciendo que tenía que llamar a su mujer. Salió corriendo y gritó: «¡Clara! ¡Clara! ¡Vas a escuchar una música como jamás has oído hasta ahora!» Cuando Clara llegó, el adolescente de Hamburgo volvió a empezar, interpretando su primera obra en presencia de la mejor virtuosa alemana de su tiempo y de Schumann, cuya música le había conmovido al reconocer en ella los ecos de su propia mitología: E.T.A. Hoffmann y Jean-Paul. Tras el tercer movimiento, los Schumann se sentían transportados de alegría, emocionados y fascinados. Aquel día no dieron su paseo del mediodía, Johannes Brahms se quedó a comer y, por la tarde, continuó tocando. Clara también tocó. Por la noche, Schumann escribió en su libreta de notas esta frase lacónica: «1 de octubre: Brahms nos ha visitado (un genio).»

Johannes se había instalado en un albergue. No tenía dinero, pero no se atrevió a aceptar la invitación para ir a comer al día siguiente. Clara tuvo que ir a buscarle. Y al día siguiente, y al otro..., todos los días tenía que ir a buscarle. Invitaba a su casa a todo el mundo, a sus amigos, a los alumnos, y allí fue donde Brahms coincidió de nuevo con la pianista Louise Japha, quien trabajaba desde hacía un año en Düsseldorf con Clara, y que, en Hamburgo, le había descubierto la música de Schumann. Allí conoció a Albert Dietrich: «Brahms interpretó una *Fantasía para piano, violín y violoncelo,* y su bello *Scherzo en mi bemol menor,* una pieza notable. Tal vez es un poco joven, pero está lleno de imaginación y de espléndidas ideas...» También tenía una sonata en fa sostenido menor, un cuarteto de cuerda, arreglos de melodías húngaras, una sonata para piano y violín y sus tres primeros lieder. El paquete que Brahms había dejado en el hotel donde Robert y Clara se alojaban en Hamburgo, tres años antes, y que éstos no habían abierto, contenía parte de estas obras.

En unos días, los Schumann aprendieron a conocer a Johannes: era brusco, taciturno y nada sociable. Cuando se sentaba al piano, se transformaba. Era, según Robert, un «joven delicado y de expresión soñadora que, sin la menor afectación, hablaba con naturalidad un lenguaje poético, firmaba sus manuscritos "Joh. Kreisler Jun.", y respondía exactamente a la definición dada por Joachim: puro como el diamante, suave como la nieve». «Tierno, idealista, rubio y tímido—, había añadido el violinista. Joachim había conocido a Brahms unos meses antes en Hannover, a su regreso del festival del Bajo Rhin donde había actuado junto a Clara, Robert y Ferdinand Hiller.

Brahms en Schumann: la nueva generación llegaba. El 23 de octubre Robert presentó la dimisión como *concertmeister* de Düsseldorf. ¿Qué importancia tenían aquellas «insolencias», aquellas «intrigas de baja estofa», comparadas con el homenaje que suponía la irrupción de Johannes Brahms, cuya música era tan schumanniana? «La gente de aquí es miserable», dijo Robert evocando el comportamiento de Julius Tausch, de algunos miembros del Comité y de ciertos músicos. Estas fueron las únicas palabras de desprecio que pronunció jamás este compositor, ciertamente taciturno y caprichoso, como tantas veces le había reprochado el padre de Clara, pero siempre rodeado de amigos fieles que coincidían en decir que Schumann era el músico más amable y cortés de la época. Robert volvió a coger la pluma, abandonada desde hacía más de diez años, para escribir un artículo que envió a la *Neue Zeitschrift* de Leipzig:

«Me he mantenido durante años al margen de este medio de expresión tan rico para mí en recuerdos. A pesar de la enorme dedicación que exigía mi actividad creadora, a menudo me sentí incitado a volver a escribir, movido por los nuevos y significativos talentos que surgían. Parecía que en la música se anunciara una fuerza nueva... Pensaba, siguiendo con simpatía la trayectoria de los nuevos elegidos, que aparecería, que, tras tales indicios, debía aparecer un ser llamado a formular con perfección la expresión más elevada de su tiempo. Un ser que nos transmitiera su maestría, no mediante un desarrollo gradual, sino surgiendo, como Minerva, armado con el cerebro del hijo de Saturno. Y ahora ha llegado con sangre nueva.

Las Gracias y los Héroes velaron su cuna. Se llama Johannes Brahms y es de Hamburgo...»

El artículo apareció el 28 de octubre. La víspera, los Schumann habían llegado con Brahms al festival del Bajo Rhin, donde Joachim interpretó la *Fantasía para violín y orquesta,* op. 131, de Robert. Al violinista y *concerteister* de la Ópera de Hannover le esperaba una sorpresa. Una de las hijas de Achim von Arnim y Bettina Brentano, esta última también presente, subió al escenario vestida con un traje de campesina y le ofreció un ramo de flores en cuyo interior se escondía la partitura manuscrita de una sonata para piano y violín, encabezada con tres letras, F.A.E., iniciales de la divisa de Joachim: *frei aber einsam,* libre pero solo. La sonata no tenía título y sus intérpretes, Clara y Josef, debían adivinar quién era el autor de cada uno de los tres movimientos. Eran Johannes Brahms, Albert Dietrich y Robert Schumann, que la habían compuesto en secreto para ofrecérsela a Josef Joachim. Al día siguiente Robert dirigió el último concierto del festival, y Clara y él regresaron a Düsseldorf en compañía de Brahms. El 3 de noviembre Robert escribió a Härtel, editor en Leipzig, para que publicara los cinco primeros *opus* de Brahms. La *Sonata en do,* op. 1, fue dedicada a Josef Joachim; el *Scherzo*, op. 4, a Wenzel —un viejo amigo de los Schumann que había sido testigo de los inicios de la *Neue Zeitschrift,* de los amores problemáticos de Clara y Robert, y más tarde de su matrimonio—, y la *Sonata en fa sostenido menor,* op. 2, a Clara Schumann.

Ésta saltaba de impaciencia. Se había pasado todo el mes de octubre participando de la excitación provocada por la llegada de Johannes, ensayando para los conciertos del festival del Bajo Rhin y, sobre todo, preparando una gira por Holanda. Allí, la pianista obtuvo un gran éxito y, como de costumbre, dijo: «Creo que nunca había recibido aplausos tan unánimes.» Era lo que siempre decía al recibir una ovación, pues el placer que sentía era siempre nuevo y su necesidad insaciable. El compositor también triunfó: «Emprendimos un viaje musical por los Países Bajos, acompañados de principio a fin por espíritus favorables. En todas las ciudades nos acogieron con júbilo e incluso nos obsequiaron con grandes honores. Para mi sorpresa, constaté que mi música tiene más aceptación en Holanda que en mi país. En todas las ciudades que visité habían preparado audiciones de la segunda y la tercera sinfonías, precisamente las más difíciles, y, en La Haya, *El peregrinaje de la rosa...»* En cuanto a sus obras para piano, no tenían mejor intérprete que Clara, quien se sintió definitivamente vengada de vieneses y berlineses y, en esta ocasión, también de las «maniobras» de Julius Tausch.

El 28 de enero de 1854 partieron hacia la Corte de Hannover para asistir a una audición de *El paraíso y la Peri,* que ofrecía la *Neue Singakademie* presidida por Schumann. A continuación, Joachim dirigió la *Cuarta Sinfonía* en presencia del ciego y anciano rey, que aplaudió hasta la saciedad, e interpretó la *Fantasía para violín,* op. 131, que le había sido dedicada. Clara Schumann interpretó el *Concierto en mi bemol* de Beethoven, bajo la excelente dirección de Josef. Brahms estaba presente, así como Julius Grimm, al que había conocido el mes anterior en Leipzig con ocasión de su debut en dicha ciudad. Por la noche celebraban largas veladas en el café de la estación. Robert reía y Clara, sintiéndose «la más feliz de las mujeres» y atrapada de nuevo por el deseo de viajar, proyectaba instalarse en Viena.

En los últimos tiempos había surgido en Robert la idea de que la música le era dictada por «espiritus» desde el exterior. El mes de enero se caracterizó por el silencio. Después de haber escrito a su amigo Ferdinand Hiller: «Hay que crear mientras sea de día», le dijo a Joachim:

«La música ya no habla, *al menos exteriormente.*» En su libreta de notas aparecía esta palabra: «Resignación». Pero cuando Clara le recordaba el proyecto de abandonar Düsseldorf y partir hacia Austria, Robert le respondía que sí, que irían a Viena todos juntos, ella, él, sus seis hijos y los hijos que vinieran en un futuro: Clara estaba embarazada.

8
El espiritismo
(1854)

Todo empezó la noche del 10 al 11 de febrero de 1854, con un dolor de oído y una migraña imposibles de calmar. Robert oía sonar incesantemente una nota, siempre la misma, doblada a veces por otro sonido. El dolor no remitía. Aquella nota se convirtió en «un pasaje que parecía estar interpretado por toda una orquesta y cuyo último acorde se prolongaba hasta que Robert empezaba a pensar en otro...» Según él, «era una música celestial, que provenía de instrumentos dotados de maravillosas resonancias jamás escuchadas en la Tierra...» Sin embargo, sufría atrozmente. Clara ya no podía dormir y le hablaba para acallar las alucinaciones auditivas. A veces, el dolor cesaba durante unas horas, y entonces Robert se ponía a trabajar, iba a la biblioteca con Albert Dietrich o daba un paseo. Pero, al poco rato, el dolor volvía, «... aún más intenso, pero igualmente maravilloso... Extraordinario sufrimiento... de la música (de la admirable música)», anotó lacónico en su libreta de notas.

«Apenas dormíamos —explicó su mujer—. Robert repitió varias veces que si esto continuaba igual se volvería loco.» El doctor Hasenclever le visitaba todos los días, pero decía que no se podía hacer nada. Clara, impotente, se pasó un día entero viendo cómo su marido escuchaba las voces de las alturas «con una expresión beatífica».

«Día 17: mejor.»

Sin embargo, apenas se hubieron acostado le dijo a Clara que encendiera la luz: Franz Schubert y Félix Mendelssohn le habían enviado un tema que debía anotar. Clara intentó disuadirle y apartar de su mente esta nueva alucinación, pero fue inútil. Robert se levantó para escribir el *Geisterthema*, el tema de los espíritus, extrañamente dulce y apacible, «asombrosamente conmovedor y auténticamente religioso». Luego volvió a acostarse y vio ángeles. Dijo que los ángeles le rodeaban, le revelaban secretos musicales, de una música celestial, y les daban la bienvenida a Clara y a él mismo, ya que, antes de finalizar el año, irían a reunirse con ellos. De pronto, el canto de los ángeles dio paso al de los «hombres rojos», los demonios, que gritaban como hienas o tigres y le acusaban, le decían que era un criminal y que iría al infierno. ¡De nuevo aquel sufrimiento! Robert empezó a gritar de dolor y a luchar contra él. El doctor Hasenclever y otro médico tuvieron que acudir, para intentar dominarle y obligarle a permanecer en la cama hasta que el agotamiento le venciera y cesara la pesadilla. Cuando despuntó el día, Robert se instaló en su mesa de trabajo y empezó a corregir el *Concierto para violoncelo* y a escribir una variación sobre el *Geisterthema*. El domingo, demonios y ángeles volvieron a acosarle, ordenándole estos últimos que leyera la Biblia, de la que había anotado pasajes enteros en *El jardín de los poetas*, su antología de escritos sobre música imposible de acabar. Gritaba y, acto seguido, se calmaba, adquiriendo su rostro una expresión extática. Esto no era el equilibrio de Florestán y Eusebius («El fogoso Florestán, / el dulce Eusebius, / lágrimas y llamas, / tómalos juntos / ambos habitan en mí, / el dolor y la alegría».), ni las apariciones descritas por Heine, a las que Schumann les había puesto música en el *opus* 142 («Saltan y gesticulan / burlones y tímidos, / serpentean como la niebla, / se ríen y desaparecen súbitamente.»), ni tampoco los grotescos personajes de Jean-Paul y Hoffmann que aparecían en el *Carnaval* y las *Kreisleriana,* y que le habían inspirado las historias narradas a la pequeña Clara Wieck de antaño («... seis nuevos cuentos de dobles, ciento y una charadas, ocho divertidos acertijos, historias de bandoleros *espantosamente bellas,* y la del fantasma blanco. Brr... ¡Cómo tiemblo!»); era todo esto a la vez, todo lo que desde hacía tanto tiempo había estado presente en Schumann, pero que ahora adquiría tintes de locura.

«Robert se pasó todo el día 20 en su despacho, delante del papel. Escuchaba la voz de los ángeles, escribía algunas palabras, pocas, y volvía a escuchar...» Por la noche, acusado por los ángeles de ser un criminal, se refugió en la Biblia. Ni Clara ni él pudieron dormir: él decía que no debía dejar de leer la Biblia y ella no conseguía calmarle. Los días siguientes Clara permaneció junto a él, aunque Robert le suplicaba que se alejara porque tenía miedo de hacerle daño. Clara hablaba y hablaba para intentar dejar las alucinaciones, pero la presencia de espíritus benignos y malignos continuaba alternándose. «Se quejaba de que le hurgaban el cerebro» y se lo perforaban.

El día 25 recuperó por fin la consciencia. Trabajó, escribió dos cartas de negocios y compuso las *Variaciones sobre el Geisterthema.* Por la noche fue a dar un paseo con Clara por la orilla del Rhin, cuya belleza y majestad no habían dejado de obsesionarle, si bien esta atracción hacia el río no había alarmado nunca a su mujer. Al día siguiente preparó sus cosas, dio las oportunas órdenes acerca del dinero y de sus composiciones, y se despidió de Clara. El doctor Hasenclever le convenció para que se quedara. El 25 llegó Becker y comieron juntos en un restaurante, pero éste tuvo que conducir apresuradamente a casa a su viejo amigo, a su maestro, porque aquel concierto había vuelto a apoderarse de su mente. El domingo por la noche, Robert se encontraba tan bien que tocó con Albert Dietrich.

«Pero le sobrevino tal exaltación de alegría que el sudor empapaba su frente —dijo Clara—. Durante la cena, comió mucho y con precipitación, y, de repente, a las nueve y media, se levantó del sofá y pidió su ropa. Dijo que tenía que irse al hospital porque ya no controlaba a sus espíritus y no sabía lo que sería capaz de hacer esa noche... Preparó lo que quería llevarse con esmero, determinación y lucidez: el reloj, dinero, papel pautado, plumas, puros, en una palabra todo. Y cuando le pregunté: "Pero Robert, ¿quieres abandonar a tu mujer y a tus hijos?", él me respondió: "No será por mucho tiempo. Muy pronto volveré curado."

»El médico le persuadió de que se acostara y esperara hasta la mañana siguiente. No me permitió pasar la noche junto a Robert. Tuve que buscar a una enfermera, pero, evidentemente, me quedé en la habitación contigua... Robert acabó por adormecerse.

»... Aquella calma acabó a la mañana siguiente. Robert se levantó, pero se encontraba sumido en un estado de melancolía imposible de describir. Si le tocaba, exclamaba: "¡Mi querida Clara, no puedo controlarme, no puedo responder de mis actos, ya no soy digno de tu amor!" Quien hablaba así era aquél al que yo siempre había mirado con una profunda e inmensa veneración... Pero todas mis protestas fueron inútiles.»

El 27 de febrero permaneció todo el día en el mismo estado de agitación, víctima de la fiebre y el delirio; sólo lograba descansar cuando la fatiga acababa con sus fuerzas. Becker, el doctor Hasenclever, el ama de llaves y Clara, se turnaban para vigilarle. Robert pasó a limpio sus *Variaciones sobre el Geisterthema* y, cuando acabó, salió del despacho y se fue a su habitación. En aquel momento, la encargada de vigilarle era María Schumann: «Acababa de pasar por delante del despacho cuando la puerta se abrió y, en el umbral, apareció mi padre. Llevaba su largo batín de flores verdes y estaba muy pálido. Al verme, escondió el rostro entre las manos y murmuró: "¡Dios mío!" Desapareció y, por unos instantes, me quedé paralizada. Después recordé mi misión y me dirigí hacia su habitación. Estaba vacía, pero la puerta que comunicaba con el dormitorio de mis padres, y la que comunicaba éste con el vestíbulo, estaban abiertas de par en par. Corrí precipitadamente hasta la habitación de mi madre. El médico aún estaba allí. Registramos toda la casa, pero era evidente que mi padre se había ido...»

Era medianoche. Llovía. Iba descalzo y sólo llevaba puesto aquel batín verde que añadía encanto a los juegos infantiles porque «nos servía de escondrijo». Corrió hasta llegar al Rhin. «Brillante en la superficie, / esconde en el fondo la muerte y la noche.» Se arrojó al río, como en el sueño que había tenido cuando era joven. Le recogieron los barqueros, a pesar de que él les suplicó que le dejaran morir. «Algunos transeúntes reconocieron al maestro —contó Wasielewski—, de modo que pudieron llevarle a su casa. Su esposa se dejó convencer de la conveniencia de no verle en aquel estado lamentable y digno de conmiseración, pues no se había imaginado que su marido pudiera llegar hasta ese extremo. Al recordar los últimos quinces días de alucinaciones y delirio, dijo: «Todo aquello habría llenado mi corazón de los pensamientos más terroríficos, *si hubiera podido prever el desenlace.* Yo le veía cada vez más trastornado y, sin embargo, *no tenía ni idea de lo que aún nos esperaba a ambos.*» Según confesó Clara, aquel intento de suicidio de su marido, su locura, era lo último en lo que ella habría pensado.

Robert ya no llevaba puesta su alianza. «Me imaginé que, antes de precipitarse al Rhin, él mismo había echado su anillo al río pensando que allí se uniría al mío... Más tarde encontré algunos papeles, y en uno de ellos había escrito: «Querida Clara, echo mi alianza al Rhin, haz tú lo mismo, así los dos anillos se encontrarán.»

«Mientras permanecí en casa de Rosalie Leser, recibía noticias sobre su estado cada hora. Apenas preguntaba por mí, pero cuando le dijeron que estaba en casa de la señorita Leser se quedó más tranquilo.

»El miércoles 1 de marzo le envié violetas y naranjas. Recibí su respuesta, en la que me decía que le habían gustado mucho, pero, a continuación, volvió a ser víctima de una violenta agitación. A partir de aquel momento, los médicos ya no le permitieron levantarse. Cuando veía a los doctores insistía en que le trasladaran a una casa de reposo, único lugar donde podría restablecerse. Encargó que me expresaran su deseo (¡y esto era lo más horrible!) de ser internado en una clínica privada de Endenich, a una media hora de Bonn. ¡Él, mi querido Robert, en una casa de reposo! Me sentía incapaz de soportarlo. ¡Y me negaban la posibilidad de verle, de estrecharle entre mis brazos aunque sólo fuera una vez! Por él, por mi querido Robert, debía hacer el mayor de los sacrificios.

»El domingo 4 de marzo el coche se detuvo ante nuestra puerta... Robert se vistió apresuradamente, se subió al coche con dos enfermeros y no preguntó ni por mí ni por los niños. Entonces caí en un estado de profundo abatimiento y pensé que la única alternativa que me quedaba era la muerte.

»... Lo único que podía ofrecerme algún consuelo era su música, y me sumergí en ella. Aunque me conmueve profundamente, calma mi dolor durante unos minutos... En cuanto dejo de tocar, todavía siento con más fuerza esta pérdida cruel... Le veo y le oigo constantemente... Se diría que todo mi ser se funde en su música...»

La víspera del día en que Schumann fue trasladado a la casa de reposo del doctor Richarz, en Endenich, Johannes Brahms había llegado de Hannover. Al ver a Clara como jamás la había visto, como sin duda no podía sospechar que pudiera estar —hundida, al límite de sus fuerzas y completamente desconcertada—, escribió a Joachim:

«Querido Josef, tienes que venir el sábado. Ver a los seres queridos conforta a Frau Schumann. Yo ya he ido a verla. Lloró mucho, pero se alegró de mi visita y confía en que tú también vengas. Te esperamos el domingo. Julius Grimm vendrá el miércoles.»

Grimm y Joachim fueron a Düsseldorf, así como Paúl Mendelssohn-Bartholdy, el hermano de Félix, que le prestó dinero a Clara. También estaba allí Albert Dietrich, que colaboraba en el esfuerzo común por distraerla: «Hemos leído con Frau Schumann toda la música del *Fausto*. Estamos con ella todo el día; de momento, nos resulta imposible pensar en dejarla sola.» También contaba con el apoyo de Rosalie Leser y, a través del correo, con el de Linda Bendeman, que estaba en Dresde, y el de Emilie List y Pauline Viardot, sus amigas de juventud. Pero, por encima de todo, y aunque en esta caso surgieran de la incredulidad, Clara confiaba en sus propias fuerzas, pues estaba firmemente convencida de que la enfermedad de Robert no era tan grave como decían, y cualquier noticia que recibía del doctor Richarz aumentaba su optimismo: un paseo de Robert, un baño caliente, una noche sin insomnio o la desaparición de las alucinaciones auditivas. No obstante, sentía una inmensa tristeza, ya que Robert seguía sin interesarse por ella y por los niños. Cuando Clara le enviaba flores, no se producía ninguna reacción por su parte; sin embargo, a los demás, les expresaba su agradecimiento con mucha cortesía. A Clara no le permitían ni verle ni escribirle. Ni siquiera le permitían tratar de averiguar si su amor hacia Robert había sido tan agobiante como para que él ya no quisiera, o no pudiera, pensar en ella.

A pesar de sus amigos, de la admiración y la ternura de Brahms y de su extraordinario valor, había momentos en que se encontraba completamente desorientada. Por este motivo, en mayo tomó la decisión de instalarse en Berlín, en casa de su madre, viuda del músico Bargiel. Emprendió el viaje y, súbitamente, regresó cuatro días después. No, no se quedaría en Berlín. Sin embargo, dejó con su madre a su tercera hija, Julia, que tenía nueve años. Josef Joachim la había acompañado a la ida y a la vuelta, mostrándose «tan buen amigo como Brahms», según el decir de Clara.

Éste último preparaba en secreto sus *Variaciones sobre un tema de Schumann*, basadas en el primer *Album Blättern,* op. 99, sobre el que la propia Clara había escrito sus *Variaciones*, op. 20, para regalárselas a Robert en su cuarenta y tres cumpleaños. Johannes Brahms le ofreció su composición el 11 de junio de 1854, el día del nacimiento de Félix Schumann, llamado así en homenaje a Mendelssohn. «El deseo de Brahms al componer unas variaciones sobre este tema, a la vez íntimo y magnífico, ha sido el de ofrecer consuelo a mi corazón», escribió Clara en su diario. Y en una carta dirigida a Émilie List, dijo: «Lo que más aprecio es la ayuda de Brahms. Desde el principio de la enfermedad de Robert no me ha dejado un solo momento. Me ha acompañado en todas las pruebas por las que he tenido que pasar y ha compartido todos mis sufrimientos.» El mejor modo de manifestar su agradecimiento sería dar a conocer la música de Brahms en todos los conciertos que interpretara, como había hecho, y seguiría haciéndolo, con la de Robert Schumann. Además, estaba segura de que así realizaría uno de los deseos más íntimos de su marido. Se lo prometió a Brahms y él, conociendo su testarudez y lealtad, supo que mantendría su promesa.

Clara seguía esperando a «su» Robert y preparándolo todo para el día en que volviera curado. En julio recibió buenas noticias de Endenich: Robert había ido a Bonn a ver a Wasielewski, había dado un paseo, había cogido flores y, por primera vez desde el 4 de marzo, se había acordado de ella, pidiendo que le enviaran un ramo en su nombre. «No puedo expresar la emoción que sentí. ¡No sabía que resultara tan difícil soportar una alegría tan grande! A veces me da la impresión de que voy a perder la razón», le escribió a Robert. Clara ya no tenía prohibido escribirle, pues Schumann le había manifestado al doctor Richarz su sorpresa al no haber recibido ninguna noticia de su mujer y sus hijos.

«Nuestro querido Schumann continúa haciendo progresos —escribió Brahms a uno de sus amigos—. Han corrido muchos rumores, más o menos ciertos, sobre su estado. En mi opinión, la mejor y más auténtica ilustración que se puede encontrar de él está en algunos personajes de E.T.A. Hoffmann (Krespel y, sobre todo, el admirable Kreisler). *Todo estriba en que se trata de alguien que se ha separado de su cuerpo demasiado pronto.*»

Del mismo modo súbito en que había viajado a Berlín, en septiembre Clara partió hacia Ostende y regresó a Düsseldorf. Brahms preparaba, con la complicidad de los hijos de Schumann, una fiesta para celebrar el treinta y cinco cumpleaños de Clara, haciendo ensayar a María y Elisa las piezas que deberían interpretar. A la fiesta asistieron Joachim, Rosalie Leser, Julius Grimm y Albert Dietrich, que también se había establecido en Düsseldorf para estar junto a Clara. La ausencia de Robert se sintió como un vacío inmenso. Sin embargo, al día siguiente Clara recibió la primera carta desde Endenich en respuesta a una de las suyas:

«Endenich, 14 de septiembre de 1854

»Querida Clara, tu última carta me ha producido una gran alegría. Te agradezco que me hayas escrito precisamente ese día, y que los niños y tú os hayáis acordado de mí. Dales a los pequeños muchos besos y abrazos de mi parte. ¡Ah, si pudiera volver a verles y hablar con ellos! ¡Pero el camino es muy largo!... Me gustaría tanto ir a veros, ver cómo y dónde vivís, saber si sigues tocando tan maravillosamente como antes, si María y Elisa continúan tocando y cantando, si aún tienes el piano de cola de Klempschen, dónde están mi colección de partituras publicadas, los manuscritos, por ejemplo, del *Réquiem* y *La maldición del cantor,* nuestros álbumes, los autógrafos de Goethe, Jean-Paul, Mozart, Beethoven y Weber, y la infinidad de cartas que te escribí. ¿Dónde están la *Neue Zeitschrift für Musik* y mi correspondencia? ¿Conservas aún todas las cartas que me has escrito y las palabras de amor que yo te dirigía desde Viena a París? ¿Podrías enviarme algo interesante, algún relato de Schrenberg, los tomos antiguos de mi Revista y las *Normas de vida y de conducta de un músico*? Necesitaría papel pautado, pues lo utilizo con mucha frecuencia. Mi vida es muy sencilla. La vista de la ciudad de Bonn me satisface cada vez más. Me gustaría saber si te has ocupado de mi ropa y si me has enviado puros, pues para mí eso es muy importante.

»Cuéntame más cosas de los niños. Dime si tocan música de Beethoven y Mozart, o mi *Álbum para la juventud*, si Julia continúa tocando y cómo se portan Ludwig, Ferdinand y la encantadora Eugenia. ¡Oh, cómo me gustaría volver a oirte tocar!

»¡Tengo que hacerte tantas preguntas y pedirte tantas cosas!

»¿Correrás un velo sobre alguna de mis peticiones?

»Tu querido y fiel Robert.»

Era una carta exaltada y confusa, en la que Schumann daba la impresión de llevar años y años en Endenich. Pero para Clara era la prueba de que Robert iba a curarse muy pronto. Y, diez días después, vio una confirmación de esta prueba al recibir una segunda carta en la que Robert hacía alusión a su último hijo, Félix, del que Johannes Brahms era padrino: «...Te veo con tu aspecto noble y serio. Todo lo que me escribes acerca de los nuestros y de las aptitudes musicales de Julia me ha hecho muy feliz. Gracias por enviarme las fechas de nacimiento de mis queridos hijos. ¿A quién has elegido como madrina, querida Clara, y en qué iglesia se celebrará el bautizo? Háblame más de los niños y de ti, querida Clara, mi tiernamente amada Clara.» El 12 de octubre recibió otra carta de Robert —a quien Brahms acababa de enviar sus *Variaciones*, op. 9, sobre un tema del *Album Blättern*—, en la que seguía removiendo sus recuerdos como si quedaran lejos, muy lejos:

«He recibido tu última y tierna carta... Las *Variaciones* de Brahms cada vez me provocan más admiración... También quería decirte que tus *Variaciones*, op. 20, me gustan cada vez más. Me recuerdan a ti y a mí. Pienso en las poesías que me has inspirado y en un día de agosto en el que... Al día siguiente te envié, por mediación de Becker, el anillo de compromiso. ¿Recuerdas que en Blackenburg hice que te llevaran mi anillo de diamantes en un ramo de flores y que, en Düsseldorf, perdiste una de las piedras y luego alguien la encontró?

»¡Qué recuerdos tan felices!

»Tu Robert.»

Recuerdos y más recuerdos rememorados con dificultad. Ninguna perspectiva de futuro. Sin embargo, Clara no prestó atención a los «si pudiera *volver* a verles» y cómo me gustaría *volver* a oirte tocar». Recuperó las esperanzas y, con ellas, la fuerza física para volver a salir de gira. El deseo de tocar en público seguía vivo en ella, pero, además, debía hacerlo, ya que se había quedado sin dinero y tenía que devolverle a Paul Mendelssohn cierta cantidad que le había prestado. Tenía a su cargo a siete hijos de edades comprendidas entre los trece años y los cuatro meses. Además, sus amigos más queridos empezaban a abandonar Düsseldorf: Joachim se había ido a Hannover y Julius Grimm a Göttingen, donde ejercería como profesor de piano y director de la Sociedad coral. Quedaba Brahms. Sin embargo, a Clara se le reprochaba no sólo el hecho de defenderle como compositor («¡qué desgracia, tiene a casi todos los músicos en su contra porque sienten que es superior a ellos!», decía), sino, sobre todo, el de mantener con él una relación quizás amistosa, pero excesivamente tierna y estrecha, y el de tratar de igual a igual a un hombre catorce años más joven que ella, Johannes se quedó en Düsseldorf —la casa de los Schumann era su hogar adoptivo—, mientras que Clara se marchó el 14 de octubre de 1854, tras haber dejado a sus hijos mayores en un internado y a los más pequeños a cargo de Berta, la niñera, que, según María Schumann, era una mujer «absolutamente desprovista de toda autoridad».

Primera etapa: Hannover.

«Hannover es encantador —escribía en 1851 el conde Gobineau, encargado de negocios en esa ciudad—. Una corte, una favorita, un mariscal de palacio, cortesanos, intrigas, un regimiento de escoltas, oficiales pretenciosos, un cuerpo diplomático... Tenemos una calesa, una berlina, dos encantadores caballos y, lo que constituye un tesoro poco habitual, un cochero serio y honesto..., además de un criado, el ayuda de cámara y el mayordomo, una cocinera y una ayudante de cocina... Todo el mundo lleva uniforme: hay que llevarlo para presentarse ante el Rey. Me preguntas cómo es el mío. Es una casaca azul bordada en oro, con adornos en el cuello y los bolsillos, así como un escudo bordado en la espalda, un pantalón azul (blanco en las grandes ceremonias) con una ancha banda trabajada en oro, un chaleco de cachemir blanco, un sombrero con plumas negras, como los mariscales de campo (los ministros llevan plumas blancas), una espada y las cruces... El Rey tiene más de ochenta años, es alto y delgado, con una soberbia cabeza y un aspecto muy regio. Lleva siempre el uniforme del regimiento de húsares, la placa de la orden de Guelfes, la medalla de Waterloo, etcétera.»

En esta corte, agradable y frívola, oficiaba Josef Joachim. Clara y él se encontraron y tocaron juntos. Luego, ella se fue a Leipzig, donde se la consideraba una gran dama. La ciudad contaba entonces con 80.000 habitantes, 500 librerías y 70 imprentas.

Tras la muerte de Mendelssohn, los músicos habían formado dos clanes: por un lado, los schumannianos, el clan de la música moderna que reprochaba a Mendelssohn ser un formalista puro, y por el otro los mendelssohnianos, que criticaban con vitalidad el «arte subjetivo» defendido por los partidarios de Schumann. Robert no había participado nunca en estas disputas, salvo para desaprobar el exceso de sus partidarios. Los conciertos de Clara no sembraron la discordia sino, por el contrario, la unanimidad, aunque en este caso no le proporcionó ningún placer. Liszt acababa de enviar a Robert Schumann su *Sonata para piano,* dedicada a él y que constituía, con la *Segunda balada* de Chopin, también dedicada a Schumann, y la *Fantasía,* op. 17, de Schumann, dedicada a Liszt, el tercer monumento de la literatura pianística de toda la música romántica. La sonata había llegado en el momento en que Robert partía hacia Endenich. Este homenaje del maestro de Weimar a su marido no había calmado a Clara: Liszt seguía exasperándola. Su faceta Wieck hizo que llegara a mostrarse casi odiosa con la gran duquesa María de Pavlovna, protectora de Liszt en la Corte de Weimar. Aquello estuvo a punto de convertirse en un incidente diplomático, pero, sin duda, Clara consiguió, así, que sus recuerdos no la trastornaran. Partió hacia Hamburgo, la ciudad natal de Johannes Brahms.

«Hamburgo continúa siendo una de las ciudades más cautivadoras de Alemania —había escrito Friedreich Hebbel—. Por sorprendente que pueda parecer, recuerda bastante a Venecia. En las bellas noches de verano, el Alster aparece surcado de barcos iluminados, de donde surgen cantos y danzas. No tiene nada que envidiar al Gran Canal... La ciudad antigua, con sus callejuelas sombrías y sus casas estrechas, casi amontonadas, presenta ese decorado característico que recuerda a la Venecia medieval. El laberinto que forman los canales verde oscuro y los pequeños puentes que los cruzan, también recuerda a Venecia. Extraña y alucinante similitud de estos dos reinos del mar, en el fondo tan diferentes.»

Era una ciudad hanseática, un puerto de marineros y pescadores, aunque también de comerciantes y ricos burgueses, que se mostraban tanto más indiferentes a la política cuanto más próspero era su comercio. De los acontecimientos de 1848, Hamburgo sólo había sacado la conclusión de que era preferible «aprovechar las circunstancias», con lo cual, la frivolidad reinante no había hecho más que aumentar. No obstante, las ideas nuevas se habían ido extendiendo desde Frankfurt y Berlín, y Weimar y Leipzig constituían dos polos espirituales relativamente próximos. Además, los refugiados húngaros habían invadido Hamburgo para partir desde allí hacia América— y habían creado en la ciudad un clima nuevo, ligeramente excitante, que ejercía la suficiente influencia para que músicos como Brahms —tan diferente de artistas comprometidos como Richard Wagner— hubieran soñado, en su juventud, con conquistar su independencia. Clara se instaló en casa de la familia Brahms. El padre había tocado en las calles, había llevado a su hijo a todos estos lugares porque Johannes pasaba del piano al violín, y del violín al cuerno y al violoncelo sin el menor esfuerzo; la madre, la anciana Johanna, tenía diecisiete años más que su marido y Johannes le profesaba un amor infinito; la hermana mayor, Elisabeth Wilhelmine, era costurera y se pasaba el día regañando; y, por último, el hermano pequeño, Friedrich, que era «el Brahms malo» y contaba entonces diecinueve años. Acogida por Johanna como una más de la familia, Clara se sintió allí más reconfortada que durante los conciertos celebrados en Hamburgo y en las ciudades de los alrededores, donde empezó, como había prometido, a dar a conocer las obras de Brahms. Necesitaba ser fuerte, pues las obras estaban lejos de obtener la unanimidad del público. Johannes y ella se escribían. A principios de aquel invierno comenzaron a tutearse, mientras se empezaba a comentar si, por casualidad, Félix no sería hijo de Brahms. Pero, para Clara, Brahms era su «ángel consolador, que me hace revivir», y pensaba hacer caso omiso a esas murmuraciones: vería a Brahms, le tutearía, le amaría de un modo que sólo a ella le concernía y tocaría su música. Después de pasar por Berlín para dar un concierto y devolverle a Paul Mendelssohn el dinero que le había prestado, llegó a Breslau para ofrecer la primera audición en Europa del *Trío,* op. 8... ¡de Brahms! Era el 18 de diciembre de 1854. Hacía nueve meses que Robert Schumann estaba internado y dos que no había escrito.

9

El adiós a Robert

(1855-1856)

Conciertos a la ida y conciertos a la vuelta. De nuevo en Berlín, Clara y Joachim interpretaron Bach, Beethoven y el *Réquiem por Mignon* de Schumann. Luego, Clara volvió a Leipzig. Gran éxito a la ida, triunfo a la vuelta... Sin embargo, aun cuando no se hubiera sentido culpable, ¿qué placer podía experimentar sabiendo que Robert se encontraba solo y enfermo en Endenich? El doctor Richarz acababa de enviar malas noticias, y la Navidad se aproximaba. Era la tercera fiesta sin Robert, por no mencionar todos aquellos conciertos celebrados sin él. Schumann, enfermo, inquieto y celoso, afirmaba: «Debo alejarme de los lugares donde reina la alegría.» Pero Clara resistía. La esperanza la mantenía. Por ello, Joachim, que había visto a Robert en Endenich, le mintió al llegar a Düsseldorf para pasar la Navidad con ella, los niños y Brahms. Robert estaba delgado porque se negaba a comer. Se sentaba al piano con las manos temblorosas y arrancaba al instrumento sonidos espantosos, que «desgarraban el corazón y el oído». Trabajaba, desde luego, pero clasificando por orden alfabético nombres de ciudades extraídos de un atlas, y lo hacía con aquella meticulosidad maniática que reflejaban su libreta de notas, sus cuentas, sus presupuestos, la clasificación de sus escritos, la de los textos sobre música de grandes autores y, últimamente, la manera de ordenar sus recuerdos y las «fechas de nacimientos de (sus) queridos hijos». Llegaba incluso a deambular a cuatro patas por su habitación. También tenía momentos de lucidez, pero eso no hacía más que aumentar su sufrimiento.

La Navidad llegó. ¿Volvería?, preguntó Clara. Sí, respondió Joachim. ¿Curado? Curado. María Schumann y Josef tocaron para Clara la *Sonata en la menor* de Robert, y Elisa las *Kinderszenen*. Johannes recibió como regalo las obras completas de Jean-Paul, y Josef Joachim las partituras de las sinfonías de Schumann.

«Prefiero no hablar de los sentimientos con los que abordé el nuevo año 1855 y dejé atrás el viejo, tan difícil y doloroso que me siento incapaz de describirlo... ¿Podré recuperar la felicidad, volver a poseerla? Dios lo quiera...» Clara partió de nuevo con Josef Joachim, dejando a Brahms en Düsseldorf por si Robert necesitaba alguna cosa. Johannes había ido a verle. Hablaron de música y Schumann comentó las últimas obras de Brahms con la misma claridad e inteligencia que demostrara en sus artículos para la *Neue Zeitschrift,* cuando su sentido crítico aún permanecía íntegro. Clara estaba tranquila, Rotterdam, Leyde, Utrecht, Amsterdam, La Haya... ¿Qué habría dicho Robert? Todas las ciudades ovacionaron a la pianista, pero no apreciaron las obras de su marido. De todas formas, dijo Clara, «resulta increíblemente difícil aparecer en público cuando se tiene el corazón desgarrado». El 10 de febrero regresó a Düsseldorf, donde la esperaban malas noticias de Endenich. Nueve días más tarde estaba en Hannover. Allí encontró a su querida Jenny Lind, con quien discutió por defender las obras de Brahms. Después fue a Dantzig y Berlín, donde interpretó la *Fantasía para piano, coro y orquesta* de Beethoven, prefiguración de la *Novena sinfonía.* Tren, silla de posta y trineo: Clara llegó a Pomerania, cuyo lujo provocó su disgusto e indignación. En una ciudad tuvo que probar un piano calado hasta los huesos, en otra... No podía soportar la soledad y los nervios. Finalmente, Johannes Brahms se reunió con ella en Rostock. Seguía siendo el mismo: huraño, brusco y tan poco hablador como Schumann, pero lleno de delicadeza, medio niño y medio protector. Era el «ángel consolador» de Clara. La amaba. Regresaron juntos a Düsseldorf.

El estado de Robert era estacionario.

Movida por un impulso que empezaba a parecer una necesidad de huida. Clara partió de nuevo. En Colonia interpretó la *Missa solemnis* de Beethoven. ¡Qué recuerdos le traía aquello! Robert la había dirigido en Dresde. «Realmente, esta música ha sido escrita por un dios, y no para los hombres sino para los dioses, *pues apenas llegamos a entenderla...*» Clara Wieck seguía queriendo golpear su «estúpida cabeza» contra la pared, al tiempo que Clara Schumann se convertía en una de las mejores intérpretes de Beethoven, cuya música aún se tocaba poco. En ausencia de Schumann, Brahms y Joachim hacían el papel de Pigmalión, pues la fuerte e irreductible Clara no podía vivir, evolucionar ni enfrentarse a los monumentos de su repertorio sino sometiéndose a la autoridad de un «maestro».

En ausencia de Robert... Hacía más de un año que estaban separados... Curioso retorno a la época del noviazgo. Ella tenía esperanzas: «El restablecimiento de mi marido continúa consolidándose. Trabaja bien, pero aún no ha recuperado sus fuerzas. *Tengo una confianza ciega en la primavera.*» ¿De dónde la sacaría? Escribió las anteriores palabras en abril, a su regreso de Hamburgo, donde había ido con Johannes para escuchar el *Manfredo* de su querido Robert. Unos días más tarde recibió una carta de Schumann. Sintió tal alegría que creía que no sabía leer:

«5 de mayo de 1855

»Querida Clara,

»El 1 de mayo te envié un mensajero de la primavera, pero los días siguientes fueron muy agitados.

»En la carta, que seguramente recibirás pasado mañana, te cuento más cosas.

»Su contenido te alegrará, mi vida, a pesar de que *sobre ella se cierne una sombra.*

»No sabía la fecha del cumpleaños de nuestro querido Brahms. Tendré que ponerme alas para que mi envío llegue mañana, al mismo tiempo que la partitura.

»He incluido un dibujo de Félix Mendelssohn para que lo pongas en el álbum. Es un recuerdo entrañable.

»*Adiós,* querida,
»tu Robert.»

La partitura llegó el 7, día del cumpleaños de Johannes. Era la de la *Obertura para la prometida de Messine*, dedicada por «el maestro». La carta anunciada, cuyo contenido era sombra y luz a la vez y produciría tanto dolor como alegría, no llegó. Tal vez mañana. Y todos los días Clara se repetía: tal vez mañana. Finalmente, recibió noticias, pero a través de Bettina Brentano, que también estaba autorizada para visitar a Schumann. Tan excitada, perentoria e inmodesta como siempre, Bettina había decidido que a Robert no le cuidaban bien en Endenich, que debía cambiar de médico y de casa de reposo, que quizá debiera volver con Clara, con su familia, y que sólo así todo iría mejor y más rápido. Ella sabía de estas cosas porque había cuidado enfermos durante la epidemia de cólera en Berlín, en 1831, y porque, además, conocía un psiquiatra, una clínica, un enfermo que..., etc. Entonces, Clara, que normalmente se exasperaba con los comentarios de Bettina Brentano, hizo de éstos sus caballo de batalla y empezó a soñar que su Robert volvería junto a ella y se curaría.

Pero era una esperanza vana. Con mucha suavidad, el doctor Richarz, Josef Joachim, Johannes Brahms y el resto de amigos empezaron a destilar la verdad sobre el estado de salud de Robert: «No me parece conveniente explicar con detalle el triste cuadro de la enfermedad de Schumann —dijo Wasielewski—. Tan sólo me permitiré la libertad de mencionar un dato sobre esta cuestión. Antes de dejar Bonn, durante el verano de 1855, fui a Endenich para informarme, como ya había hecho en multitud de ocasiones, sobre el estado de salud del venerado maestro. Schumann estaba sentado al piano que había pedido le trajeran, e improvisaba. Pudimos observarle un buen rato por el resquicio de la puerta sin ser molestados. Destrozaba el corazón ver la decadencia física e intelectual de aquel gran hombre a quien el arte debe tanta belleza y que, con su infatigable celo, había consagrado su apacible pero fecunda vida al más noble ideal. Su interpretación era absolutamente insípida. Era como si la fuerza que le animaba estuviera totalmente paralizada, *al igual que una máquina cuyo mecanismo estropeado se esforzara, con movimientos convulsos, en seguir funcionando.*»

Sin ninguna duda, la verdad, con su cortejo de desilusiones, empezaba a hacer mella en la mente de Clara, que estaba más irascible que nunca. Ni siquiera el festival del Bajo Rhin, que atrajo a Düsseldorf a infinidad de músicos, consiguió hacerle olvidar su dolor, a pesar de que aquella atmósfera la apasionaba. Ferdinand Hiller dirigió el festival. Interpretaron *El paraíso y la Peri*. Hanslick, el crítico austríaco que había tenido sobre sus rodillas a María y Elisa Schumann, acudió desde Viena. También estaba Jenny Lind, con quien Clara volvió a discutir, lo mismo que con Liszt, violentamente y en público, a causa de Brahms y su música. La vida en Düsseldorf era difícil para Johannes, ya que no encontraba alumnos y, además, los editores adoptaban una postura recalcitrante, afirmando que los negocios no funcionaban bien y que debían ser prudentes a causa de la guerra de Crimea. De nuevo llegaron malas noticias de Endenich. Clara ya no decía: tal vez mañana... ya no esperaba la carta prometida por Schumann y que nunca llegó. Lloraba. Joachim y Brahms permanecieron junto a ella durante todo el mes de junio: tocaban, daban largos paseos, hacían cualquier cosa para disipar la tristeza de aquella mujer desprovista de la fuerza, la vitalidad, el valor y la alegría que le habían caracterizado hasta aquel momento. Después, Joachim tuvo que marcharse de gira por el Tirol, y la única ayuda que le quedó fue la de Brahms. Se fue con Clara y Berta, la niñera, a Ems, a pesar del horror que le inspiraba la atmósfera falsa, frívola y podrida de dinero de aquella ciudad donde Clara debía tocar acompañando a la poco rencorosa Jenny Lind. Cuando acabaron los conciertos, Johannes convenció a Clara para realizar un viaje de placer, como en la época en que hacía largas excursiones con Robert: Coblenza, Maguncia, Frankfurt, Heidelberg o Baden-Baden. Fueron diez días felices, diez días arrancados a la angustia. En cuanto a Johannes Brahms, ironizando sobre sí mismo, escribió a su amigo Julius Grimm: «Nunca habría imaginado que me pudiera resultar tan agradable viajar con dos mujeres.»

En Kiel, adonde Clara se dirigió a continuación con el propósito de descansar, se las ingenió para discutir con músicos, editores y amigos a causa de Brahms. Oponían la «dureza» de su música a la gran ternura schumanniana. Cierto, admitía Clara, pero añadía testaruda: «La cáscara dura esconde a menudo la almendra más dulce.» Cuando el 10 de septiembre regresó a casa, encontró un desalentador informe del doctor Richarz. Estaba acabado, acabado, acabado. Su querido Robert no se curaría nunca del todo. Clara lloró. Como si huyera de sus propias lágrimas, se fue a Elberfeld para escuchar los lieder de Brahms y Schumann reunidos en un solo concierto; luego, a Göttingen, donde se encontró con Julius Grimm, el «joven demonio»;

y, a continuación, a Berlín, donde interpretó a Bach, Beethoven y Schumann. A mediados de noviembre, en Dantzig, ya no estaba sola: Brahms y Joachim la esperaban. Toda la ciudad aparecía cubierta de carteles. Johannes paseaba arriba y abajo, insoportable, devorado por la angustia, fumando un puro tras otro. Estuvieron tres días tocando en solitario, a dúo o en trío. Johannes ejecutó la *Fantasía cromática y fuga de Bach,* una *Gavotte* y una *Sarabanda* compuestas por él, pero fracasó: estaba demasiado nervioso, y el estado del piano era tan lamentable que sólo Clara podía sacar de él sonidos dignos de recibir este nombre. En efecto, parecía que nada podía impedirle tocar «maravillosamente». En Leipzig, Clara interpretó por primera vez la *Sonata,* op. 106, de Beethoven, que Joachim y Brahms le habían hecho trabajar, analizando para ella las partituras de aquel «dios» al que siempre había considerado fuera del alcance de su inteligencia. Después, el trío se separó y Brahms prosiguió solo su gira, suscitando críticas irónicas en la *Neue Zeitschrift*, que ya no estaba en manos ni de los mendelssohnianos ni de los schumannianos, sino de los lisztianos de la «música del futuro», cuyo fogoso líder era el pianista y director de orquesta Hans von Bülow, devoto de Liszt, Wagner y Berlioz.

«Brahms no está todavía libre de la amenaza schumanniana —decía el artículo—. Aún conserva hábitos excesivamente sutiles, esa tendencia a lo vago y lo brumoso que caracteriza a los discípulos del romanticismo. Comparte esa profunda convicción de Schumann, según la cual el impulso del talento y la inspiración del momento deben seguirse sin vacilación ni discriminación. A menudo introduce en sus obras pasajes que no tienen ni pies ni cabeza, y que con toda evidencia no son revelaciones del cielo...»

Lo que los lisztianos criticaban era la música romántica, y los ataques contra Brahms surgían como reacción al comentario de Schumann sobre el «nuevo genio» que, para él, era Johannes. A Hans von Bülow le había gustado tan poco que escribió a Liszt diciéndole, de entrada, que Schumann estaba ya enfermo y, después, que Brahms no turbaba en absoluto la tranquilidad de su espíritu. Clara estaba loca de rabia. ¡Qué no le habrían hecho los lisztianos! La cólera la distraía de su tristeza y su angustia, aumentadas, en aquella época navideña, por las malas noticias de Endenich: dado el estado de extrema agitación que las visitas provocaban en Schumann, el doctor Richarz las había prohibido temporalmente. El 1 de enero Clara estaba en Praga. Lo importante era huir, organizar conciertos, preparar los programas, ocuparse de las entradas, de los afinadores..., en suma, ocuparse de todo en todas partes, ocupar la mente, recuperar a toda costa el placer de ser aplaudida, ovacionada y alabada como «la mejor pianista de Alemania», pero también tocar la música de su querido Robert, intentar que se aceptara la del delfín y, sobre todo, alimentar a sus siete hijos, además de pagar enfermeros y colegios.

En Praga y Viena tuvo una gran acogida. Beethoven empezaba a ser escuchado en estas ciudades. Los acontecimientos de 1848 habían alejado definitivamente a Metternich del poder, y la creciente influencia de Grillparzer y Friedrich Hebbel incluso había facilitado la conversión de la ciudad al romanticismo. Ya no se consideraba a los italianistas rossinianos como maestros indiscutibles. Con las *Kinderszenen* de Schumann, Clara fue ovacionada quince veces. El *Trío en re menor*, el *Carnaval* y el *Cuarteto en fa* obtuvieron un notable éxito. En cuanto a la música de Brahms, que no siempre se atrevía a incluir en sus programas, la tocó en los bises y, por una vez, tuvo una buena acogida. Es cierto que allí estaba el crítico Hanslick, fiel admirador de Schumann y defensor de Brahms contra los wagnerianos y los lisztianos de la «música del futuro», hacia quienes sentía una violenta hostilidad. Clara estuvo con Grillparzer, con el imponente Hebbel —al que había visto en su casa de Dresde cuando Robert escribía el libreto de *Genoveva*—... y con Liszt. La costumbre parecía ya arraigada: volvieron a discutir. Un mes y medio más tarde, Clara fue aclamada en Pest. De regreso, celebró conciertos en Praga, Leipzig y Hannover, y oyó y leyó que había dejado de ser la mejor pianista de Alemania, para convertirse en la mejor pianista de su época.

Llegó a su casa a finales de febrero: «Disfrutar de nuevo de la casa, de su amable dulzura y de todos los seres que viven en ella. Sólo él, el más querido, sigue ausente.» Una ausencia horrible, insoportable. El 7 de abril partió sola hacia Inglaterra. Hacía tiempo que quería ir, siguiendo la estela de Liszt, Mendelssohn y Chopin. Ellos, cada uno en su momento, habían sacado a Londres de su somnolencia, pero en todos los casos la ciudad había vuelto a caer en ella. El panorama musical era desolador. Una noche, los murmullos eran tan ruidosos que Clara dejó de tocar, cerró el teclado y abandonó la sala. La historia no cuenta cuántos británicos se dieron cuenta de que se había ido. ¡Clara dio veintiséis conciertos en tres meses! Sin embargo, «mi espíritu sigue en Alemania», dijo a Albert Dietrich.

En esta época, Brahms escribía a la que, para él, seguía siendo «la gran dama de la música». Había empezado llamándola «queridísima señora Schumann», luego, «queridísima amiga» y «amiga amada con fervor», y finalmente «mi querida Clara, pienso en vos todos los días y os abrazo mil veces». Esperaba con impaciencia el correo: «Ninguna carta vuestra esta mañana... No puedo hacer nada... No puedo ni tocar ni pensar en nada.» Y cuando adoptaron el tuteo: «Tus cartas son para mí como besos». Por otra parte, Brahms escribía a su amigo Julius Grimm: «No creo estimarla ni venerarla más de lo que la amo... Creo que nunca podré amar a otra mujer. En cualquier caso, las he olvidado a todas por completo. No hacen más que prometer un paraíso que sólo Clara puede abrir.» A medida que el tiempo pasaba, sus cartas eran cada vez más tiernas y reflejaban un amor cada vez mayor. Pero, por paradójico que pueda parecer, existía otra razón para declararle a Clara su amor y su apoyo, para decirle que él estaba y estaría siempre allí: tenía la absoluta certeza de que Schumann iba a morir. Sabía que Clara se sumiría en la desesperación y la preparaba con mucha suavidad para esta prueba; ya no le decía que Robert no se curaría nunca del todo, sino que no se curaría jamás, y que le quedaba poco tiempo de vida. Brahms había ido a visitarle en abril, y salió de Endenich transtornado: Schumann no hablaba en absoluto, ni comía ya. Y había vuelto a verle para celebrar su cuarenta y seis cumpleaños, acompañado de Dietrich y de un alienista con el que se habían puesto en contacto, animados sin duda por una última esperanza. Pero sólo Brahms fue autorizado a verle. En esta ocasión, Schumann le reconoció y sonrió, sin más.

El 23 de julio de 1856, Clara recibió un telegrama en Düsseldorf, adonde acababa de llegar, agotada, de Inglaterra. «Si quiere volver a ver a su marido vivo, venga a toda prisa. Ofrece un aspecto terrorífico.» Siguiendo el consejo, emprendió la marcha hacia Endenich. Allí, una ligera mejoría había hecho mantener al doctor Richarz la consigna de prohibición. Era cruel: Schumann agonizaba y Clara no le había visto desde el 4 de marzo de 1854. Por fin, el día 27, la autorizaron a entrar en la habitación, sostenida por Johannes Brahms.

«Le he visto. Era de noche, entre las seis y las siete de la tarde. Me ha sonreído y besado con infinita ternura. Ya no podía controlar sus miembros, ni siquiera tenderme los brazos. Nunca lo olvidaré... ¡Oh, Robert, cómo hemos de vernos! ¡Con qué pesar no he tratado de reconocer tus bienamados rasgos! ¡Qué espectáculo doloroso!

»Todo cuanto he soportado pacientemente desde que le separaron de mí, hace dos años y medio, sin un adiós, todo cuanto he sufrido ahora a sus pies, en silencio, todo esto apenas me resulta insoportable ahora que al menos, de vez en cuando, tengo una mirada suya, ciertamente velada pero indeciblemente dulce.»

Robert Schumann murió dos días después, al mediodía del 29 de julio de 1856. Solo. Johannes, Clara y Josef acababan de dejarle. Le encontraron media hora más tarde.

«... Su cabeza era hermosa como la de un muerto, nimbada por una suave claridad... Me incliné sobre el cadáver del más tiernamente amado de todos los hombres. Entonces me invadió el sosiego. Todos mis sentimientos se transformaron en reconocimiento hacia Dios por haberle liberado y, cuando caí de rodillas en su habitación, me pareció que todo se llenaba de serenidad, como si un espíritu celestial planeara por encima de mí. ¡Ay, si me hubiera llevado consigo!

»Hoy le he visto por última vez. Aún he depositado algunas flores sobre su cabeza... y él se ha llevado consigo mi amor.

»Miércoles. La señorita Reumond me ha entregado las pertenencias de Robert. ¡Qué pena he sentido al volver a ver mis cartas, que él había anudado con una cinta rosa, y nuestros retratos, el mío, el de los niños, el de Johannes y Joachim, que tantas veces le habían divertido! Precisamente pidió el mío la última noche, justo cuando yo corría hacia él. Todos sus papeles estaban perfectamente ordenados, con su acompañamiento para los *Veinticuatro estudios de Paganini* copiado en limpio, de su puño y letra.

»Jueves 31, a las siete de la tarde. El funeral.

»Me encontraba en una pequeña capilla del cementerio. Sonaban los cantos fúnebres y, en el momento en que le enterraban, he tenido la certidumbre de que no era él, sino sólo su cuerpo, porque su espíritu se había quedado conmigo.

Y nunca mi plegaria fue tan profunda como en ese instante.

»¡Que Dios me dé fuerzas para vivir sin él!

»Johannes Brahms y Joachim iban delante del ataúd, llevado por algunos de los cantores de la Concordia que, antaño, en Düsseldorf, le habían ofrecido una serenata. Las autoridades cerraban el cortejo. También estaban Dietrich y Hiller, que había venido de Colonia, pero no había ningún amigo más. No anuncié con antelación la ceremonia para evitar la presencia de demasiados extraños. Habían venido sus más queridos amigos, y con eso bastaba. Así lo hubiera deseado.

»De este modo, mi felicidad se ha ido con él. Una nueva vida comienza para mí.»

Ésta es la conclusión de Clara. Para ella comenzaba una nueva vida, sin felicidad ni amor. Pero libre.

Tercera parte

El período Brahms o el consuelo imposible

(1856-1896)

1
Inquietud
(1856-1859)

Todos partieron: Julius Grimm a Gotinga: Albert Dietrich a Bonn, donde sustituía a Wasielewski, nombrado director musical en Dresde; y Josef Joachim a Hannover, desde donde escribió a Franz Liszt expresando su admiración por Clara, esta «noble mujer que, desde su profunda tristeza, demuestra una fuerza sobrehumana».

La reacción de Clara fue idéntica a la que mostró cuando Robert Schumann partió a Endenich, es decir, empezó a esbozar múltiples proyectos sin poder pararse a pensar la dirección a tomar o el lugar donde instalarse. ¿Londres? De repente, los ingleses le parecían encantadores. ¿Dinamarca, donde había sido tan bien acogida? ¿Holanda? ¿Berlín, cerca de su madre? ¿Hamburgo, donde vivía la anciana Johanna Brahms, tan dulce, sencilla y ejemplar en su pobreza? ¿Hannover, donde Josef Joachim podría ofrecerle sus consejos y sus enseñanzas? ¿Viena, donde había soñado vivir con Robert, justo antes de que llegaran los ángeles y los «hombres rojos» para devorarle el espíritu? ¿En cuál de estas ciudades?

Quería marcharse de Düsseldorf, ciudad que encerraba demasiados recuerdos para ella; sin embargo, ¿dónde podría impedir que despertaran? Además, al año siguiente Johannes Brahms debería abandonarla para instalarse en Detmold, pequeña población de la Westfalia septentrional en la que reinaban el príncipe Leopoldo II, su madre, y sus hermanos y hermanas, todos ellos músicos. Clara les conocía y les quería, aunque no compartía la admiración de la familia por Berlioz, Liszt y Wagner. Incluso había dado clases a Federica, una de las hijas de la princesa viuda y joven con grandes dotes para la música, y había obtenido para Johannes el puesto de director musical.

Así pues, ¿dónde establecerse si ya no quedaba nadie en Düsseldorf? Estuvo dudando durante dos meses y, finalmente, tomó la decisión de seguir vagando.

Tras una breve estancia en Suiza, a orillas del lago de los Cuatro Cantones, con sus hijas mayores, Johannes y la hermana de éste, Elisa Brahms —carabina ciertamente ideal a los ojos del mundo, aunque un poco enfermiza y siniestra—, Clara volvió a dejar a Ludwig y Ferdinand en el internado de Bonn, a María, Elisa y Julia en Leipzig, y a Eugenia y Félix en Düsseldorf, a cargo de Berta, el ama de llaves. Interrumpió sus clases e inició una gira de un mes por Alemania, interpretando a Schumann, Brahms, Beethoven, Mozart y Bach. Era la vida que Wieck había soñado para ella, aunque Clara había eliminado definitivamente el «estruendo digital» de Hummel y los demás. Por Navidad regresó a Düsseldorf y, después, a Leipzig, donde se encontraban sus hijas mayores, así como el Gewandhaus. El 1 de enero ejecutó allí, por primera vez, el *Concierto en re menor, K. 466* de Mozart.

Cuando el invierno de 1857 finalizó, Clara Schumann había visitado todas las ciudades de Renania en las que se podía instalar un piano, «aprender a percibir cada vez mejor lo que hay de divino en el arte y a traducirlo de un modo cada vez más digno». Había pasado por Hannover, Berlín, Dresde, Leipzig... lugares que contaba con un escenario, una sala, un público... Su madre aquí, su padre allí, y amigos por todas partes. Regresó, pero al no poder soportar ni la inactividad ni la soledad, volvió a partir.

Decidió ir a Londres, como si no recordara las condiciones en las que había tenido que actuar el año anterior, y que seguían siendo las mismas. Resultaba difícil encontrar alumnos, organizar conciertos, atraer al público y soportarlo tal como era, dispuesto a «escuchar cualquier cosa» y a considerar el arte como una diversión, decía Clara. Y como le sucedía a menudo, la cólera le hizo olvidar la tristeza. La víctima, en esta ocasión, fue el pianista y compositor ruso Anton Rubinstein: su manera de ser y de tocar disgustaron profundamente a la señorita Wieck, que sabía muy bien cómo mostrarse desagradable. Hay que admitir que Rubinstein tenía tres defectos: era un excelente intérprete, como ella, un compositor, como Schumann y Brahms, y además amigo de Liszt y los wagnerianos. También es cierto que Clara tenía prevención contra él: Brahms le había escrito sobre el ruso, al que había conocido el año anterior en Hannover, diciéndole que «se muestra a veces insignificante y a veces abominable, pero siempre hábil», sin saber que Rubinstein, por su parte, había informado ya a Liszt sobre Brahms, afirmando que «para los salones, no es lo bastante fogoso; para el campo, no es lo bastante rústico; para la ciudad, no es lo bastante general...» Y añadía, refiriéndose a Julius Grimm: «Me ha parecido un pálido esbozo de Schumann.»

Clara regresó llena de desprecio hacia el público inglés, desprecio que sin duda olvidaría, al igual que olvidaba el calor y la unanimidad de los aplausos —y el placer que le producían—, afirmando unas veces que jamás había recibido una acogida tan entusiasta. Reunió a sus hijos, volvió a hacer las maletas y se fue con ellos a los alrededores de Coblenza, a orillas del Rhin, donde pasó el verano. La bella región, con sus ciudades adosadas a la falda de la montaña, sus fortalezas y castillos medievales, sus iglesias góticas y su luz, constituía un paisaje típico del romanticismo. A las excursiones prescritas en su infancia por Wieck, «para que aprendiera a dominar los nervios», se unía ahora el amor hacia la naturaleza cultivado por Schumann. Dio largos paseos, pero no transcurrió un solo día sin saciarse de música. No en vano estaba allí Josef Joachim, a quien Clara se llevó aparte, con pasión y lágrimas en los ojos, para comentar los términos de su crítica sobre la interpretación que ella hacía de la sonata *Pastoral* de Beethoven; una crítica, además, tardía, dado que Clara ya la había ejecutado varias veces en público.

Clara queria alcanzar, sobre todo con Beethoven, que le resultaba tan difícil, oscuro e intimidatorio, una «perfección cada vez más intelectual». Y puesto que Schumann ya no estaba allí para decirle cómo hacerlo, ¿qué podía hacer ella, sola y sin cerebro como se consideraba, si Joachim no asumía el papel de consejero? Josef tenía doce años menos que Clara, y ella le consideraba su «profesor» en defecto de Robert. Se puso a trabajar e interpretó la *Pastoral* para el joven director de orquesta de Hannover, así como para Brahms y Julius Grimm, que se habían reunido con ellos. Tras la *Sonata*, op. 106, para *hammerklavier,* compuesta por Beethoven en un momento en el que las posibilidades expresivas del piano sufrían una profunda transformación, abordó dos de las últimas grandes sonatas del «dios» Beethoven: la *Treinta,* op. 109 (dedicada a Maximiliane Brentano, madre de Clemens y Bettina), y la *Treinta y una*, op. 110. Como contrapartida a los consejos recibidos, ella supervisaba las composiciones de Johannes, que nunca iba a verla sin llevar consigo obras editadas, partituras acabadas y obras en proyecto. ¿Una sinfonía este manuscrito?, preguntaba Clara y, sin esperar respuesta, contestaba: No, más bien un concierto, un concierto para piano. Eran horas de discusión, horas de música, horas de paseo. Así transcurrieron las vacaciones de Clara Schumann. Volvió a Düsseldorf solamente para trasladar los muebles a Berlín e instalar allí a sus hijos. Apenas llegó, volvió a partir para tocar en Dresde, o en Leipzig con Joachim, cuya «maravillosa» ejecución, cultura e inteligencia admiraba cada vez más. Habían transcurrido tres años desde que Robert Schumann la dejara, y catorce meses desde su muerte. Clara había recorrido miles de kilómetros, dado decenas y decenas de conciertos y tocado apasionadamente, tanto por necesidad económica como moral. Había expresado con más frecuencia su cólera —contra los detractores de la música romántica, contra un público lamentable o contra un piano malo— que su tristeza de mujer, permitiéndose tan sólo unas lágrimas en algunos momentos de desasosiego. Después de pasar por tantas pruebas en las que había demostrado poseer aquella «fuerza sobrehumana» que le prestaba Joachim, sus brazos le fallaron en Augsburgo y, poco después, en Munich, donde se encontró con su vieja amiga Emilie List. «No puedo seguir tocando», dijo. Durante su última gira por París había sufrido ataques de reuma, pero sin duda no lo suficientemente dolorosos para que aplazara sus conciertos. Sólo una incapacidad física para tocar en público habría podido interrumpir su huida hacia adelante, esa «nueva vida» iniciada, no en julio de 1856 como ella había dicho, sino en marzo de 1854, tras la hospitalización de Robert. Por otra parte, esta existencia no era tan nueva para Clara, pues guardaba una extraña similitud con la que había llevado en la época de su difícil noviazgo, cuando, como ahora, el problema era huir de la ausencia del ser querido e intentar llenarla.

Clara pasó el fin de año en Suiza, donde, por primera vez desde la insurrección de Dresde, volvió a ver a Richard Wagner, que entonces tenía treinta y cuatro años y que, al haberle negado el rey de Sajonia la amnistía, seguía bajo orden de detención en Prusia. Acababa de descubrir a Schopenhauer, que consideraba la música como «la última etapa antes de la santidad», y cuya lectura había proporcionado a Richard Wagner «la verdadera comprensión» de su Wotan. (Ironía de la historia: en 1848, Schopenhauer, entonces en Frankfurt, prestaba sus ventanas a los soldados austríacos que disparaban contra los insurrectos.) Concluido con *Lohengrin* el período de la ópera romántica inaugurado por el *Freischütz* de Cal Maria von Weber, Wagner había acabado *El oro del Rhin* y *La Walkyria,* y había puesto música al primer acto de *Sigfrido*, obras todas ellas inspiradas en las antiguas leyendas alemanas que nutrieran y forjaran el movimiento romántico. Sus vínculos con Franz Liszt, Berlioz, Hans von Bülow y la joven esposa de éste, Cosima, segunda hija de Liszt y Marie d'Agoult, se habían estrechado aún más, y se confirmaba su pertenencia al «clan» de la música del futuro. En Alemania, la disputa entre los weimarianos «del futuro» y sus detractores se iba emponzoñando. Hanslick había hecho que silbaran a Liszt en Viena y Ferdinand Hiller había iniciado un alegre abucheo antiweimariano en Aix-la-Chapelle. Así pues, para Clara, Wagner estaba en el «campo enemigo». Él tampoco había cambiado y, además, era el autor del odioso panfleto antisemita —publicado con el título de *El judaísmo en la música*— en el que sólo se concedía a los judíos una posibilidad de redención: el suicidio. Clara tenía ahora una buena razón para sentir la antipatía, al principio irracional, que había experimentado al conocerle. Wagner se mostró «amable» y escuchó con atención los *Estudios sinfónicos* de Schumann que ella ejecutó para él, pero no supo suscitarle «la sombra de un destello de simpatía».

Cuando regresó a Berlín, Clara sintió la necesidad de establecerse en algún sitio y, al mismo tiempo, una total indecisión respecto a la elección de la ciudad y el lugar que ocuparía en ella. Parecía que este deseo de empezar una vida sedentaria sólo pudiera aparecer en ella unido a la imposibilidad de satisfacerlo. Empezó a pensar en Baviera, Nuremberg, Fürth, Erlangen..., y a multiplicar las ciudades, lo que añadió dificultad a la elección. ¿Sería, finalmente, Stuttgart? Y volvía a empezar. Aquel valle del Neckar era tan bello... Joachim podría reunirse allí con ella... Aunque también podría ir a Hannover. «Me asistiréis con vuestros actos y consejos, vuestra música me servirá de ejemplo, vuestros elogios y críticas provocarán mi entusiasmo por el estudio.» Esa constante necesidad de estar bajo la influencia de alguien era, una vez más y en mayor medida que el impulso de huir hacia adelante, el signo de un gran desasosiego cuya causa quizá fuera el reuma que la había obligado a «vivir sin música» durante cierto tiempo, o la idea de que un día tendría que dejar de tocar. Pero aún no había cumplido los cuarenta y, por otra parte, había recuperado con mucha rapidez el uso de sus brazos. Así pues, era otra cosa lo que la había trastornado como una separación, casi como un duelo: la causa de tan súbita agitación era que Johannes estaba enamorado.

En septiembre, Brahms se había instalado en Detmold con el cargo de director musical de la Corte. Pero fue en Gotinga, en casa de Julius Grimm, donde conoció a Aghate von Siebold, amiga de Philippine Ritmüller, la esposa de aquél. Se enamoró perdidamente, al igual que ella. Su físico sufría una transformación: siempre había sido guapo, pero ahora había madurado y se había vuelto más tenebroso. Ya no tenía aquel rostro angelical, imberbe e impúber de los veinte años. Sólo conservaba una semejanza lejana y fugaz con el adolescente de Hamburgo que, cinco años antes, se había presentado en casa de los Schumann. Era un hombre soberbio, y estaba enamorado. Al principio, Clara Schumann tuvo miedo de sentirse abandonada. Su primera reacción fue la de buscar un lugar donde vivir cerca del amigo Joachim y rodeada de sus hijos, una especie de refugio, de nido. Pero muy pronto surgió la reacción inversa y de nuevo partió. Bâle, Guebwiller, la Suiza de habla francesa..., una ciudad tras otra y un concierto tras otro. Difundía al mismo tiempo la música de

Beethoven, Schumann, Brahms y, a menudo, la de Mozart y Bach, ofreciendo a Alemania su propia cultura. Después, Clara coincidió en Berlín con Johannes, que acudía a ella, a su queridísima Clara, a su amada Clara, para lamentarse porque no había conseguido que ejecutaran su *Concierto en re menor* cuyo borrador, concebido aún como sinfonía, le había mostrado el verano anterior. Un editor de Hamburgo se había negado a prestarle un piano para tocar en Otten. Así pues, Brahms la necesitaba. Eso era lo que ella quería.

La primera audición de su concierto tuvo lugar en marzo de 1858, en Hannover. Joachim dirigía y Clara tocaba el piano. Volvieron a ver a Wilhelmine Schroeder-Devrient, expulsada de Dresde al mismo tiempo que Wagner, y que ahora volvía a los escenarios. Tenía cuarenta y cinco años, y había perdido su maravillosa voz y su extraordinario talento dramático. «¡Qué desgraciada sería si no pudiera ejercer mi arte con todas mis facultades!», dijo Clara mientras, por otra parte, aconsejaba a Wilhelmine que abandonara el canto. Evocando la tumultuosa vida sentimental de la cantante, sus innumerables amantes y sus tres maridos, Clara añadió: «Solamente hay un hombre por el amor del cual... hubiera podido renunciar a cualquier tipo de manifestación artística ante el público. Comprendiendo plenamente su arte y todo su ser, mi corazón se hubiera sentido colmado. Pero este hombre ya no vive...» ¡Qué cinismo! Parecía haber olvidado las condiciones en las que Robert Schumann había debido seguirla durante sus giras, y precisamente porque ella no podía prescindir de sus apariciones en público. Sin embargo, no es menos cierto que Clara hablaba constantemente de «su Robert», que todo se lo recordaba y le recordaba su ausencia. Nada ni nadie podía consolarla de esta pérdida, pero, al mismo tiempo, nada podía sumirla más en la tristeza que el abandono de los seres que sabían hacérsela olvidar.

¡Y Brahms estaba enamorado!...

A principios de la primavera, Johannes fue a pasar unos días con Clara llevando la primera versión, bajo la forma de octeto, de una serenata que desagradó a la señora Schumann. Demasiado «mundana», dijo. Clara continuó desempeñando este papel en Gotinga, donde, durante el verano, se reunió con Brahms acompañada de cinco de sus hijos. Venía del balneario de Wiesbaden para acabar de pasar sus vacaciones en casa de los Grimm. Música, excursiones y más música. Johannes Brahms siguió trabajando en su serenata y compuso un libro de canciones dedicadas a los hijos de Schumann. Hablaron de música, y también de amor y matrimonio. Clara le ofreció sus consejos sobre este tema, pero para disuadir a Brahms de que se casara. Estaba celosa como lo había estado de Ernestine von Fricken.

Ya no hablaba de ocupar un lugar junto a un «hermano», sino junto a un hombre al que decía amar «como a un hijo» y cuya música sólo había difundido y defendido tan ferozmente para justificar, a los ojos del mundo y a los suyos propios, el hecho de conservarle a su lado. ¿Podrían alejar a su «ángel consolador», al amante de unos días, de unos meses tal vez, sin más? Por un lado, ella había amado demasiado a Schumann, había sido demasiado amada por él, y era luterana, una mujer del siglo XIX, bastante mayor que Brahms, y, por el otro, él había frecuentado suficientemente a las prostitutas de Hamburgo para no disociar estos amores del amor «ideal» y romántico que sentía por Clara. A pesar de todo, ella estaba celosa. Cuando se marchó de Gotinga, Johannes se quedó allí a causa de Agathe. Conciertos en Austria, en Hungría y de nuevo en Viena, donde la música de su querido Robert fue elogiada por Hanslick, quien manipulaba a voluntad a las masas, un día en contra de Liszt y al siguiente en favor de Schumann. En cuanto a Johannes... El mayor peso que Clara podía otorgar a sus argumentos contra el compromiso con Agathe von Siebold, era tocar su música y describirle la acogida que recibía. Así, de las *Danzas húngaras* que Brahms le había arreglado para piano solo y que ella ejecutó en toda la región de Düsseldorf, le dijo: «¡Han sido acogidas por tormentas de aplausos!» Sin embargo, él seguía amando a Agathe von Siebold, y Julius Grimm le acuciaba para que pidiera su mano, en lugar de ayudar a Clara. ¡Y precisamente ella, Clara, se vio obligada a renovar sus recomendaciones de prudencia, a prevenirle contra el matrimonio, a decirle que iba a perder su libertad!... Resultado: Johannes se salvó. Agathe envió una carta de ruptura en la que manifestaba la misma incomprensión que antaño mostrara... Ernestine von Fricken.

Todo terminó. Clara había ganado, pero sin llegar a saborear por completo su victoria, como lo prueba el hecho de que poco tiempo después manifestara su perfidia cómica al escribir a Brahms: «He pasado unos días malos en Kassel. No dejo de pensar en la pobre Agathe, no puedo alejar de mi mente a esta desdichada muchacha abandonada. Ahora comparto con ella su dolor. *¡Ah, querido Johannes, no tendrías que haber dejado que las cosas llegaran tan lejos...!*»

A buen entendedor, pocas palabras bastan... En el futuro, Brahms podría abandonar a las mujeres, pero no debía llegar a mantener relaciones tan tiernas con ellas...

Y eso fue exactamente lo que hizo, un año más tarde, con la joven vienesa Berthe Porubsky, una muchacha encantadora que tenía una preciosa voz y cantaba en la sociedad coral femenina que él dirigía en Hamburgo. Clara era miembro honorario de esta coral y, cuando tenía tiempo, asistía a las reuniones que se celebraban los lunes. Permanecía atenta, pero no tuvo necesidad de intervenir en esta segunda historia de amor de su querido Johannes. Como con Agathe, él se enamoró perdidamente y, luego, se declaró con timidez. Poco después se produjo la ruptura, aunque esta vez sin drama.

En el intervalo entre ambas historias, Brahms acabó

dos serenatas, el *Ave María,* op. 12, el *Salmo XIII,* op. 27, el *Adoremus,* op. 37, y los *Cantos de la Virgen María,* op. 23. Antes de entregar las obras al editor y presentarlas en público, se las enseñaba a Clara, le llevaban las partituras, o bien se las enviaba si estaba de viaje, que era lo que sucedía con más frecuencia. Durante este tiempo ella ofreció conciertos en Graz y Dresde, donde había vuelto a ver a Bendeman antes de que se marchara para ocupar el cargo de director de la Academia de Düsseldorf, y había conocido al cantante Julius Stockhausen, que difundía los lieder de Schumann por toda Alemania. Después partió hacia Praga y Viena, ciudad que se encontraba entonces en plena restauración urbanística: el emperador Francisco José (que había ocupado el trono tras los acontecimientos de 1848, y contraído matrimonio con la bella Elisabeth en 1854) quería metamorfosear la ciudad, convertirla en un «París del Danubio» y organizar allí una vida deliciosa. Sin duda, ello permitiría que pasaran más desapercibidas las derrotas austríacas de Magenta y Solferino, contra las tropas franco-sardas de Napoleón III y Víctor Manuel II. Después de Austria, Clara fue a tocar a Leipzig y, de nuevo, a Londres, una capital que quizá consideraba digna de su espíritu de conquista. Unas vacaciones en la Selva Negra con sus hijas María y Elisa, y su amiga ciega Rosalie Leser, le habían permitido redescubrir las *Danzas de los compañeros de David,* op. 6, de Schumann, de las que dijo: «Las toco para mí. No siento mis dedos, sino el soplo de poesía que penetra en su dulce y profundo conjunto. ¡Oh, cómo le amo en esta obra!...» En otoño, surcaba Alemania del Norte, y en invierno, Holanda. Cuando se acercaba el cincuentenario del nacimiento de Robert, se dedicó a rebuscar entre los papeles de su marido y descubrió las sonatas inéditas para violoncelo y las tres partes de la *Misa en do* que había escrito en 1852. Sometió estas obras a la opinión de Josef Joachim y de Johannes Brahms, quienes, no obstante su escepticismo, hicieron publicar la *Misa en do* con el número de *opus* 147. Sin embargo, en cuanto a las sonatas fueron categóricos: no. Joachim, prudente, adujo: «Precisamente porque no tenemos derecho a añadir una hoja marchita a la corona de inmortalidad que le ha trenzado la posteridad, con hojas tan frescas y tupidas; al contrario, nuestro amor vigilante nos obliga a sustraerla a las miradas del mundo musical.»

Sucedía que el mundo musical estaba demasiado agitado...

2
Conflictos
(1860-1861)

En mayo, todos los schumanianos estaban en el festival del bajo Rhin que se celebraba en la ciudad de Düsseldorf. Ferdinand Hiller dirigió la *Primera sinfonía* de Schumann, Julius Stockhausen cantó algunos lieder de Schubert, Schumann y Hiller, y Josef Joachim dirigió Beethoven. También estaban Albert Dietrich y su mujer, los Bendeman y Clara, que entonces tocaba sin partitura y sufría, en cada concierto, la angustia de ser traicionada por su memoria. La acompañaban su madre y su hija María, quien, a sus diecinueve años, hacía las veces de aprendiz de empresario. Wilhelmine Schroeder-Devrient acababa de morir.

Los vínculos entre los weimarianos se habían estrechado, y lo mismo sucedía entre los miembros de la capilla de los «neoclásicos» que, bajo el nombre de Brahms, se reunían en torno a Julius Stockhausen y Josef Joachim en Hannover, y en torno a Hanslich en Viena. El conflicto, que se incubaba desde hacía mucho tiempo, estalló en 1860.

«Los abajo firmantes vienen siguiendo desde hace tiempo y con pesar, las actividades de cierto partido cuyo órgano es la gaceta musical de Brendel.

»Esta publicación propaga sin cesar la idea de que los músicos con objetivos más serios son los que, fundamentalmente, coinciden con la dirección que ella representa, que dichos músicos reconocen las composiciones de los mentores de la citada dirección como obras artísticas de valor, y que por consiguiente, sobre todo en Alemania del Norte, el conflicto planteado en torno a la denominada «música del futuro» queda zanjado en favor de ésta.

»Los abajo firmantes creen su deber manifestar su protesta contra tal deformación de los hechos y declaran, en cualquier caso, que no reconocen los principios expresados en la revista de Brendel, y que no pueden sino deplorar y condenar, como contrarias a la esencia más íntima de la música, las producciones de los maestros y discípulos de la pretendida "nueva escuela alemana", que en unas ocasiones ponen en práctica estos principios, y en otras obligan a inventar teorías siempre nuevas y nunca realizadas.

»Johannes Brahms, Josef Joachim,
»Julius Otto Grimm Y Bernhard Scholz.»

Aunque Clara no firmó este manifiesto, publicado en *El eco de Berlín* en marzo de 1860 y que no honraba a ninguno de sus «abajo firmantes», sí que contribuyó decisivamente a que se avivara la conspiración contra la «nueva escuela alemana», mostrando por doquier su indignación frente a los músicos que interpretaban a Liszt, y llegando a afirmar que «esta música envenena el oído del público y de los jóvenes compositores».

En cuanto a Franz Liszt, se sintió tan afectado por esta campaña de desprestigio que redactó su testamento:

«Todo lo bueno que he hecho y pensado desde hace doce años, se lo debo a la que tan ardientemente he deseado llamar con el dulce nombre de esposa, deseo al que la perversidad humana y los ardides más deplorables se han opuesto con obstinación: a Jeanne-Elisabeth-Carolyne, princesa de Wittgenstein, nacida de Ivanovska. No puedo escribir su nombre sin sentir un estremecimiento indescriptible...

»Que los 220.000 francos cuyos títulos tienen depositados los Rothschild en París... sean repartidos a partes iguales entre mis dos hijas Blandine y Cosima, la primera casada con Emile Ollivier, diputado por la ciudad de París, y la segunda con el barón Hans Guido von Bülow, en Berlín...

«Asimismo, ruego a Carolyne Wittgenstein que entregue a varios miembros de nuestra cofradía "la nueva escuela alemana", bien sea alguno de mis proyectos, o bien un anillo con mis iniciales, mi retrato o mis armas..., en mi memoria.»

Entre los miembros de su escuela nombraba al joven pianista virtuoso Tausig, que había impresionado a Wagner, al poeta y compositor Peter Cornelius, y al doctor Brendel, gran amigo de Schumann y sucesor suyo en la dirección de la *Neue Zeitschrift*. Franz Liszt, que entonces tenía cuarenta y nueve años, atravesaba una de las crisis morales más graves de su existencia: pocos meses antes, su hijo Daniel había muerto de tuberculosis a la edad de veinte años, Carolyne Wittgenstein estaba en Roma esperando que le concedieran el divorcio, y su hija María acababa de partir hacia Viena para casarse con el príncipe de Hohenlohe; él, por su parte, había presentado su dimisión como *kapellmeister* de Weimar al gran duque Carlos Alejandro y, ayudado en cierto modo por la princesa Carolyne —como antes lo había sido Schumann por Clara en similares circunstancias—, había discutido con Wagner. Pero lo que más le afectaba era el cambio de actitud de Josef Joachim, que había sido su amigo y, al principio, uno de los defensores más fogosos —junto a Von Bülow— de la «nueva escuela alemana». Fue precisamente Liszt quien, privándose de uno de sus mejores instrumentistas, le consiguió el puesto de primer violín en la orquesta real de Hannover.

En realidad, estos movimientos apasionados y pasionales que desencadenaban auténticos dramas, no interesaban más que al cenáculo de músicos esperimentados. Los demás permanecían más o menos indiferentes, como quedó demostrado en la ceremonia inaugural del monumento a Robert Schumann, erigido en Zwickau para conmemorar el cincuentenario de su nacimiento, ¡que se celebró al son de una marcha de Liszt! De hecho, la crítica extranjera de la época publicó, sobre este período de la vida musical alemana, comentarios que estaban muy lejos de las vivencias que experimentaban sus protagonistas. Sin embargo, fueran o no hostiles a la estética de la escuela lisztiana, eran pocos los que oponían Robert Schumann a Franz Liszt.

«En 1849 —escribió el crítico francés Léon Gozlan para defender el movimiento lisztiano—, Alemania se liberaba del yugo clásico que el ilustre Mendelssohn no se había atrevido a romper. Robert Schumann dirigía entonces con autoridad la *Neue Zeitschrift für Musik* de Leipzig, y Richard Wagner terminaba sus óperas *Tannhäuser* y *Lohengrin*. La música instrumental pura no podía esperar nada del ardiente reformista del drama lírico cuyas aspiraciones se habían inclinado hacia otro horizonte del arte. En cuanto a Schumann, que parecía destinado a realizar una importante renovación y cuya obra ya se había iniciado, sucumbía a los cuarenta y siete años bajo el peso de un trabajo abrumador, legando al mundo composiciones inmortales cuya belleza nadie pone en duda.

»Así pues, recaía sobre Liszt la tarea de acabar la obra de renovación... Liberar a la sinfonía del estrecho marco en el que los indignos sucesores de Beethoven se obstinaban en encerrarla, so pretexto de unidad y de *forma consagrada*... Se comprende que (las composiciones de Liszt) no puedan obtener el perdón de los teóricos encargados de conservar lo que ellos llaman tradiciones. Así, podemos ver cómo a nuestros aristarcos franceses, para quienes la música no tiene otra finalidad que la de *deleitar el oído* y *acunar con suavidad,* se les ensombrece el semblante al escuchar los *Poemas sinfónicos.* ¿Acaso para ellos no son, en efecto, la abominación de la desolación estas obras que no despiertan sensación alguna en sus espíritus de escritores momificados?» En cuanto al crítico francés Oscar Commettant, tan mordaz como reaccionario, tras un viaje a Alemania recogió sus impresiones sobre la estética musical reinante a la otra orilla del Rhin. En su informe, metía a todo el mundo en el mismo saco y exclamaba, horrorizado: «Los apóstoles de la nueva escuela alemana hacen que la poesía y la música hablen un mismo y único lenguaje. ... En el arte musical hay que mencionar a Liszt *(sic),* que ha cedido voluntariamente el cetro del piano para convertirse en compositor y director de escuela. Liszt *(sic),* que habita una mansión principesca en Weimar, se ha convertido en el centro de una constelación de compositores más o menos extravagantes, entre los que es preciso citar a Wagner, *Schumann,* ..., Bülow y Joachim, además de algunos escritores adeptos a la nueva escuela, como Brendl *(sic)...*»

Y, aún más cáustico, proseguía:

«Veamos cómo se preparan para componer en Weimar cuando quieren escribir algo: primero, alimentan su espíritu con sabias lecturas sobre teología, metafísica, zoología, patología, cosmología, fotografía, sobre las diferentes capas calcáreas, fisiología, mineralogía, melancolía, geografía, botánica, matemáticas, política, las leyes de la abstracción y la gravedad de los cuerpos, medicina, magnetismo, y sobre los espíritus inquietos; a continuación, abandonan las lecturas y buscan. A veces, pasan mucho tiempo buscando, pero siempre acaban por encontrar algo muy profundo y lo menos melódico posible.»

Sin duda, Commettant había oído hablar de las discusiones interminables que a la princesa Wittgenstein le gustaba provocar y animar en su «mansión principesca» de Altenburg, discusiones que habían hecho decir a Hans von

Bülow: «Alquimia y Raquel, pintura y nacionalidad alemana, macrocosmos y microcosmos, todo fue discutido minuciosamente. ... El raudal de palabras de la princesa me afectó tanto que, durante toda la noche, padecí una fuerte migraña.»

Y Commettant, improvisando un diálogo entre Liszt, Wagner, Schumann y un barón que representaba el papel de Cándido, escribió:

«Liszt: “.. Todas las leyes universales tienen su origen en la atracción y la resolución pasional del acorde de séptima de segunda especie en su tercera transposición, con cuarta mayor, tercera aumentada, quinta supérflua y séptima menor, resolviéndose en un acorde de undécima, como he hecho en mi última cantata para expresar estas palabras: *¡El orden reina en la naturaleza!* ¿No opinas lo mismo, Schumann?”, añadió Liszt, pidiendo a su amigo más íntimo la aprobación de su sistema.

»“Lo intento”, respondió Schumann. “Y tú, Wagner, ¿qué dices? —interpeló Liszt—. Responde con franqueza. Sólo la verdad debe guiarnos, nosotros somos sus amantes apasionados”.

»“¡Pues bien! ——replicó Wagner—. Puesto que es así, yo respondería que sí y que no.”

»“Yo habría dicho lo mismo que Wagner —intervino el barón ***, el enviado del gran duque—. estas palabras, sí y no, traducen todo mi pensamiento.”

»“¿Y tú, Schumann? —interrogó Liszt con voz suave aunque llena de ansiedad—. Esperamos que expreses tu opinión. Tu palabra, tan precisa y llena de sentido, nos iluminará a todos. ¿No crees?”

»“Lo intento —respondió Schumann—, lo intento”.

»“El caso es que Schumann es un gran investigador —añadió el barón—. Llega a causarme asombro que le quede tiempo para encontrar algo, pasándose como se pasa toda la vida buscando.”

»... Y estos grandes músicos, tan dispares en sus teorías

particulares pero con un objetivo común, se separaron para volver a su trabajo, jurando odio eterno a la melodía. Sus últimas obras son, evidentemente, la consecuencia de esta promesa.»

He aquí el género de crítica, por truculenta que sea, a la que Joachim, Brahms, Grimm y, oralmente, Clara, se habían prestado, y la curiosa tergiversación de que habían sido objeto: estaban atrapados por el mismo fuego burlón que sus adversarios, y arrastraban con ellos al «querido Robert».

Sin ninguna duda, el drama debía estallar así, sin salvar el honor de nadie. En el futuro, a los "líderes" de estos movimientos sólo les restaría dejar que sus partidarios siguieran discutiendo, mientras que ellos regresarían a sus obras, sus investigaciones, sus estudios y sus conciertos, dispuestos ya a juzgar esta disputa como un pecadillo de juventud.

En cuanto decayó esta fiebre agresiva y, a continuación, la fiebre entusiasta del festival del Bajo Rhin, y una vez dominada la pena producida por la «celebración» del cincuenta aniversario de Schumann, con todos sus hijos reunidos por primera vez desde hacía mucho tiempo, pero sin Robert, Clara volvió a partir. En otoño estaba en Leipzig, feudo, con Weimar, de los «nuevos alemanes». En el programa de conciertos había obras de Brahms: el primer *Sexteto,* op. 18, obra maestra de la música de cámara, dirigido por Joachim, y la segunda *Serenata,* que Clara aún no había oído. «La serenata es una pieza maravillosa. Hubiera deseado abrazar a Johannes por haber compuesto semejante obra, pero mi corazón sangraba al ver la acogida tan glacial que le dispensaban.» Los silbidos dedicados a Johannes proporcionaron a Clara la ocasión de volver a representar su papel de consoladora, consejera y sucedáneo de madre, para el joven y huraño compositor que era Brahms. A cambio, ella recuperaba con él su piel de eterna alumna. Pasaron un mes juntos en Hamburgo, donde

Clara se había instalado con María. Para renovar su repertorio y preparar los conciertos que darían juntos en esta ciudad, Brahms le puso sobre el atril a Schubert, los *Conciertos para dos clavecines* de Bach y el *Concierto en mi bemol* de Beethoven. Clara no había dejado de trabajar con ahínco, de tocar por doquier, de buscar otras obras para interpretar y, en cada obra, cada vez más perfección. A finales de invierno Johannes exclamó:

«¡Estos conciertos te agotan!» A lo que ella respondió: «Quizá un día...», y, acto seguido, se fue a Bélgica, recorrió una ciudad tras otra y continuó por Alemania. En mayo, durante las vacaciones en Spa, le escribió a Emilie List: «Sentir los efectos benefactores de lo que llamáis descansar en el campo y cuidar la salud, son cosas que me resultan totalmente desconocidas. No soporto por más tiempo el reposo, pues me hace caer en un estado de melancolía terrible... Revivo todas las horas espantosas vividas hasta ahora, y mi pesar por mi Robert se hace tan agudo que apenas puedo contenerme. A decir verdad, mi felicidad se extinguió con él.»

3

La «caseta del perro»
(1861-1872)

Correr, tenía que correr.

De nada sirvieron ni el ultimátum de Brahms, amenazándola con gastar toda su fortuna en Berlín si no aceptaba compartir con él ésta y, por supuesto, su vida, ni el ofrecimiento por parte del rey de un puesto estable en Hannover. Clara argüía tener siete hijos, y añadia: «Sin ellos hace mucho tiempo que todo habría acabado.»

Había trasladado a sus hijos de Bonn a Berlín para tenerlos más cerca, pero ella estaba siempre ausente. De vez en cuando la acompañaba una de sus hijas. Pasó el invierno de 1861 en Hamburgo con Julia, a quien Brahms dedicó sus *Variaciones,* op. 23, sobre el último tema que había escrito antes de lanzarse al Rhin y que le había sido dictado por los «espíritus» de Schubert y Mendelssohn. La única que vivía con su madre era María. Después de celebrar conciertos en Bremen, Hannover, Oldenburg y Hamburgo —donde interpretó los *Cuartetos,* op. 25 y 26, de Johannes—, en Colonia —donde Julius Stockhausen cantó el *Fausto* de Schumann «con un esplendor indrescriptible» y en Düsseldorf, Karlsruhe, Bâle, Guebwiller, Mulhouse y Zurich, la señora Erard la llamó desde París. «Creo que una vida más tranquila no haría más que dejar libre curso a mi tristeza», decía para justificar como tantas veces su marcha.

El 7 de marzo de 1862, Clara y María Schumann llegaron a París. Ferdinand Hiller y Julius Stockhausen se reunieron con ellas. Vieron a Rossini, un «amable» caballero de setenta años, y su mujer, de la que Clara dijo que era «como la peste». Seguía siendo tan francófoba que le sorprendía que Julius Stockhausen, aunque de madre provenzal, gozara de tanto talento y simpatía, y que la orquesta del Conservatorio, aunque francesa de arriba a abajo, fuera tan admirable. Escribió a Brahms después de haber ejecutado el *Concierto del Emperador* de Beethoven, que él le había hecho trabajar en profundidad, diciéndole: «Salvo en Viena, en ninguna parte he tenido semejante acogida.» Era la fórmula ya consagrada. En este período, ella y Julius Stockhausen empezaron a introducir a Brahms en Francia. Al mismo tiempo, su música era interpretada en Nueva York. Incluso Pauline Viardot, que vivía un curioso *Ménage à trois* con su marido y el novelista Ivan Turgueniev, ejecutó en público las *Variaciones,* op. 27, de Johannes, dedicadas a Julia Schumann. Clara no las había incluido en sus programas, pero las interpretaba en los conciertos sin advertir al público. ¡Qué alegría constatar que, por fin, esta música era bien acogida, y que ella estaba abonando el terreno de la tradición brahmsiana en Francia! Los riesgos que había corrido con Brahms, manteniendo su lealtad sin desanimarse jamás, empezaban por fin a tener una compensación.

Clara y María regresaron a Berlín en mayo, pero enseguida partieron hacia Dresde, donde se emocionaron ante la tumba de Wilhelmine Schroeder-Devrient («Uno de los recuerdos más espléndidos de mi juventud.»), y con el espectáculo que ofrecía el viejo Wieck («Infatigable ... un auténtico genio de la pedagogía.») Clara tenía a quién parecerse. Un día, escuchando tocar a María Wieck, Brahms dijo a los hijos de Clara: «Por primera vez he entendido que vuestro abuelo es un profesor genial… No resultaba difícil hacer de vuestra madre la artista en la que se ha convertido, pero lo que nunca sabremos admirar bastante es que haya sido capaz de sacar tanto partido de vuestra tía.»

Por un lado, sus hijos, a los que Clara intentaba reunir; por el otro, su padre… «Tal vez un día todo se arregle —le decía a Brahms cuando éste le rogaba que llevara una vida más tranquila—. Tal vez acabemos viviendo de nuevo en una ciudad y, entonces, llevar una existencia más tranquila se convierta en una necesidad. Viviendo con un amigo íntimo creo que podría recuperar el reposo y la alegría, aunque haya perdido la felicidad…» Poco a poco, empezaba a sentir esa necesidad. Compró una casa en los alrededores de Baden-Baden para descansar de la «vida espantosa» que llevaba y disponer, al menos en verano, de un domicilio donde, decía, «de vez en cuando podré tener a mi lado a mis hijos». La casa era tan pequeña que sus hijos, al verla, le dieron el nombre de «la caseta del perro». ¿Era el inicio de una vida sedentaria? Mientras esperaba poder instalarse, partió hacia Münster am Stein con todos sus «perritos» y un montón de manuscritos de Johannes, quien acababa de terminar los dos primeros cuadernos de las *Magelone Lieber,* inmenso ciclo de romanzas basadas en *La historia de amor de la bella Magelone y el conde Pierre de Provence,* extenso poema de Ludwig Tieck. Tras haber sido rechazado para ocupar el puesto de director de la Sociedad Filarmónica de Hamburgo, a causa de su «vanguardismo» y en beneficio de su amigo Julius Stockhausen, Brahms se instaló en Viena. Sus obras, bien acogidas en Estados Unidos y Francia, empezaban a serlo también en Alemania. Brendel se había esforzado en suavizar las rencillas pasadas, y publicaba análisis de sus composiciones en la *Neue Zeitschrift,* donde aquel año se pudo leer: «El gran público parece no entender todavía que un genio colosal, de la talla de Bach, Beethoven o Schumann, está madurando en la persona del joven maestro de Hamburgo.»

Brahms volvió a reunirse con Clara y, por una vez, no se mostró desagradable ni tenebroso sino incluso bromista, lo cual, a la señorita Wieck, le resultaba difícil apreciar. «Hace rabiar con frecuencia a las mujeres —escribió Dietrich a su esposa—. Gasta bromas que la mayoría de veces son tomadas en serio, sobre todo por Frau Schumann. Ello provoca discusiones cómicas y, a menudo, agridulces, en las que yo desempeño el papel de árbitro, pues a Brahms le encanta mantener este tipo de malentendidos de tal modo que, al final, los espectadores se pongan de su parte. Este tipo de humor me resulta muy divertido, pero creo que es uno de los motivos por los que Brahms es un incomprendido. Por otra parte, también puede permanecer tranquilo y serio cuando es necesario.» Así, por placer, Brahms provocaba a Clara Wieck, después de lo cual se ponía a trabajar con Clara Schumann. Sus discusiones eran contínuas.

A principios del año siguiente, Clara y María se fueron a Holanda. El viaje, en el que la pianista había puesto muchas esperanzas, resultó decepcionante: un día, la orquesta tapó su interpretación; otro, fue víctima de una espantosa migraña; otro, aún, el viento que azotaba las planchas de una caseta impidió que se oyera la música. Ni París (un paréntesis), ni Lyon, ni Bruselas borraron estos malos recuerdos. Regresó furiosa a Alemania para tocar a Tréveris y en Hannover, donde conoció a la prometida de Josef Joachim, la joven cantante Amalie Weiss, contralto y bella intérprete de Schumann. Después fue a Luxemburgo, a Sarrebruck y, acto seguido, regresó a su «caseta de perro», que sus hijas mayores habían arreglado. «Podríamos disfrutar aquí de una auténtica felicidad y, sin embargo, no disfrutamos de ella —escribió a Joachim—. Un dolor tan inmenso como el que me ha reservado el destino, es realmente irreparable.»

El hecho de tener a todos sus hijos allí, la consolaba y, al mismo tiempo, acentuaba su tristeza. Desde que había tenido que dejarlos en un internado —a lo que Robert y ella siempre se habían opuesto, sólo había podido reunirles en raras y fugaces ocasiones, y siempre en lugares de paso, habitados provisionalmente. Se estaba reconstruyendo la imagen de la familia: cada uno se había hecho su hueco en la «caseta», y Clara volvía a ocuparse del cuidado de la casa, recuperando el placer de hacer funcionar este hermoso mundo «bajo su batuta». Sin embargo, esta situación duró poco, pues, aunque no se sentía» con demasiadas fuerzas», en septiembre tocó en Munich, después en Aix, en Frankfurt..., y así hasta llegar a Leipzig. ¿Sería así toda la vida? ¿Terminaría algún día el desgranar nombres de ciudades y encadenar un concierto tras otro, el llegar y volver a partir? No obstante, en este período apareció un elemento nuevo: Clara, que sólo había conocido la angustia de ser traicionada por su memoria en los momentos de nerviosismo que se producían antes de los conciertos, se sintió por primera vez torturada por una duda insoportable: la del espanto que le causaban las fatigas futuras. Pero esto tampoco la detendría. Al comprobar que el reuma no era la causa de estos síntomas de agotamiento, preparó su equipaje para volver... ¡a Rusia!, diez años después de su viaje con Robert. Cuando finalizó la gira anotó en su diario: «Realizo mis conciertos con una fuerza y resistencia sorprendentes. ¿De dónde procede este entusiasmo? Apenas soy consciente de ello...»

Con cuarenta y cinco años, siete hijos a su cargo y todo bajo su única responsabilidad, hacía un viaje de once horas en tren, se instalaba ante el piano para ensayar durante una o dos horas y, a la media hora siguiente, ofrecía un concierto olvidando el frío y el cansancio. Al día siguiente empezaba de nuevo, y aún encontraba la manera de regocijarse pérfidamente porque Hans von Bülow había tenido menos éxito que ella, de criticar su interpretación que, sin embargo, era excelente, y de encontrar lamentable el modo en que Anton Rubinstein había dirigido. Luego, hacía cuarenta y cuatro horas de viaje antes de ir a parar a su «caseta», cerca de Baden-Baden, y, una semana después de haber llegado, escribía desde allí a su querido Johannes: «Continúa resultándome muy difícil, después de una vida tan agitada y activa fuera de casa, instalarme en un ambiente tranquilo.» El motivo era el mismo de siempre: «En casa, siento la pérdida de la felicidad más que en cualquier otra parte.» Esta mujer inconsolable se asombraba de sus propias fuerzas, arrancaba a sus hijos y amigos exclamaciones de admiración: «Ellos comprenden perfectamente esta manera de ser... Tenéis madera de artista», le decía Linda Bendeman.

Antes de iniciar la nueva temporada artística, instaló a sus hijos: Elisa, de veintiún años, se fue a vivir con la princesa Anna de Hesse, gran admiradora de Schumann y de Brahms, el cual le dedicó su *Quinteto,* op. 34, y la versión para dos pianos; Julia, de diecinueve, se instaló en Guebwiller, pues estaba enferma y el clima de Düsseldorf, donde había vivido hasta entonces, no le resultaba beneficioso; Ludwig, de diecisiete, era un muchacho inestable que no acababa de decidir el camino a seguir ni a qué se quería dedicar; Ferdinand y Félix, de quince y diez años, respectivamente, regresaron al internado de Berlín; y Eugenia se quedó cerca de Frankfurt.

Así pues, Clara volvió a marcharse con su hija mayor.

Sin embargo, entre gira y gira, durante las vacaciones, había adquirido la costumbre de volver a la región de Baden-Baden para reunirse con sus hijos y el círculo de nuevos amigos que la «caseta» había atraído y que venían a sumarse, fielmente, a los antiguos: Pauline Viardot, Josef y Amalie Joachim con su hijo Johannes, Albert Dietrich, Grimm y Brahms. Este último seguía mostrándose más insoportable que delicioso, pero Clara no podía permanecer mucho tiempo alejada de él. Se había convertido en *Herr Docktor* Brahms, director de la *Singakademie* de Viena, formación coral especializada en el repertorio polifónico antiguo cantado *a capella* y en la música sacra, y obligada a montar todos los años, en colaboración con una orquesta, dos misas o dos oratorios. De este modo, Viena escuchó, por primera vez en su existencia como ciudad, *La Pasión según san Mateo* de Johann Sebastian Bach, «con mucho, la realización más notable de la *Singakademie,* que brindó la ocasión de conocer el talento de Brahms como director». Brahms había dejado de ser el adolescente de Hamburgo: de aquel joven sólo quedaba una mirada azul y soñadora, y lo que ahora sometía a la opinión de Clara y de sus amigos eran las obras de un músico que había alcanzado la madurez. La muerte de la anciana Johanna, sobrevenida brutalmente el 15 de febrero de 1865, aceleró aún más este proceso de maduración. Únicamente sus relaciones con las mujeres seguían como en el pasado, es decir, condenadas al fracaso. A pesar de que, al haber perdido a su madre, tomó la decisión de casarse, su conducta continuaba siendo la misma: enamorarse perdidamente y, después, huir. Se sumergió por completo en la composición del *Réquiem alemán,* del que había escrito algunos compases en la época de la muerte de Schumann. En abril envió algunos pasajes a Clara, que estaba en Inglaterra con su hija mayor y su hermanastra María Wieck.

Durante el invierno, había permanecido un mes inmovilizada en la «caseta» a causa de una caída. Después, celebró algunos conciertos en Alemania, se encontró con los Carus, fue a ver a su padre, enfermo y, como ella, incapaz de permanecer inactivo, tocó en Praga. Todo esto en tres semanas y justo antes de embarcar para Londres. Desde allí envió a Brahms sus comentarios a las *Variaciones sobre un tema de Paganini,* op. 35, que ella bautizó con el nombre de *Hexen-variationen* (variaciones del brujo), horrorizada por el virtuosismo que había que desarrollar para ejecutarlas correctamente, y por sus «combinaciones armónicas demasiado sorprendentes para un público medio». Sin embargo, el coro del *Réquiem alemán,* que Johannes acababa de enviarle, le pareció admirable. También le hacía relatos exasperados de las condiciones en las que se veía obligada a tocar en Gran Bretaña, como si ya no conociera de antemano. «Música lamentable», exclamaba. Pero tenía amigos. Estaba lejos de Alemania, lejos de las preocupaciones y del luto. Aquí, Schumann seguía vivo a través de su música. Su nombre y su obra eran aclamados. «¡Ah, si Robert hubiera visto esto!» Además, Joachim había ido a tocar con ella. Todo era motivo de alegría.

En verano, la «caseta» la esperaba y, con ella, los problemas y la soledad. Decididamente, Ludwig, como ella, no lograba instalarse en ninguna parte, pero esta inestabilidad no iba asociada a ninguna de las cualidades de su madre: fuerza, capacidad de trabajo y valor. Clara decía de su hijo: «Sólo le gusta soñar. Tiene tan poco sentido práctico que sus maestros me dicen no saber qué hacer de él. ¡Tengo que elegirle una carrera!» Ludwig amaba «con locura» a su madre y nunca había soportado la idea de separarse de ella. Sin embargo, Clara le puso a trabajar como aprendiz con un librero de Karlsruhe, alejándole una vez más de su lado. Elisa, por su parte, se fue a Frankfurt para dar clases de música. ¿Había construido Clara una frágil célula familiar solamente para ver cómo volvía a desintegrarse? Contra la opinión de los médicos, que la consideraban agotada, continuó viajando.

En Navidad, todo el mundo estaba de nuevo reunido en Düsseldorf. Johannes llegó, cargado de regalos para todos los niños, en el momento en que se disponían a encender las velas del árbol. La vida en familia duró poco. Ludwig regresó a Karlsruhe, Elisa a Frankfurt, Julia a Divonne, donde intentaban curarla, los más pequeños a sus respectivos internados, Brahms a Oldenbrug y Clara a Viena, con María.

La ciudad presentaba un aspecto totalmente nuevo. Lo único que quedaba de sus restos medievales eran las casas de los barrios antiguos. Habían derribado las murallas y las habían reemplazado por un gran paseo circular al que los vieneses denominaban el Ring. El edificio de la Ópera también era nuevo. Los hombres de Brahms y de Johann Strauss dominaban el mundo musical. Strauss montaba las óperas de Wagner, pero Johannes se había convertido en su amigo. Los tiempos del radicalismo habían pasado, al menos para los principales interesados, pues había transcurrido la época de la extrema juventud de los hombres y las «escuelas». A pesar de la etiqueta de compositor clásico que le habían colgado los lisztianos, Brahms había conquistado un lugar que escapaba a toda clasificación y que empezaba a ser reconocido. Clara Schumann se sintió aún más vinculada a Viena, ciudad a la que seguía viendo como aquellla en la que, diez años antes, se habría instalado con Robert si éste no hubiera sido víctima de la locura. Fue al teatro a ver obras de Hebbel y Shakespeare, los viejos amores literarios de Schumann. Sentía cada vez con más fuerza el encanto, un poco insensato e irresistible, de esta ciudad imperial única en Europa. Pero no se quedó allí.

A su regreso a Baden-Baden, en verano, la esperaban una sorpresa y una de las emociones más profundas de aquella curiosa existencia que llevaba, al mismo tiempo, con y sin Brahms. Éste llegó sin avisar, como había tomado por costumbre, con una inmensa barba negra, y con su *Réquiem alemán* acabado y dedicado a «Robert Schumann, el gran genio y maestro, y a Johanna, la sencilla y anciana madre», los seres que, aparte de Clara, había amado por encima de todo, y a los que Clara también había amado. Brahms venía de Suiza, donde había conocido a Richard Wagner, convertido en protegido de Luis II de Baviera, compañero de Cosima von Bülow, de la que tenía una hija, y amigo de un joven filósofo profesor en Bâle, Friedrich Nietzsche. Todos los amigos estaban allí para escuchar el *Réquiem alemán*. Joachim se encontraba en este momento completamente libre: el rey Jorge de Hannover había sido destituido del trono y su pequeño reino acababa de ser anexionado a Prusia, tras la derrota que el rey, aliado de Austria y Sajonia, había sufrido en julio en Sadova contra los ejércitos encabezados por Bismarck.

La unidad alemana, cantada y reivindicada desde principios de siglo por los poetas románticos de los que se había nutrido la música, comenzaba a hacerse una auténtica realidad.

En otoño, Clara Schumann, a la que habían acusado de pertenecer al clan de los músicos hostiles a la melodía, volvió a surcar los caminos de Alemania interpretando a Schumann y a Brahms, y difundiendo, con Beethoven, las melodías más bellas de la música clásica. No obstante debido a las inquietantes noticias que había recibido de su hijo Ludwig, el cual había dejado su trabajo y presentaba síntomas de enajenación mental, regresó a Inglaterra. Clara decía que no quería viajar más, que ya no le quedaban fuerzas. A pesar del éxito obtenido en Edimburgo, de las atenciones que ahora le dispensaban y de la abnegación de su hija María, estaba de mal humor. Mientras permanecía en Gran Bretaña, solamente una cosa la reconfortaba: las cartas de Brahms. Su *Sexteto de cuerda*, op. 36, bien acogido en Inglaterra, había sido aclamado en los Conciertos Mason de Nueva York, en Zurich y en todas las capitales europeas excepto Viena, a causa del «refinamiento demasiado sutil de la polifonía». Brahms centraba toda su atención en este último punto y se mostraba de un humor aún más insoportable, si ello era posible, que el de Clara. A ella, pues, le correspondía hacerle recuperar la moral, un papel que le gustaba y en el que destacaba, pero del que empezaba a estar un poco cansada.

En Alemania, adonde llegó cansada, no le esperaba nada bueno. El estado de Ludwig era inquietante. Félix, que entonces tenía diecisiete años, se había empeñado en convertirse en violinista profesional, añadiendo a las dificultades del oficio el hecho de ser hijo de Schumann; además, presentaba los primeros síntomas de tuberculosis. En cuanto a Julia, su estancia en Divonne no parecía haberle sido beneficiosa.

Por si esto no fuera suficiente, en esta época Brahms dio unos conciertos en Viena al mismo tiempo que Clara. Traición. Encolerizada como su padre sabía estarlo, muy pronto, en Hamburgo, le pagó con la misma moneda, celebrando un concierto con Julius Stockhausen mientras Johannes tocaba en otra sala. Estaban enfadados. Brahms no hacía más que reprocharle su «inquietud» y recriminarla.

Unas semanas más tarde, uno y otro se necesitaban irresistiblemente. Ella porque debía compartir a toda costa sus preocupaciones y porque, a su manera, le amaba. Él porque, faltándole la madre y sintiéndose alejado de todas las mujeres a causa de Clara, sólo podía resolver las dudas que le devoraban enviándole sus obras —nuevos lieder— para pedirle opinión y estímulo, asegurándose de este modo que ella estaba y estaría siempre allí, tierna, amigable y maternal. Clara respondía a todas sus llamadas y, si era preciso, dejaba Baden-Baden cuando él se lo pedía, a pesar de sus cada vez más frecuentes y virulentos reproches por no saber descansar. ¿Por qué no se instalaba en Viena, donde él residía ahora la mayor parte del tiempo? ¿Por qué no dejaba de viajar?

Sin embargo, cuando ella se instalaba en algún sitio, era él quien la llamaba.

Desde Hamburgo, ingrata cuna de Brahms que acababa de negarle por segunda vez el puesto de director de la Sociedad Filarmónica que Julius Stockhausen había abandonado, le escribió: «Me causaría un enorme e inconcebible placer que pudieras estar el viernes santo entre los oyentes. Para mí supondría la mitad del éxito.» El estreno del *Réquiem alemán* debía celebrarse en Bremen: «Si pudieras estar entre los oyentes...» Clara abandonó su «caseta», tomó el tren y corrió hacia Johannes. Era el 10 de abril de 1868, día de viernes santo. La puerta de la catedral de San Pedro aparecía abierta de par en par, y el interior abarrotado de gente. Clara Schumann entró del brazo de Johannes Brahms. Entre los presentes, Josef Joachim, codirector con Waldemar Bargiel, hermanastro de Clara, del conservatorio de Berlín, que Guillermo I, rey de Prusia, acababa de hacer construir. También estaban Julius Grimm, Albert Dietrich, el editor Rieter Biedermann, Julius Stockhausen y un amigo nuevo, Hermann Levi, *kapellmeister* del teatro de Karlsruhe; en resumen, todo el mundo musical «brahmiano»... y los demás. Faltaban Wagner, Liszt, Hans von Bülow... El *Réquiem alemán*, que Brahms dedicaba a su madre y a su padre espiritual, le alejaba de cualquier tipo de influencia, convirtiéndole en «el digno heredero de las obras maestras de los grandes músicos del pasado», es decir, en uno de los maestros del presente. Volvió a ser interpretado quince días más tarde, obteniendo el mismo éxito clamoroso entre el público y la prensa. Poco tiempo después, Louise Japha le dijo a Brahms que había participado en París en la ejecución de su *Quinteto para piano y cuerda*, op. 34, y que éste había sido aclamado. En Viena, Bruckner rivalizaba con él en la capacidad de improvisación. Por la misma época, se representó en Munich *Los maestros cantores* de Wagner. La estrella de Gounod seguía en ascenso. Johannes pensaba que sus obras se tocaban poco. Se lamentaba de todo esto con Clara y, en la misma carta, le dirigía los reproches de siempre sobre la vida anormal y agotadora que ella llevaba. Se volvía cada vez más exigente, desagradable y odioso, y había llegado incluso a enamorarse de Julia aunque, por supuesto, sin ninguna esperanza de ser correspondido, cosa que no le sorprendía.

Durante el verano, las discusiones subieron aún más de

tono. Después del estreno del *Réquiem alemán*, Clara había vuelto a Bélgica y luego a Inglaterra. Agotada, le había confesado a su hija María: «Mi corazón está envejeciendo.» Ludwig estaba en un estado cada vez más inquietante y deplorable, y Julia no mejoraba. En este ambiente de cansancio y preocupaciones se instaló Brahms, con su misantropía, sus lamentaciones y sus reproches. Así las cosas, ella le resumió la situación diciéndole que podía ir a Baden-Baden cuando quisiera, pero sin garantizarle que pudiera comer todos los días... a no ser que cambiara de actitud. «Te lo digo con toda franqueza, no sé utilizar circunloquios diplomáticos.» Después de semejante ultimátum, Clara tocó en Oldenburg las veintiuna *Danzas húngaras* de Brahms, ¡con Brahms! Le anunció, sin añadir ningún comentario, que Julia se había prometido oficialmente con un viudo italiano, padre de cinco niños, el conde Víctor Radicati di Marmorito, y le dejó para ir a tocar a Bremen y Breslau. Luego, Clara dio lo que ella llamó un «rodeo» para ir hasta Viena y tocar con él sus *Variaciones para dos pianos,* op. 23.

Curiosa guerra y curiosa pareja: discutían para volver a encontrarse, aún más unidos, en la música; volvían a discutir, se separaban y se escribían a diario. En enero de 1869, Clara se encontraba en Londres perseguida por los mismos reproches. «Si estos esfuerzos no son indispensables para subsistir —decía Johannes—, que ponga fin a este periplo extenuante y vuelva a llevar una vida normal.» A lo que Clara, furiosa, le respondía: «Aunque no tuviera ninguna necesidad de hacerlo, viajaría. Siento en mí la vocación de interpretar obras bellas, sobre todo las de Robert, mientras me queden fuerzas... El ejercicio de mi arte es la atmósfera en la que respiro...» Y le explicaba los conciertos que había celebrado con Joachim, cómo habían sido recibidos Haydn, Mendelssohn y Schumann, le hablaba del público «electrizado» y de cómo les había aclamado a ellos.

Pero ¿qué le aportaban sus estancias en Alemania? Ludwig fue internado al otoño siguiente: «Vuelvo a andar el mismo camino que recorrí antaño... Es una crueldad del destino imponerme dos veces semejante prueba.» Sus visitas al hospital de Heilenstad la sumían en una profunda desesperación, agravada por un sentimiento de culpabilidad. Julia se había casado y estaba en Italia.

Justo entonces estalló la guerra de 1870.

En París, Emile Ollivier, yerno de Liszt y presidente del gobierno imperial, había hecho pública la declaración de guerra en la tribuna del palacio Bourbon. Ferdinand Schumann, que entonces tenía veintiún años, se alistó en el ejército alemán. Artista internacional, bien que francófoba, Clara ya no sabía de quién apiadarse: de sí misma, en tanto que madre preocupada, de los soldados de su país... Pero ¿y los otros? «No puedo evitar sentir lástima por los pobres soldados franceses... Cada victoria (alemana) provoca tanta alegría como dolor, hasta tal punto que uno se siente más inclinado a llorar que a celebrarlo... ¡Pobre París!... ¡Ah, será una horrible masacre! Los cañones que bombardean Estrasburgo son terribles, su estruendo llega hasta aquí... En los últimos tiempos he sufrido mucho. Mi corazón se oprime de nuevo por todo el luto que esta terrible guerra nos trae...» Los trenes estaban movilizados y los viajes eran peligrosos e interminables. Clara tenía cincuenta y un años, había perdido agilidad y sufría de reumatismo. «Tengo una pesada carga sobre mi alma —le decía a María—, y los sucesos ocurridos recientemente paralizan mi actividad.»

¡Clara Schumann inactiva!... Tocó en Keuznach, Frankfurt y Heidelberg. Regresó a Baden-Baden y volvió a partir para dar unos conciertos en Berlín, con Joachim, en favor de los heridos de guerra; en Dresde, en favor de los mutilados; de nuevo en Berlín, en favor de las familias; en Breslau y, por último, en Londres. Allí se encontró con una hija de Félix Mendelssohn y con su amiga Jenny Lind, quien, como Wilhelmine Schroeder-Devrient, «se había quedado prácticamente sin voz». Esto despertó sus angustias: «Preferiría morir de hambre antes que tocar en público con mis capacidades reducidas a la mitad», le había dicho un día a Johannes.

En mayo, por fin volvió a estar instalada en la «caseta del perro» con lo que quedaba de la familia Schumann, a la que tan tardía y difícilmente había reunido. Sin embargo, la mirada melancólica de Ludwig la obsesionaba. «¡Yo, que ya soy vieja, gozo aún de la vida, mientras que un hombre joven como él, el desdichado está condenado a pasar su existencia sumido en el abismo de las tinieblas interiores!»

Cierto que tenía aún mucha vitalidad, que sabía disfrutar de la vida aprovechando las alegrías que se le presentaban. Julia le había dado dos nietos. Ferdinand, que participó en la entrada de las tropas victoriosas en Berlín, había vuelto en octubre con dolencias reumáticas como única secuela de la guerra... Ella, por su parte, tocó ante Guillermo I, coronado emperador de Alemania. La «caseta del perro» estaba constantemente llena de amigos y de música. Y Johannes, que se mostraba más delicioso que nunca, obtenía los ditirambos de la prensa y el público. «¡A pesar de la fe que tenía en el futuro de Brahms, jamás hubiera imaginado que llegara a adquirir tanta vitalidad!», exclamó Hermann Levi, convertido en *kapellmeister* de Munich y en... ¡wagneriano, tras haber montado la *Genoveva* de Schumann!

¿Aprovecharía por fin Clara el haberse convertido en una «vieja», como ella misma decía, y los ataques reumáticos, para aceptar el puesto de profesora de piano en el conservatorio de Berlín que le proponían su hermanastro Waldemar Bargiel y Josef Joachim? Sus amigos y sus hijos la animaron a ello. «¡No quiero ni pensarlo!», respondió testaruda. Las razones de su negativa eran las mismas que se invocaban para hacerle aceptar la oferta: la edad y el reuma. Un día, argüía, todo eso le impediría realmente trabajar; mientras la edad y el reuma la dejaran, debía aprovechar. Así pues, volvió a partir: Kassel, Frankfurt, Bremen, Bruselas y Londres. En esta ocasión la acompañaba Félix, que tenía dieciocho años y que, tan trabajador como Ludwig, había revelado la misma indecisión que éste a su misma edad. Además, estaba tuberculoso. Clara tocó por primera vez ante la reina Victoria. Sin embargo, al no haber manifestado ésta el interés que Clara esperaba suscitar, la señorita Wieck prometió que la reina —un título que le parecía absolutamente accesorio— no volvería a verla nunca en su casa.

4

La muerte de Julia
(1872-1873)

Un día de agosto de 1872, Julia Schumann regresó a casa de su madre, a la «caseta del perro» de la Selva Negra. Se había convertido en una condesa italiana y en madre de tres hijos que había dejado con su marido. «Desde el momento en que vi a mi querida hija tuve la firme convicción de que no le quedaba mucho tiempo de vida. Cuando me besó fue como si recibiera un golpe en el corazón. La preocupación no me abandonó ni por un instante...» A pesar de todo, Clara se fue. El 10 de noviembre, en Heidelberg, justo antes de celebrar un concierto, recibió la noticia de la muerte de su tercera hija, que entonces tenía veintisiete años. No dijo nada a nadie y tocó. Luego prosiguió su gira por Alemania y Austria. Empezó a preguntarse otra vez dónde se instalaría. ¿En Viena? ¿En Berlín? La casa de Baden-Baden estaba lejos de todo... Fue el único signo de desasosiego que mostró. Siguió viajando y tocando: Schumann, siempre Schumann, en el Gewandhaus de Leipzig, en Londres, en todas partes, y Schubert, Bach y Brahms en Liverpool y en otros lugares, ejecutando principalmente las *Lebesliederwalzen*, op. 52, que Johannes había compuesto en la época de su amor imposible por la bella Julia Schumann, en la época en que abrigaba la loca esperanza de casarse con ella.

En Bonn se organizó un festival dedicado a Schumann. Clara tocó, Josef Joachim y Wasielewski compartieron la dirección de la orquesta, y Amalie Joachim cantó. Estaban los amigos de siempre, aquellos junto a los que Clara había envejecido: Albert Dietrich, Ferdinand Hiller, Julius Grimm y, por supuesto, Johannes Brahms. Joachim había propuesto el *Réquiem alemán* para clausurar el festival, pero la ciudad de Bonn no había aceptado, encargando a Brahms que escribiera otra obra para la ocasión. Johannes rechazó la oferta y le dijo a Joachim: «Deberías entender que el *Réquiem* es una obra íntimamente ligada a Schumann, del mismo modo en que yo, en mi fuero interno, sé que ha sido escrita para él.» Entonces. Clara le propuso que se fuera de vacaciones con ella a Baden-Baden. Brahms acababa de hacerse cargo de la dirección de la *Gesellschaft der Musikfreunde* de Viena, obteniendo los mismos elogios que con la *Singakademie*. Además, sus obras para coro —en particular el *Triumphlied*, op. 55, dedicado a Guillermo I— tenían un gran éxito: «La maestría de Brahms dirigiendo coros es, desde hace tiempo, del dominio público. Es muy exigente con los cantantes... ¡Y cómo suenan los coros! Desde este punto de vista, el maestro, más que cualquier otro compositor moderno, ha alcanzado el nivel de los héroes de la música coral, en particular de Haendel. Ha estudiado sus obras, las ha asimilado y ha aprendido a combinar de tal modo su técnica con la técnica moderna que, con frecuencia, se tiene la impresión, en lo referente al trabajo temático y al desarrollo polifónico de las partes, de estar escuchando una obra maestra del siglo XVIII, mientras que el carácter de los temas, la naturaleza de las armonías y las particularidades de la forma, en el conjunto de la obra y en sus detalles, son totalmente modernos y específicamente brahmsianos.»

Brahms pasó aquellas vacaciones con Clara, veinte años después de haberla conocido. Sería la última vez que ambos estuvieran juntos en la «caseta» de la Selva Negra, pues Clara había decidido venderla. Les acompañaba Florence May, una de las alumnas inglesas de Clara Schumann que, en ausencia de ésta, había recibido algunas clases de Brahms.

«La gran pianista me dio algunas clases durante su estancia en Londres, a principios de 1872, y llegado el momento de abandonar Inglaterra decidió, de acuerdo con mi padre, que me reuniera con ella en Lichtental, en los alrededores de Baden-Baden, para continuar mis estudios bajo su dirección... El placer que me producía volver a ver esta gran artista, unido a su irresistible encanto y amabilidad, hicieron que no me sintiera tan perdida en este ambiente nuevo para mí, por lo que acepté encantada su invitación a acudir a su casa por la tarde, a las dos, para tomar una taza de té en familia. ... Me condujeron hasta un agradable balcón, situado en la parte trasera de la casa y desde el que se dominaban el jardín y el río. Allí, sentados, estaban Frau Schumann, sus hijas y un señor que me fue presentado como Herr Brahms... Tenía treinta y ocho años y una estatura ligeramente inferior a la media, aunque su constitución era robusta y su aspecto general daba la impresión de fuerza... Era el típico alemán rubio, con una hermosa cabellera que llevaba bastante larga y peinada hacia atrás. Iba cuidadosamente afeitado. Su característica física más impresionante era el rostro, grande y con una magnífica frente de pensador. Sin embargo, también llamaban poderosamente la atención sus ojos azules, que reflejaban una expresión de intensa concentración mental... Su nariz estaba delicadamente modelada. Los pies y las manos eran pequeños, los dedos regordetes. ... Un día, hablando de las manos de pianista, me dijo: «Yo no tengo dedos de pianista... Frau Schumann sí, y Anton Rubinstein también. Los de Rubinstein son enormes.» ... Era miope, por lo que solía usar un monóculo que llevaba colgado del cuello con un delgado cordón negro... En la contención de Brahms había una mezcla de sociabilidad y de reserva que me hizo sentir la impresión de encontrarme ante un hombre lleno de bondad, aunque realmente difícil de llegar a conocer... Por supuesto, lo que deseaba por encima de todo era la compañía de Frau Schumann, por la que sentía una profunda admiración, una admiración de la que parecían formar parte el cariño y el respeto de un hijo, pero también la camaradería y la comunión de ideas de un colega. ... En la casa siempre se le recibía bien, y entraba y salía de ella a su antojo. Siempre coincidí con él por la tarde, a la hora del café, lo mismo que sucediera el día de mi llegada. Y a menudo, cuando las tazas estaban ya vacías, tuve la suerte de escuchar a los dos artistas tocando a cuatro manos. Él gozaba del especialísimo privilegio de conservar su eterno puro o su bienamado cigarrillo en la comisura de los labios mientras tocaba, en espera de ejecutar la parte de los agudos... Frau Schumann me invitaba siempre a comer los domingos, y a menudo también a cenar los días de entre semana. Brahms estaba siempre allí, con frecuencia acompañado de uno o dos amigos... Naturalmente, lo esencial para mí era escuchar a Frau Schumann y a Brahms discutir con gran animación sobre todo tipo de temas... Frau Schumann solía hablarme del talento de Brahms y de su extraordinaria capacidad como compositor e intérprete. También me hablaba de sus cualidades intelectuales en general y, sobre todo, de sus conocimientos y su amor hacia los libros. A ella le habría gustado que yo le escuchara tocar, pero me dijo que eso no era cosa fácil, pues dependía mucho de su estado de ánimo. Cuando no se sentía bien dispuesto para hacerlo, no solamente le disgustaba que le pidieran tocar, sino que era incapaz de hacerse justicia a sí mismo como intérprete o como compositor...»

Tras la celebración del festival dedicado a Schumann, Johannes le llevó a Clara, que como solía suceder era la primera en descubrirlas, sus producciones de 1873: las

Variaciones sobre un tema de Haydn, op. 56, y los dos *Cuartetos de cuerda,* op. 51, que había empezado justo después de conocer a Robert Schumann, aunque sin terminar de sentirse satisfecho con ellos. Después la dejó para marcharse a Munich.

Ferdinand Schumann se prometió en matrimonio y Friedrich Wieck murió, a los ochenta y ocho años, un año después de la muerte del padre de Johannes. Un acontecimiento sucedió al otro, la alegría atenuó el dolor y el dolor ahogó la felicidad. Clara no llegaba a instalarse en ningún sitio. «No hago más que pensar y pensar hacia qué ciudad podría dirigirme», le decía a Hermann Levi, ahora director del Teatro de la Residencia de Munich.

Una donación de 30.000 táleros, conseguidos gracias al viejo amigo Bendeman, y otra de 10.000, procedente de las mujeres de Viena, así como el cansancio que empezaba a sentir, la decidieron a instalarse en Berlín, un lugar más accesible que su pequeña casa de los alrededores de Baden-Baden, y en el que además vivían Félix y Ferdinand.

El período de la «caseta del perro» había finalizado. Clara tenía cincuenta y cuatro años. Había perdido una hija y su hijo mayor, que entonces tenía veinticinco años, estaba, como Robert, condenado a pasar el resto de su existencia en un hospital psiquiátrico. Su hijo menor, que contaba apenas veinte años y era el más dotado, el más laborioso, padecía la misma enfermedad que se había llevado a Julia. Y, sin embargo, en los días que siguieron al festival Schumann y a las deliciosas jornadas pasadas junto a Brahms en la Selva Negra, Eugenia pudo escribir a la vieja amiga Rosalie Leser: «Mamá está mejor que nunca».

Volviéndose hacia la «caseta del perro», Clara Schumann dijo en el momento de abandonarla: «Aquí dejo un retazo de mi existencia».

5

Provisionalidad
(1873-1878)

Érase una vez un palacio rococó de estuco y mármol. En la frontera entre la ciudad y el campo, un santuario de piedra rosada con incrustaciones de perlas, conchas y joyas, rodeado de parques y jardines con una loca arquitectura de fuentes y surtidores. Allí todo era un continuo desfilar de caballeros revestidos de oro y brocados, de damas de la Corte, de músicos, comediantes y bailarinas, una sucesión interminable de fastuosas cenas y de fiestas galantes que se prolongaban hasta bien entrada la noche, llegando a veces hasta el amanecer. La reina de estos lugares era la hermana del gran Federico II, que sólo hablaba francés y decía que el alemán solamente podían entenderlo los caballos. Un día, la pequeña princesa margrave murió y el palacio, el santuario, los jardines y el escenario teatral se sumieron con ella en el sueño. Y lo mismo sucedió con la ciudad que lo circundaba. Ésta apenas si despertó un instante para erigir una estatua al «querido Jean-Paul» de Robert Schumann, que había vivido allí durante años y expandido a toda la Alemania todavía sin unificar sus personajes grotescos y trágicos, enmascarados, desenmascarados, sus visiones carnavalescas de la existencia y su estilo brillante. Luego, como en un cuento, la ciudad se sumió de nuevo en el sueño.

Bayreuth, florida y somnolienta población de la Alta Franconia. 19 de mayo de 1872, domingo de Pentecostés. Músicos, críticos, damas de la Corte de Berlín, altos dignatarios, aristócratas y burgueses, la nueva clase del siglo, acudieron de todas partes. Richard Wagner dirigió en el viejo teatro barroco de los margraves, veintiséis años después de haberlo hecho por primera vez en Dresde, la *Novena sinfonía* de Beethoven, el dios de Clara y también su propio dios. En la ciudad, que había despertado bruscamente de su sueño de un siglo, faltaban el clérigo Franz Liszt, que entonces tenía sesenta y un años y se había quedado en Weimar, Hans von Bülow, que no había ido a pesar de haber perdonado a Wagner, Cosima y Luis II de Baviera, Blandine Ollivier-Liszt, muerta poco después que su joven hermano, y el joven pianista virtuoso Tausig, muerto a los treinta años. Johannes Brahms, Josef Joachim, Ferdinand Hiller, Albert Dietrich y Clara Schumann, es decir, los del «otro» mundo musical, estaban ausentes. Cosima entró del brazo de su marido, seguida del joven filósofo Friedrich Nietzsche, que tenía veintiocho años y acababa de publicar *El nacimiento de la tragedia*. Al día siguiente del concierto, llovía sobre Bayreuth. Richard Wagner subió a la colina donde se construiría su teatro, el Fetspielhaus, y puso la primera piedra con una inscripción escrita de su puño y letra —«Aquí guardo un secreto; que los siglos lo conserven»— y el mensaje-bendición que acababa de recibir del rey Luis II de Baviera, «en este día tan importante para toda Alemania». Al término de la ceremonia, celebrada en presencia de una multitud que Bayreuth no había visto ni siquiera en tiempos de las veladas más locas de la pequeña princesa margrave, Richard Wagner se marchó con Cosima y Nietzsche.

«Se quedaba callado —contó Nietzsche—, dirigiendo hacia su interior una mirada imposible de expresar con palabras. Aquel día cumplía sesenta años. Todo su pasado era la preparación de aquel momento. Sabemos que los hombres, cuando se enfrentan a un peligro extraordinario o atraviesan algún momento importante de su existencia, resumen toda su vida en un destello de consciencia y ven su pasado más reciente o más lejano con una percepción de una extraña intensidad. ¿Qué pudo sentir Alejandro el Magno cuando, en un momento así, hizo beber a Europa y Asia en la misma copa? Pero lo que Wagner vio aquel día en el interior de sí mismo —lo que había sido, lo que era, lo que sería—, eso, nosotros, sus más allegados, podemos hasta cierto punto sentirlo como él, pues únicamente esa mirada wagneriana podrá hacernos comprender su gesta, y comprenderla nos garantiza su fecundidad.»

«A partir del primer concierto [de Wagner], quedé poseído por el deseo de internarme más a fondo en la comprensión de estas obras singulares —había escrito Baudelaire diez años antes, tras asistir a la escandalosa representación del *Tannhäuser* en París—. Yo había experimentado (o al menos así me parecía) una operación espiritual, una revelación. Mi voluptuosidad había sido tan fuerte y tan terrible que no podía evitar el deseo de volver a ella sin tregua. En lo que experimentara, sin duda entraba mucho de lo que ya me habían hecho conocer Weber y Beethoven, pero también algo nuevo que me sentía incapaz de definir...»

Siete años antes, Hans von Bülow había dirigido *Tristán* en Munich, provocando el entusiasmo de Bruckner, que entonces tenía cuarenta y un años, acababa de cumplir veinticinco como músico y había estrenado muy recientemente su *Misa en re menor* en la catedral de Linz. También había tenido lugar la representación de *Los maestros cantores*, en Munich y bajo la dirección de Hans von Bülow, y el estreno de *El oro del Rhin* dirigida por el joven Hans Richter. Wagner prácticamente había acabado su inmensa tetralogía, en la que Robert Schumann habría reconocido no pocos acentos de las grandes sinfonías de Beethoven, muchos elementos de su propia mitología y bastantes temas de la *Sonata para piano* que Liszt le había dedicado.

Tras la colocación de la primera piedra del Festspielhaus de Bayreuth, la señorita Wieck escribió en su diario: «Esta admiración que provoca Wagner parece una epidemia que recorre el país y destruye a los mejores.» Y exaltaba, como si sus respectivas obras estuvieran en contraposición, el *Triumphlied* de Johannes, «lo más profundo y más grande que se ha creado en este género de música desde Bach». Pero veamos cómo sucedió la historia, con sus chanzas: en el verano de 1873, Friedrich Nietzsche, que acababa de descubrir esta composición de Brahms y le había gustado, se sentó al piano en casa de los Wagner e interpretó una transcripción de la misma, provocando las protestas del nuevo maestro de Bayreuth: «¡Eso es una mezcla de Haendel, Mendelssohn y Schumann...!»

De este modo se desarrollaban, más paralelos que opuestos, dos mundos musicales en la Alemania pacífica, unificada, victoriosa. Entre los profesionales con autoridad en el mundo artístico no abundaban los intransigentes, los que mantenían la misma postura de siempre, Como Richard Wagner, Clara Schumann o el crítico Hanslick de Viena. El joven compositor francés Camille Saint-Saëns consideraba a Wagner como uno de sus tres maestros alemanes, con Liszt y Schumann. La querida amiga de Clara, la «genial» Pauline Viardot —como ella la llamaba—, seguía siendo fiel a Franz Liszt pero pasando de un «clan» a otro y de una estética a otra sin juzgarlas incompatibles. ¿Acaso no admiraba el propio Brahms *Los maestros cantores*? Desbordado por sus propios partidarios, se situaba mucho más allá de los apasionados «brahmianos» que le enfrentaban a Wagner como quince años antes habían enfrentado a Mendelssohn y Schumann, y a la música romántica contra la de la nueva escuela alemana. En cuanto a Hermann Levi, se declaraba abiertamente wagneriano pero dirigía la música de Brahms.

Es probable que la irreductibilidad de Clara fuera más una cuestión de carácter que una elección estética e intelectual. Esta característica de su naturaleza era similar a la actitud reaccionaria, cerrada y obstinada del viejo Wieck ante el carácter y las composiciones fantasiosas de su yerno. La sinfonía «contradictoria», había dicho Wieck. De la ópera wagneriana, Clara Schumann, más Wieck que nunca a medida que iba envejeciendo, también hubiera podido decir que era «contradictoria».

En noviembre de 1873, Clara se instaló en Berlín. Un mes más tarde acusaba a la capital prusiana de obtusa, anticuada y poco aficionada a Brahms para su gusto. Sin embargo, su *Cuarteto en la menor*, ejecutado por el cuarteto Joachim, acababa de obtener un gran éxito. Hermann Levi hizo que el público de Munich aclamara sus *Variaciones sobre un tema de Haydn*, y los conciertos de Brahms celebrados en Viena y en Leipzig en el mismo período, le consagraron como uno de los grandes compositores alemanes de la segunda mitad del siglo XIX. ¡Recibió la Orden de Maximiliano a las Artes y las Ciencias de manos del incondicional wagneriano Luis II de Baviera! Ahora era universalmente célebre, «tan apreciado en todas partes —decía uno de sus amigos— que, si quisiera, podría hacerse rico fácilmente sólo con sus composiciones. Por fortuna, no es el caso». Sin embargo, Clara estaba de un humor execrable. Solamente la presencia de Joachim y de sus hijos le hacían soportable la estancia en Berlín.

El envío de un lied apasionado y soberbio de Johannes sobre un poema de Félix Schumann, el concierto dedicado a Brahms en Leipzig, el hecho de que éste hubiera dirigido en Viena algunos fragmentos de la *Misa en si bemol* y la música de *Manfredo*, de su querido Robert, todo ello iluminó el invierno berlinés. Aparte de esto, reuma y reuma, es decir, inmovilización forzosa: «Triste existencia» para Clara. A finales de primavera, ella, que detestaba el reposo, hubo de ir a Teplitz para una cura de salud; y el año 1874 acabó sin que hubiera podido tocar, recibir aplausos ni difundir hasta la saciedad la música que amaba. No dejó de lamentarse con su confidente predilecto, convertido en miembro de honor de la Academia real en Berlín, de que su vida no era tal porque estaba sola, se hacía vieja y… ¡buscaba una ciudad donde instalarse! ¡Cuando acababa de llegar!

Después de consultar, en Kiel, al doctor Esmarch, quien le aconsejó que «tocara todos los días» a pesar de los dolores, Clara volvió a la vida activa, pero con un ritmo menos acelerado y un entusiasmo amortiguado. Estaba cansada de los conciertos y, sobre todo, de lo que los rodeaba. Mientras en Leipzig se ofrecía de nuevo la *Genoveva* de Schumann, Brahms dirigía en Viena su *Réquiem alemán* y era ovacionado por un público que, una semana antes, había aclamado con el mismo entusiasmo unos fragmentos de *El anillo de los Nibelungos*, bajo la dirección de Richard Wagner. Resultaba incomprensible.

El verano reunió durante un tiempo a Clara y Johannes en Heidelberg. Brahms había acabado su *Cuarteto para piano y cuerda en do menor,* cuya introducción era un tema muy antiguo, que databa de la época en que, a causa de su amor por Clara, Johannes no veía otra solución que «pegarse un tiro en la sien». Después, Clara se reunió en los Grisons con su hijo Félix, que ahora quería ser poeta y se revelaba tan sombrío como convencional. En esta época escribía:

«Sombras de la muerte,
hay un abeto en el bosque.
¡Oh, querida esposa! ¿Quién podría predecir,
sí, quién, si muy pronto no será abatido por el hacha
y convertido en madera para nuestro ataúd?
¿Quién sabe si pronto?…
Entonces, nosotros estaremos muertos y fríos…»

Ni violinista ni poeta. Pero ¿qué se le podía objetar a este encantador joven del que Brahms había dicho: «¿Qué no habría hecho yo si Félix hubiera sido hijo mío?», cuando se sospechaba incluso que podía ser su padre? Estaba consumido por la tuberculosis. Clara veía avanzar la enfermedad como lo había visto en Julia. En esta época, el estado de Ludwig acusó una ligera mejoría, pero fue pasajera. De cualquier modo, su madre ya no alimentaba las mismas ilusiones que con su querido Robert. Fue a visitarle, pero eso no hizo más que acrecentar su dolor: «Se puso muy contento de volver a verme. Me abrazó convulsivamente y me pidió que le llevara conmigo, ya que estaba mucho mejor. ¡Qué tortura decirle que eso era imposible!...» Su yerno vino a verla desde Italia con el pequeño Marmorito, pero cuando llegaba la hora de la separación, ya se tratara de Ludwig o de cualquier otro, sufría «emociones terribles» que no le reportaban ninguna alegría a cambio. Además, ya no poseía aquella formidable vitalidad que la había impulsado a llegar hasta aquí.

De regreso, se detuvo en Munich, donde se representaba el *Manfredo* de Schumann y, dos días más tarde, *Tristán e Isolda* de Wagner. Clara estaba en la sala, sin resistirse a dejarse llevar por sus impresiones. Allí recuperó su inspiración, su pasión: «Es lo más antipático que he oído en mi vida. Tener que contemplar y escuchar toda una noche un amor tan aberrante que ofende nuestra moral, y ver, no sólo al público, sino también a los músicos en éxtasis, es lo más triste que me ha sucedido en mi vida de artista. Resistí hasta el final, quería escucharlo todo. Durante todo el segundo acto, los dos comparsas duermen y cantan. Durante todo el último, Tristán muere. ¡Dura cuarenta minutos y llaman a esto dramático! *(sic)*. ¡Levi dice que Wagner es mucho mejor que Gluck! ¡Y Joachim no tiene valor para enfrentarse a ellos! ¿Están todos locos o soy yo la que está loca? ¡Me parece un tema tan miserable! ¿Acaso es posible tomarse el menor interés por los amantes cuando es un filtro el causante de su frenesí amoroso? Eso no son sentimientos, sino sólo enfermedad. ¡Se arrancan literalmente el corazón del cuerpo, y la música representa esto con los acentos más desagradables! ¡Ay, podría estar gimiendo hasta mañana y continuamente gritando ay, ay...!»

En mayo, Joachim ofreció en casa de Clara, en Berlín, la primera audición del *Tercer cuarteto de cuerda en si bemol mayor* de Brahms. Johannes no estaba presente. Cansado de oír decir que era, en la capital austríaca, el «intruso» venido del Norte, cansado de las intrigas y, tal vez también, de la virulencia de sus propios partidarios, había presentado su dimisión de la Gesellschaft de Viena. Aparte de las giras de conciertos, lo único que hacía era componer, la mayor parte del tiempo en Viena, y había rechazado todos los cargos oficiales que le habían ofrecido. Se volvía cada vez más solitario, misántropo e indiferente a las cosas. Había recibido el título de doctor honoris causa por la universidad de Cambridge con una sonrisa y un lacónico: «Excitante aventura». Llegó a casa de Clara en junio, sin haber avisado. Hacía mucho tiempo que no anunciaba sus visitas, instalándose allí como en su propia casa. Unos días más tarde se fue para pasar el verano en la isla de Rügen, en el mar Báltico, con la única compañía de Georg Henschel, joven pianista, compositor y cantante al que había conocido durante una gira por Alemania. Clara Schumann no paraba de preguntarle dónde debía instalarse. Él respondía: Viena. Pero Austria la habría alejado de Félix, de Ferdinand y de su familia... ¿Dónde entonces? Brahms vivía en Viena y siempre le respondía: en Viena. Pero ella no quería. Seguía buscando. Quería irse de Berlín: «Aquí envejezco demasiado rápido. No tengo satisfacciones musicales, no mantengo ese tipo de relaciones artísticas que proporcionan de vez en cuando una hora de música deliciosa, en resumen, la luz y el aire sin los que no me sería posible vivir... ¿Por qué no voy a gozar de los años que me quedan, como artista y compartiendo mi vida con la de mis amigos?...»

En esta época, Hans Richter dirigía los ensayos de la *Tetralogía* de Richard Wagner en el recién acabado Festspielhaus de Bayreuth. Lo que había en la semioscuridad del escenario ya no eran tal o cual cantante, sino Wotan, Brunilda, Alberico, Siglinda y Sigfrido. Y la orquesta, por primera vez en la historia de la ópera, permanecía escondida en un foso. Incluso el director quedaba invisible. Por fin, en la noche del 5 al 6 de agosto de 1876, un tren se detuvo en el campo, a unos kilómetros del Festspielhaus, y de él descendió el rey Luis II de Baviera. Wagner le esperaba vestido con ropa nueva y ambos subieron a un coche. Hacía ocho años que no se habían visto. El día 7, por la noche, Luis II asistió al primer ensayo general de *El oro del Rhin*, y los días siguientes a los de *La Walkyria*, *Sigfrido* y *El crepúsculo de los dioses*, sucesivamente. Luego se fue y llegaron el viejo Guillermo I, cortejos oficiales, el emperador don Pedro de Brasil, príncipes y damas de la Corte. La obra de Wagner estaba concluida y él, en el apogeo de su gloria. Pero, como dijo una de sus admiradoras, «Bayreuth es la tumba de la amistad», y Wagner se quedó solo. Incluso Nietzsche había huido, diciendo: «Estoy harto.» y Hans von Bülow acababa de pasarse al clan de los «brahmianos»...

Cuatro meses después, en Viena, tuvo lugar la primera audición pública de la *Sinfonía en do menor*, op. 68, de Brahms, de la que éste había escrito, como hacía a menudo pensando en Clara, una transcripción para piano a cuatro manos. Ésta era la sinfonía que Robert Schumann, a la vista de los esbozos, hubiera querido verle escribir, pero Johannes todavía era un joven de veinte años. Clara la escuchó a principios de 1877 en el Gewandhaus de Leipzig y en presencia de los Joachim, de Julius Stockhausen, de los Grimm, de los amigos de siempre y de los que habían conocido aquí o allí, en el curso de sus sempiternas peregrinaciones. Un triunfo, al igual que había sucedido con el *Réquiem alemán.* «En esta obra, la estrecha afinidad de Brahms con el arte de Beethoven se impone con evidencia... La nueva sinfonía demuestra que Brahms posee una voluntad enérgica, un pensamiento musical lógico, unas facultades arquitectónicas enormes y una maestría técnica que no están al alcance de ningún otro compositor vivo...», escribía Hanslick. También hubo críticas menos sospechosas de parcialidad: «Esta obra debe ser considerada y valorada desde el punto de vista de la *Novena sinfonía* de Beethoven y de la segunda de Schumann. La finalidad de las tres obras es la misma. Para alcanzarla, Brahms ha seguido su propio camino con seguridad y audacia...»

Clara estaba encantada. No sólo el virus wagneriano no había contaminado a toda Alemania, sino que —debía admitirlo y dejar de protestar— se reconocía el talento de su querido Brahms. Aquel año el reuma no la molestó, y los brazos apenas le dolieron. Volvió a hacer algunas giras, sin dejar de buscar un lugar donde instalarse y de preocuparse por la salud de Ludwig y la de Félix, que estaba muy débil. En Brahms encontraba su apoyo, era su «ángel consolador», como veinte años antes. «Te amo más que a nadie y que a nada en el mundo —le escribió él—. Quiera Dios que no te esté reservado un nuevo dolor. Para una vida humana ya has soportado bastante.»

A su regreso de Londres, Clara se apresuró a describirle el éxito que había obtenido su *Quinteto*, op. 34. Siempre discutirían, sin duda, pero siempre se amarían...

Clara estaba agotada, pero no perdía su mordacidad. Escuchó de nuevo a Liszt y su *Dúo para dos pianos sobre el nombre de Bach.* «Era horrible», declaró. El joven compositor ruso Alejandro Borodín no compartía en absoluto esta opinión: «La gran puerta se abrió y dejó paso a la negra figura de Liszt, vestido de clérigo... En los pasajes de piano, se acercó hasta el fondo del coro y vimos cómo su cabeza aparecía por detrás del instrumento. Los sonidos potentes y envolventes del piano se desplazaban como ondas bajo las volutas góticas del viejo templo (de la catedral de Jena). ¡Era divino! ¡Qué sonoridad! ¡Qué potencia! ¡Qué plenitud! ¡Qué *pianissimo*! Nos sentíamos transportados... ¡Estábamos en el séptimo cielo!» Liszt había vuelto a tocar en público como pianista cinco años antes, tras veintiséis años de ausencia, y su interpretación seguía siendo incomparable. Ciertamente, no era ni más ni menos virtuoso que Clara, Anton Rubinstein o Hans von Bülow, pero era inimitable. Sin embargo, así era Clara Schumann: una cínica. En este caso mostraba el reverso de la medalla: era, sí, leal y fiel a sus amistades y sus amores, pero también a sus odios.

Tras haber escuchado al viejo clérigo Franz Liszt, quedó aún más encantada con el *Cuarteto de cuerda*, op. 67, de Brahms, que fue interpretado en su casa, en Berlín, y después en casa de los Joachim. Experimentó la misma alegría cuando Johannes sometió a su juicio sus últimos lieder, los *opus* números 75 y 76 —cuatro baladas y romanzas, y ocho piezas para piano—, y cuando la hizo partícipe de su proyecto de preparar una edición completa de las obras de Robert y Clara Schumann. Como volvía a sentir dolores en el brazo derecho, el querido Johannes, tan gruñón como siempre pero con la misma exquisita delicadeza, le envió la *Chacona en re menor* de Bach arreglada para ser tocada con la mano izquierda. Por último, mientras pasaba el verano en Baden, recibió su segunda *Sinfonía en re mayor*. Fue el director de orquesta Hans Richter, adepto de Wagner, quien dirigió y reveló esta sinfonía al público vienés, que la ovacionó en el momento en que Hans von Bülow exponía su fórmula de las «Tres B», diciendo: «Creo que no es obra del azar si los nombres de Bach, Beethoven y Brahms empiezan por la misma letra.» La obra fue abucheada en Leipzig y silbada en Munich, bajo la batuta de Hermann Levi. Pero en Hamburgo, Bremen y Münster, donde fue dirigida por Julius Grimm, obtuvo un notable éxito. En mayo, después de haber pasado unos días en Italia con su ahijado Félix Schumann, Brahms llegó a Düsseldorf para la celebración del festival del Bajo Rhin, cuyos responsables eran Josef Joachim y Julius Tausch, el rival y sucesor de Robert Schumann en la dirección musical de Düsseldorf. «El acontecimiento más destacado del festival fue la ejecución de la segunda sinfonía de Brahms, por Josef Joachim. ... El público estaba entusiasmado al término de cada uno de los movimientos, e incluso exigió que se repitiera el tercero.»

Mientras seguía las vicisitudes de su última obra, Johannes Brahms se ocupaba de Clara, que no cesaba de plantearle la misma pregunta: «¿Dónde podría instalarme?» Una de sus giras la había llevado, a principios de 1878, a Frankfurt del Main, una de esas pequeñas ciudades que Clara describiera en innumerables ocasiones como el lugar ideal para vivir: accesible, ni demasiado grande ni demasiado pequeña, situada en plena naturaleza y dotada de una rica vida artística. En Frankfurt la reclamaban. ¿Qué hacer?, preguntaba a Johannes, quien había renunciado a insistirle para que fuera a Viena. Y él respondía que aceptara. Ella multiplicaba los obstáculos: «¡Aceptar!», le repitió Brahms en cada una de sus cartas. Por fin, en primavera, Clara obedeció. Dejó Frankfurt del Main anunciando al burgomaestre que regresaría para instalarse allí con Eugenia y la fiel María, que tenía treinta y seis años y estaba consagrada por completo a su madre. Ferdinand, aquejado de reumatismo desde la guerra de 1870 y necesitado de tratamiento con morfina, permanecía en Berlín con su familia. Elisa acababa de casarse. Ludwig, que ya no saldría de la clínica de Heilenstad —como Clara sabía bien—, nunca más recobraría la razón. En cuanto a Félix... Al llegar a Berlín, lo encontró en un estado deplorable. «Se arrastraba como un anciano, sin poder respirar, y al mismo tiempo tosía de la mañana a la noche, sin poder descansar más que gracias al cloral.»

Clara se trasladó a Frankfurt del Main mientras era víctima de una nueva y dolorosísima crisis de reumatismo. La acompañaban María y Félix, que agonizaba. «Se abrió para nosotros un período indescriptiblemente penoso. Veíamos a Félix declinar día a día, pero no queríamos dejar que adivinara nuestro dolor... Mi corazón estaba roto como en las horas más difíciles de mi vida... ¡Cuán duro es volver a empezar en una nueva residencia, en un nuevo ambiente!...»

6

La vieja dama de Frankfurt del Main
(1878-1896)

«En su ciudad natal y ante un auditorio de varios miles de personas, entre las que se encontraba un gran número de personalidades del mundo de la música llegadas de todas partes, Brahms dirigió su segunda sinfonía, marcada con el sello de la inmortalidad. Su presencia, y la sencillez y energía con que sostenía la batuta, aumentaron considerablemente el entusiasmo. Mientras se acercaba al atril, decorado con una corona de laurel, fue acogido con una calurosa ovación. Cada vez que finalizaba un movimiento, el público volvía a expresar su entusiasmo. Este alcanzó el paroxismo después del tercer movimiento —que hubo de ser repetido, a despecho de la modestia del compositor y director— y, al final de la obra, se tradujo en interminables aplausos y en una lluvia de flores lanzadas desde todas partes hacia el admirado y venerado compositor.» El concierto se celebró en Hamburgo el 29 de septiembre de 1878. Josef Joachim era el primer violín de la orquesta. En cuanto a las «personalidades del mundo de la música», lo que le importaba a Johannes no era esto, sino que se trataba de sus amigos: Julius Grimm, Ernst Gade, que había sucedido a Mendelssohn en el Gewandhaus de Leipzig hacía veintiséis años, Ferdinand Hiller, el fogoso Hanslick, los miembros de la coral femenina de Hamburgo, la hermana y el hermano de Brahms, su abuela y, por supuesto, Clara, que estaba allí a pesar de los problemas del traslado, de los dolores en los brazos y de la angustia en que la sumía la agonía de Félix.

Cuando llegó a Frankfurt del Main, la lluvia de flores y la corona de laurel fueron para ella. Incluso habían decorado su sillón, que ocupó para escuchar sus propias obras ejecutadas en su honor por los profesores. A la semana siguiente —cuarenta y seis años después del primer concierto de la «pequeña Wieck»— fue aclamada, ovacionada, aplaudida y cubierta de flores en el Gewandhaus de Leipzig. En la sala había algunas personas de edad que todavía se acordaban de su debut. En esta ocasión Clara dio un recital, interpretando únicamente obras de Schumann. Entre ellas figuraba el *Concierto en la menor*, op. 54. «La emoción me embargaba, todo mi cuerpo temblaba con violencia. Después me calmé, toqué con una tranquilidad absoluta y el éxito fue total.» Por la noche se celebró una fiesta a la que asistieron sus amigos: «Todos estaban allí, tan entusiasmados, tan calurosos... Me fui a dormir con el corazón rebosante de gratitud al Cielo, por haberme permitido vivir aquel día en posesión de mis plenas facultades artísticas...» ¿Cómo lo había conseguido, con su obsesión por la enfermedad de Félix, su cansancio y su reuma? «Pero vos sois así —exclamó Hermann Levi lleno de admiración—. Desde el momento en que el arte reclama sus derechos, vos misma os relegáis a un segundo plano. Estoy seguro de que, desde el primer *tutti* en la menor, habéis dominado vuestra agitación y olvidado a los hombres, al mundo y ese homenaje que os ofrecían. Si tuviera que definir con una palabra vuestro carácter, vuestro rasgo más personal, lo que mencionaría en primer lugar sería ese don que poseeis de perderos siempre en una esfera más alta, de perseguir objetivos que nunca son personales, sino siempre estrictamente ideales.» A la corona de laurel de oro que le había ofrecido la orquesta del Gewandhaus de Leipzig, se sumó la medalla de oro a las Artes del rey Luis II de Baviera. Una gran dama respetada y gloriosa...

En cambio, la que al regreso de otra gira se esforzó en decorar sin desfallecer un abeto, en la última Navidad de su hijo Félix, era una mujer normal que sufría; y la que, en la mañana del 17 de febrero de 1879, encontró a su hija mayor velando desde hacía ya varias horas el cuerpo de su hermano pequeño, muerto durante la noche, era simplemente una madre abatida, con el «corazón destrozado», como ella decía. «No ceso de repetirme que todavía conservo grandes riquezas: mis hijos, el arte, mis amigos... Pero en un instante puedo verme privada de todo esto. En el fondo, no se envejece sino para perder. Hasta que le llevan a uno al cementerio. Entonces, la nieve y el viento azotan nuestra tumba. Aparte de esto, la vida sigue...»

Clara volvió a marcharse. Las cartas de Brahms la seguían, lo mismo que sus composiciones, más consoladoras aún por su belleza: el *Concierto para violín y orquesta*, op. 77 —dedicado a Josef Joachim e interpretado por ellos en Viena y, más tarde, en Budapest—, y la *Sonata para piano y violín*, op. 78. Clara tocó en Kiel, en Munich, en Baden y, de regreso, en el Museum de Frankfurt. Después partió de nuevo. Durante todo aquel año permaneció en Alemania, pero recorriéndola, por supuesto. En la primavera de 1880, Johannes y ella se encontraron en Bonn, con motivo de la inauguración del monumento erigido en memoria de Schumann. Los festejos comenzaron el 30 de abril en la estación. Un comité de bienvenida, encabezado por Joachim y Brahms, esperaba a Clara en el andén junto con una fanfarria. Al día siguiente por la noche le ofrecieron una serenata bajo su ventana. El 2 de mayo todos estaban otra vez reunidos: Albert Dietrich, los dos Julius —Grimm y Stockhausen—, el anciano Ferdinand Hiller, que jugaba a pídola cuando Clara le vio por primera vez, Waldemar Bargiel... Las delegaciones depositaban flores sobre la tumba de Robert mientras una orquesta, dirigida por Johannes, interpretaba unos fragmentos de *El paraíso y la Peri,* aunque, a petición de los sacerdotes, sin texto, pues el libreto había sido considerado poco religioso. Por la noche se celebró un concierto sinfónico: *Sinfonía renana* y *Réquiem por Mignon*, dirigidos por Brahms, y la música de *Manfredo* bajo la batuta de Joachim. Luego, Johannes volvió a subir al escenario y Josef tomó su violín para interpretar, bajo la dirección del compositor, su *Concierto para violín.* De este modo, Schumann y aquél que había sido designado como su «joven águila» se convirtieron en los reyes de estos festejos musicales. Clara Schumann tenía allí a sus dos amores y, además, se encontraba rodeada de todos sus amigos. Sólo faltaba Levi. «*Die wagnerei*», decía Clara... Estaba ensayando *Parsifal* en Bayreuth.

En Berchtesgaden, Clara se pasó todas las vacaciones releyendo su correspondencia con Robert, reviviendo aquel amor del que no se recuperaba y llorando, como el primer día su separación, «al más magnífico de los hombres. Nunca me escuchó tocar sus obras como las toco ahora. A veces, esta idea me produce una inmensa tristeza». ¡Y además estaba Ferdinand, quien, a sus treinta y un años, vivía como un anciano, inmovilizado por el reuma o embrutecido por la morfina! Afortunadamente llegó Brahms, con la inmensa barba negra que llevaba en Hamburgo dos años antes y que no se había afeitado en esta ocasión, ni, anunció, se afeitaría nunca. Ya no se parecía nada al retrato que de él había hecho Florence May. Tenía el aspecto pesado, al igual que Clara lo tenía macizo. Y emanaba de ambos la misma fuerza, sombría e introvertida en él, más severa y exteriorizada en ella. Él, a sus cuarenta y siete años, continuaba sometiendo sus obras a la opinión de Clara. Aquel verano le llevó dos oberturas, una «para reír», la *Obertura académica*, op. 80, y la otra, la *Obertura trágica,* op. 81, para llorar. Y Clara aportaba su entusiasmo y sus reservas ante cuestiones de detalle. A sus sesenta y un años, ella consideraba no haber tenido nunca mejor sentido crítico ni haber tocado mejor en su vida. «Resulta excitante darse cuenta de que, a pesar de la edad, la vida interior y la maestría intelectual se enriquecen. !Ah, si la fuerza física creciera al mismo ritmo que la energía y la madurez del alma!...»

Cuando regresó a Frankfurt, interpretó el *Concierto en mi bemol mayor* de Beethoven mejor que nunca. Luego asistió a un concierto de Anton Rubinstein, calificado como uno de los mejores pianistas europeos. «Buena digitación —contastó la irreductible Clara Wieck—. Pero aporrea demasiado, es demasiado desenfrenado.»

En los primeros días del año siguiente, Johannes Brahms conseguía hacer triunfar como pianista la *Fantasía*, op. 17, dedicada a Liszt, que Schumann había escrito durante aquellos meses en los que pensaba debería renunciar para siempre a la pequeña Clara, que en aquel entonces tenía diecisiete años y de quien estaba locamente enamorado. A finales del año del mismo mes, era Clara quien ponía al público del Gewandhaus de Leipzig «fuera de sí» con los maravillosos *Estudios sinfónicos* de Robert. En otro de sus arrebatos de vagabundeo marchó a Londres, donde hizo que el público aclamara el *Carnaval* y *La Sonata para violín*, op. 105. de Schumann, siempre Schumann. A finales de la primavera fue nombrada miembro de la Royal Academy of Music. Tras las vacaciones de verano, Brahms llegó de improviso. Se había hecho tan vagabundo como ella y erraba de aquí para allá con su gran barba canosa y su «cabeza de Júpiter». Tenía obras nuevas, entre las que se encontraba el segundo *Concierto para piano*, op. 83, una de sus obras más logradas y de la que había dicho: «Acabo de escribir un pequeño concierto para piano con un bonito y pequeño scherzo»; en realidad, un pasaje tumultuoso y apasionado que inicialmente perteneciera al

Concierto para violín y que Joachim le había hecho suprimir. ¡Soberbio!, exclamó Clara.

Celebró la Navidad con todos sus alumnos, entre los que destacaban sus hijas María y Eugenia. Por entonces la visitó Camille Saint-Saëns, que tocó para Clara la música de Schumann, a quien admiraba, pero de un modo que a ella le pareció horrible. Tenía cuarenta y seis años. Muy dotado y ecléctico, se le consideraba, con Gounod, el mejor compositor francés vivo, pero para Clara tenía varios defectos: primero, era francés; segundo, era un habitual de Weimar; y por último, había sentido una gran admiración por Wagner. Cuando se marchó, Clara Wieck declaró que, en el fondo, Camille Saint-Saëns no era más que un «escudero de alta escuela, un funámbulo». Poco tiempo después se interpretó a Tchaïkovski en el Museum. Tenía cuarenta y un años, y era ex alumno de Anton Rubinstein, amigo de Saint-Saëns, oyente ocasional de las óperas de Wagner y admirador apasionado de la *Carmen* de Bizet. Clara le encontró «hábil». Liszt ya había descubierto a Rimski-Korsakov, Mussorgski y Borodin. Anton Bruckner acababa de ver triunfar su *Cuarta sinfonía* en Viena, dirigida por Hans Richter. Como agradecimiento a este director de talento, que le había permitido por fin consagrarse, Bruckner le dio una pieza de... ¡un tálero! ¡Para que se bebiera una cerveza a su salud! Lo cual no impidió que los vieneses, ávidos de disputas, pusieran ahora en contra de Brahms ya no a Wagner, sino a Bruckner, padre espiritual de un joven director de veintidós años, con un gran talento y cuya estrella empezaba a brillar: Gustav Mahler, antiguo condiscípulo de Hugo Wolf.

De este modo llegaba a su fin el siglo, trayendo otros hombres y trastocando la escala de valores. Clara Schumann se quejaba de que no había «nada nuevo» que tocar y, guiada más por los celos y por su estado de ánimo que por la razón o el gusto, permanecía fiel a la elección que había hecho en su extrema juventud. ¿Qué daban *El oro del Rhin* en Frankfurt? Muy bien, pues iría. No se privaría del placer de ser cáustica: «Durante toda la noche tuve la sensación de que chapoteaba en un pantano. Ahora bien, la ventaja que tiene esta ópera sobre las demás es que, en ésta, los instrumentos de viento no te dejan sordo. Pero el aburrimiento que produce es igualmente insoportable. La menor acción provoca, en los personajes que ocupan el escenario, una crispación y una contracción que se prolonga durante tanto tiempo que uno no puede seguir mirándolos. Las mujeres apenas cantan unos compases en toda la ópera, limitándose a permanecer allí, de pie, formando un corro. Y los dioses son unos ineptos o unos pícaros...» *Parsifal* acababa de ser representada en Bayreuth bajo la dirección de Hermann Levi y en presencia de Bruckner, Franz Liszt, Léo Delibes, Ernest Chausson, Vicent d'Indy y Camille Saint-Saëns. «¡Hasta que punto se sorprenderán un día nuestros descendientes, ante semejantes aberraciones que se propagan por todo el universo!», proseguía Clara. Y, como siempre, mostró su entusiasmo al descubrir las nuevas obras de Johannes: el *Trío,* op. 87, y el *Canto de las parcas,* op. 89. «¡Genial!», dijo. Acababa de comprar una casa en Frankfurt del Main. ¿Era un signo de vejez, de cansancio? ¿Acaso iba a instalarse definitivamente? No, partió hacia Italia, país que visitaba por primera vez, deteniéndose en ciudades de Alemania y Suiza. En Navidad estaba en Berlín. «El 21 de diciembre invité a unos amigos para ensayar el nuevo trío de Brahms y, para nuestra sorpresa, mientras estábamos tocándolo llegó el propio Brahms, que venía de Estrasburgo y se proponía pasar las fiestas con nosotros...» El día de Año Nuevo, Brahms le regaló a Clara la partitura de la *Carmen* de Bizet. He aquí una obra para blandir contra Wagner: «¡Qué música tan encantadora y qué fina instrumentación!», exclamó Clara. Un mes y medio más tarde, el 13 de febrero de 1883, en Venecia, Cosima Wagner encontró a Richard echado sobre su mesa de trabajo. Richard le pidió su reloj, que se había caído al suelo sin romperse, y murió. Esa misma noche, Clara, a pesar de los dolores, dio un concierto en Frankfurt. «Los aplausos no cesaban... El piano estaba adornado con una corona de laurel... Me ofrecieron un magnífico ramo de flores... Fue un delirio: una parte del coro gritó un triple hurra en mi honor y el público se unió a él... Casi todo el mundo tenía lágrimas en los ojos», le escribió a Brahms añadiendo la fórmula habitual: «Jamás había visto semejante entusiasmo...» Él le envió su única composición de ese año: la *Tercera sinfonía en fa mayor,* que contenía este pequeño motivo: fa, la bemol, fa, traducido el alemám con las letras F.A.F., iniciales de la divisa de Brahms: *frei aber froh,* libre pero feliz. Esto recordó a Clara el F.A.E. —*frei aber einsam,* libre pero solo— de Josef Joachim, que Schumann, Dietrich y Brahms habían escrito en la sonata para piano y violín compuesta para Joachim y que ella había interpretado con éste. ¡Habían pasado cuarenta años!

Al año siguiente, Clara hizo otra gira por Inglaterra. A su regreso constató que el oído le fallaba. «Creo que he llegado al final de mi vida. Realmente, ya no me quedan fuerzas para ser feliz», dijo. Pero la vieja dama no tardó en recuperarse: «Hay momentos en los que me siento completamente feliz.» El éxito que obtenía en todas partes, en Alemania, Holanda, Rusia, Inglaterra, Suiza y Estados Unidos, la *Tercera sinfonía* de Brahms, la lectura de los lieder, cuartetos vocales y romanzas de los opus 91 al 97..., todo contribuía a esos momentos de felicidad, si bien la *Cuarta sinfonía* no le gustaba demasiado. También contribuyó a ello la publicación, en 1886, de la *Antología de cartas de juventud de Robert Schumann* que ella había realizado. Y las giras, que le producían una inmensa alegría. María las organizaba aprovechando los períodos, cada vez menos frecuentes, en los que el reuma le permitía tocar. Cuando sus dolencias le impedían realizar giras, dedicaba más tiempo a dar clases y a asistir a conciertos.

En uno de estos períodos escuchó por primera vez, en Frankfurt, a Richard Strauss, que entonces tenía veinte años y dirigía su primera sinfonía, transportando «al público literalmente a un estado de éxtasis». Hacía mucho tiempo que Clara no se había entusiasmado con una figura nueva. ¿Se debía a la muerte de Liszt, sobrevenida seis meses antes, al suicidio de Luis II de Baviera, a la desaparición de todo su mundo, amigo o enemigo?

A principios de 1887 volvió a Inglaterra. Ella también provocó el éxtasis del público interpretando con Joachim el *Quinteto* de Brahms. A su regreso, éste la reclamó para mostrarle la *Sonata para violín y piano,* op. 100: «Me sentí feliz como no me había sentido desde hacía mucho tiempo», le escribió Clara. Pero cuando volvieron a verse, lo que sucedía cada vez con menos frecuencia, ¡qué decepción! Ya no había manera de hacer hablar a Johannes si no era sobre temas que le apasionaban, «Y resultaba muy difícil encontrar esos temas», se lamentaba Clara. Antaño, Robert Schumann no había sido más hablador. Pero Johannes no era Robert. Los viejos amigos se separaron sin haberse dicho gran cosa, sólo los reproches mutuos por no tener ya temas comunes de conversación. Les quedaba la música y, a distancia, la seguridad de encontrarse, en caso de necesidad. Clara siempre sentiría esa necesidad: Ferdinand, ahora morfinómano, ya no podía ocuparse de sus hijos y Clara tuvo que encargarse de buscar un internado o una familia donde dejarles. Cada vez le fallaba más el oído: la incapacidad de «distinguir los acordes que se sucedían rápidamente», hacía que percibiera «sonidos totalmente diferentes de los que estaban tocando». Jenny Lind murió y, con ella, también la memoria de su voz. Lo mismo le sucedería a Clara: era el sino de los intérpretes. Le escribía todo esto a Johannes, quien, a su vez, le contaba sus contrariedades. Se había peleado con Joachim a causa del divorcio de éste y discutía con otros amigos, incluso en casa de Clara. Una noche, a causa de Haendel, la tomó con Waldemar Bargiel y Julius Stockhausen. Todo iba mal, todo iba mal. Después todo iría bien.

«Waldemar se acaloró mucho. Al principio, Brahms se mantuvo en silencio, pero luego se puso grosero. Entonces, Julius Stockhausen, cogiendo a sus adversarios desprevenidos, empezó a cantar y los dejó desarmados.» Aquella noche todo acabó en risas, y el *Doble concierto para violín y violoncelo,* op. 112, reconcilió a Brahms y Joachim. Clara Schumann, que tenía sesenta y siete años, se fue a Londres y tocó el *Carnaval.* ¡Qué felicidad!

A su regreso a Alemania —¡Ya está! ¡Todo ha terminado!»—, el reuma le impidió acompañar a Julius Stockhausen, que debía interpretar el ciclo de lieder *Los amores del poeta,* op. 48, de Schumann. ¡Ya no podía tocar y, además, tenía a los hijos de Ferdinand a su cargo! El «imposible» Brahms le envió 15.000 táleros sin consultarle, pues poco antes ella se había negado a aceptarlos. Con el dinero iba este mensaje: «Goza de todo lo bueno y bello que vivirás mañana, y piensa en todo lo bueno y bello que, a tu marido y a ti, os ha proporcionado semejante amor...»

Clara celebraba el sesenta aniversario de su debut como pianista. Las cartas, telegramas y flores afluyeron de todas partes. Y Brahms, en este año de 1889, le envió otro regalo: su tercera *Sonata para piano y violín en re menor,* op. 108, dedicada «a mi amigo Hans von Bülow». Clara la estudió pasaje a pasaje, parando cada cuarto de hora debido a los dolores, y le escribió: «He vuelto a dar gracias al Cielo por haber enviado al mundo, en pleno delirio wagneriano, una personalidad tan robusta y sana que, por el momento, lo contrarresta, y que muy pronto lo aniquilará.» ¡Perseguía a Wagner con su acusación más allá de la muerte!... Pero tampoco había cesado de amar a Robert más allá de la muerte. La fiel Clara... Celebró su setenta cumpleaños rodeada de todos sus amigos: Joachim, Waldemar Bargiel, los hijos de Mendelssohn, Hermann Levi...

Todos estaban allí para honrarla y mimarla, vieja dama reumática de Frankfurt del Main, quisquillosa y digna. Imponente. Pasó las fiestas de Navidad con sus hijas y los hijos de Elisa, y así acabó el año 1889. Clara lo sabía: ella ya no corría y el tiempo pasaba con lentitud, marcado por los duelos —Bendeman murió aquel invierno—, las contrariedades —Johannes la irritaba, a Levi no le gustaba demasiado Brahms, ella ya no podía tocar, su oído la traicionaba...—, y algunas alegrías, pero éstas siempre desembocaban en la misma angustiosa pregunta: ¿Y si fuera la última vez?...

Decidió fijar la fecha de su último concierto: el 12 de marzo de 1891. A petición del público, repitió las *Variaciones para dos pianos sobre un tema de Haydn,* de Johannes. «Una vez más me quedé boquiabierta ante semejante arte y talento», dijo Clara. Y no volvió a tocar nunca en público. Ferdinand Schumann murió el 15 de junio, a los cuarenta y dos años, devorado por la morfina. Le quedaba un hijo, «pero no tenemos más remedio que considerarlo como un enterrado en vida», tres de sus hijas, nietos en Italia a los que nunca había visto, los hijos de Elisa, y los de Ferdinand, de los que debía ocuparse. La vieja dama de Frankfurt del Main continuó dando clases de piano e intercambiando con Brahms una correspondencia «llena de humor» —bueno o malo—, a menudo tormentosa y violenta, y en ocasiones, tras las amarguras intercambiadas, tierna. Refiriéndose al *Trío en la menor con clarinete,* op. 114 y al *Quinteto para clarinete,* op. 115, Clara dijo que eran obras cimeras. A la semana siguiente, le insultaba. Entonces, él la llamaba su «querida enemiga» y le decía: «Robert y tú habéis sido la aventura más hermosa de mi vida. Vosotros representáis el tesoro más preciado y la substancia más noble.» Y así, abrazándose por carta, se reconciliaban.

Johannes había acabado de preparar la edición completa de las obras de Schumann, que fue publicada por Breitkopf y Härtel bajo la supervisión de Clara. Ella estaba trabajando en las obras inéditas de Robert. «¡Qué lejano queda el día en que, hace más de treinta años, perdí al ser más tiernamente querido! —escribió a su vieja amiga ciega Rosalie Leser—. ¿Cómo se puede superar semejante pérdida, vivir tanto tiempo sin aquel que lo fue todo? Y él lo fue todo para mí... Sin embargo, he podido constatar que Robert cuenta cada vez con más admiradores... Vos sabéis que, anualmente, recibo desde París los derechos por la ejecución de sus obras. Pues bien, al principio eran 300 ó 400 francos, hace tres años ascendían a 1.000, y este año han alcanzado la cifra de 1.500...» Y Clara Wieck añadía: «¡He aquí una prueba irrefutable, a pesar de los Wagner y los Liszt!...» Y una prueba irrefutable de que, a los setenta y cinco años, Clara no se había rendido.

Aquel mismo año recibió las últimas piezas para piano que Brahms había escrito: las seis del *opus* 118 y las cuatro del *opus* 119. Del *Intermezzo en si menor,* Clara dijo: «Es maravilloso, y tan dulcemente triste...» En noviembre, Brahms llegó sin avisar y se instaló. Parecía un «campesino del Danubio». Tenía frente a él a una mujer vieja, medio sorda, con los dedos nudosos y que gritaba acerca de su «miserable cuerpo». Estaba, como siempre, María, y también un hijo de Ferdinand, que llevaba el mismo nombre y que asimismo quería ser músico. Al día siguiente llegó Joachim y tocaron el *Concierto para violín* que Johannes le había dedicado. Luego llegó un clarinetista amigo de Brahms y tocaron la *Sonata,* op. 120, los *Tríos* de Brahms, las *Fantasiestücke* para clarinete de Schumann... Después, todos se marcharon. Clara era feliz, pero... ¿y si fuera la última vez?

13 de febrero de 1895. «Brahms ha llegado hoy de muy buen humor. Se encuentra en la mejor disposición del mundo. La maravillosa acogida que acaba de ofrecerles Leipzig le ha causado un inmenso placer. Para él ha sido

una gran satisfacción. Después de todo, Robert tenía razón...» Y Johannes volvió a partir. La vieja dama permaneció en su casa, cuidada y mimada por María. Daba algunas clases, paseaba de vez en cuando, y se aburría mucho. «Lo que más temo es vivir miserablemente —le escribió a Linda Bendeman—. El cielo debería protegernos, a mis hijas y a mí. Cada día me propongo seguir luchando, pero no sé dónde encontrar el valor para vivir...»

El 3 de octubre de 1895 Johannes hizo una nueva irrupción. Era un viejo cascarrabias gordinflón de sesenta y dos años. Al día siguiente, como un niño, le pidió a Clara que tocara. «¡Venga, tócame algo!» Ella se negó. Él insistió. Discutieron y, al final, ella tocó sólo para él . Johannes se fue. ¿Y si fuera la última vez?... Clara hizo que le escribiera para su cumpleaños, en mayo de 1896. Él le contestó. Clara estaba contenta. Su querido Johannes, hasta en sus viejos días... Clara se encontraba al límite de sus fuerzas y se acostó. Le pidió a su nieto Ferdinand que tocara el piano. Schumann. Brahms. «Basta», dijo ella. Muy lentamente, empezó a declinar. María avisó a su hermana Eugenia y a Johannes que Clara iba a morir. «Y cuando nos haya dejado —escribió Brahms a Joachim—, ¿acaso nuestro rostro no se iluminará de alegría sólo con pensar en ella, en esta mujer magnífica de la que hemos podido disfrutar durante una larga existencia, para amarla y admirarla cada vez más?»

Clara murió en la noche del 20 al 21 de mayo de 1896, acompañada de María, de Eugenia, que había venido desde Inglaterra, y de su nieto Ferdinand. Pero no había vuelto a ver a Brahms. «Y yo, en mi precipitación por llegar a la ceremonia —contó Johannes—, me subí a un tren que iba en dirección a Viena en lugar de Alemania. Mi miopía y mi distracción hicieron que no me diera cuenta de mi error hasta que el tren no se puso en marcha. Evidentemente, llegué a Frankfurt demasiado tarde para asistir a la ceremonia fúnebre. Esta contrariedad provocó una tal acumulación de bilis que todavía puede apreciarse en mi rostro.»

Acababa de perder a aquélla que había marcado su vida de compositor y desconcertado totalmente su existencia de hombre, anulando con su sola presencia a todos los demás amores. Acompañado de sus amigos, la condujo junto a Robert, al cementerio de Bonn. Los árboles que habían plantado cuando Schumann murió, para que su tumba estuviera sombreada, tenían cuarenta años. Tocaron. Joachim, Brahms, Dietrich, Hiller..., tocaron la música del hombre al que ella había amado tanto y con el que, por fin, se reunía. Se separaron. Brahms retocó sus últimas obras. Todavía escribió *Cuatro cantos serios* para bajo con acompañamiento de piano. *O Tod, wie bitter bist du* (¡Oh muerte, qué amarga eres!): así se titula el tercero, que comienza en mi menor y finaliza, luminoso, en mi mayor. Tan luminoso, como los últimos *Cantos del alba* de Robert Schumann y como estas palabras de Novalis: «Alabanza y gloria a la noche eterna, alabanza al sueño eterno. El día nos ha saturado de calor y ha marchitado por completo este interminable dolor. Ya no nos sentimos atraídos por las tierras extrañas.»

Johannes aún escribió: *Once preludios de coral para órgano,* que llevarían el número de *opus* 122. Se puso enfermo. Era la primera vez en su vida. En la noche del 2 al 3 de abril de 1897 pidió un gran vaso de vino del Rhin. Se lo bebió y dijo: «¡Está bueno!» Se sentó en la cama. Al amanecer, por alguna oscura razón, las lágrimas inundaron sus ojos azules, ahora turbios, que no guardaban más que un lejano parecido con los del adolescente de Hamburgo, y, rodando por sus descarnadas mejillas, impregnaron su barba gris. Luego se deslizó hacia atrás y murió. Seguía conservando aquel embate de bilis que le teñía el rostro desde que la vieja dama de Frankfurt se había ido. Sus peregrinaciones, las de ambos, habían acabado. Ya no se sentían atraídos por las tierras extrañas.

Índice

Primera parte
EL PERÍODO WIECK
O EL ESCENARIO ROMÁNTICO
(1819-1840)

Segunda parte
EL PERÍODO SCHUMANN
O EL AMOR POR ENCIMA DE UNO MISMO
(1840-1856)

Tercera parte
EL PERÍODO BRAHMS
O EL CONSUELO IMPOSIBLE
(1856-1896)